Mit

Platon

und

Marilyn

im

Zug

改变世界的邂逅

时光列车上的柏拉图与梦露

Helge Hesse

〔德国〕赫尔格·黑塞 著　华少庠 译

北京联合出版公司
Beijing United Publishing Co.,Ltd.

目 录

前　言

当 1929 年 1 月路德维希 · 维特根斯坦抵达剑桥时，约翰 · 梅纳德 · 凯恩斯在给夫人的信中这样写道：“太好了，上帝降临。我在 5 点 15 分的火车上见到他了。”这位著名经济学家的这段文字简明扼要，但也暗含揶揄之意。凯恩斯与这位非同寻常的哲学家保持着长久的友谊，但这一友谊又充满变数。人生意义何在？一个从未说出的巨大疑问总是不断回荡在两人之间。对生活持乐观态度的凯恩斯想以一种实际可行的方式改良世界，而持苦行禁欲主义态度的维特根斯坦则苦苦寻觅另一个最终的答案，它须犹如上帝一般完美无缺。

路途漫长的迁徙、静谧清幽的修道院、血流成河的战场，正是在漫漫的历史长河之中，一些伟大的历史人物以不同寻常的方式邂逅了。这些相遇绝非仅仅意味着心潮澎湃的激情、截然不同的对立或举首戴目的期盼，同时也蕴含着对生命意义和道德信条的追问。例如，马基雅维利与达 · 芬奇相遇时，关于权力他们谈了些什么？难道我们在阿瑟 · 米勒与玛丽莲 · 梦露的关系中没有察觉那种现代人所具有的完美主义的悲剧性倾向？本书将对这些想法进行一番追根溯源，讲述历史上的十五次非凡相遇。两位杰出的历史人物相遇后，他们在一起有意无意地推测揣度、共同探索问题的答案。有关这类因邂逅而产生思想火花的故事便应运而生。人们常常从不同视角对这些历史事件加以描绘，但对这些因邂逅而发生的故事很少提及，凯恩斯与维特根斯坦的相遇与交往就是一例。

第一章

柏拉图与亚里士多德：

世界是理念的仿制品吗

亚里士多德踢我，犹如一匹小马驹踢生它的那匹母马。

——柏拉图（前 427 年—前 347 年）

但凡涉及吾爱，即可因此遭受最为严重的伤害。

——亚里士多德（前 384 年—前 322 年）

来自附近蔚蓝大海的徐徐海风吹拂在长林丰草之间，枝叶婆娑，轻薄的绿叶沙沙作响，恰似呢喃的耳语。夕阳西下，余晖尽洒在雅典城边那幽深浓密的树林里。阳光早已消失在地平线的后面，然而雅典的夜空星光璀璨，驱散了深夜的黑暗。对那些此时仍行走在外的人而言，油灯火把皆属多余之物，他们清楚地知道脚步将迈向何方。

此时，两个智者，一老一少，正漫步在雅典明朗的星空下。他们娓娓道来，直抒胸臆。柏拉图这位老者已到了当爷爷的年纪。他身材魁梧，身披朴素的衣袍，用低沉、轻柔的语调侃侃而谈。那位年少者是亚里士多德，身材细长，衣着讲究，手上的戒指在夜色中金光闪闪。他挥动着双臂，比画着手势，力求说服他的同行者。突然，一颗橄榄落到了地上。两位智者的谈话戛然而止，他们停住脚步，弯下身来，四处寻找这颗坠地的橄榄。这可是今年第一颗成熟的橄榄，所以二人志在必得地寻找起来。最后柏拉图看到了这颗橄榄并用手指指向其所在之处，亚里士多德俯身捡了起来。

接着，这两位智者便开始从不同的角度打量这颗橄榄。柏拉图问道，在所有个体的后面是什么？他要找出橄榄理念与橄榄实体间的关系。亚里士多德则绞尽脑汁地思索，到底是什么构成了一颗橄榄？这颗橄榄在自然中有何位置？柏拉图探究隐藏在个体存在物后面的是什么，而亚里士多德则聚焦于他所看见和感知的个体事物的本质。

2400年的时光，早已“逝者如斯夫，不舍昼夜”。在雅典城边那片具有传奇色彩的橄榄树林里，柏拉图曾与其弟子亚里士多德一起进行了长时间的交谈。他们谈了些什么？他们争论不休，还是热情友好？这些都让后人们猜测不已。尽管有关这两人的著述文献繁若群星、浩如烟海，但可靠的传记体文献寥寥无几。我们目睹他们半身塑像上的脸庞，却并不知道二人是否真的如此这般。此外，柏拉图和亚里士多德遗留在世的著作皆不完整，人们对其产生的时间顺序也大有争议。有关这两位智者的所作所为，皆来自后人的撰写。这些又常常源于杜撰，其中不乏溢美之词。

根据史书记载，我们可以把柏拉图设想为一个儒雅的智者。正如一部传记所描写的那样，柏拉图举止平和温顺，谦虚谨慎。在他出生43年之后，亚里士多德才呱呱坠地。但他的这位弟子拥有与他迥异的秉性，扮演了截然不同的角色。可惜没有一个古希腊的剧作家想到这一点。当然，这也自有原因，对此我们不必感到惊讶。如书中描写的那样，亚里士多德总是用他那双细小而锐利的眼睛打量着这个世界。他说话嗫嚅，但常常嘴角一撇，表现出一种嘲讽的神色。亚里士多德身材纤细，行走时体态微微向前倾斜，喜好佩戴耀眼的装饰品，十分注重穿戴和仪表。他对大多数同学敬而远之，鲜有往来。独处和阅读是他的最爱。

从这些描述中，读者不难琢磨出亚里士多德具有的秉性：这是一个极其睿智，同时又十分自负的男子。他对其师长言语中的谬误之处窥间伺隙，并孜孜不倦地寻找新的真理，那些不是柏拉图发现的真理，这才是事情的关键之处。事实也的确如此。柏拉图的叹息之声世代相传，也回荡在我们这个时代：“亚里士多德踢我，犹如一匹小马驹踢生它的那匹母马。”也正因如此，柏拉图建言，应该给亚里士多德套上缰绳。

在年龄、秉性、社会角色和家庭背景方面，雅典的这两位智者可谓判若云泥。柏拉图出生在雅典一个古老的名门贵族之家，家底殷实。民众对他恭敬有加，其原因都可归结于他那高贵的血统。根据宗族传统和习俗，柏拉图也曾想当一名政治家。然而，在他 20 岁的一天，柏拉图目睹了一位年事已高的男子，被一群年轻人众星捧月般簇拥其中。这位老人名叫苏格拉底，是一位石匠。但他不安于位，几乎从未涉足石匠这一行业，终日在雅典的大街上与人就各种哲学问题争论不休。他总是谈论着世界是什么、善是什么、人应该做什么不应该做什么、人应该被允许什么不应该被允许什么……这些都是他孜孜不倦谈论的话题。那时，柏拉图正潜心于诗歌创作，见到苏格拉底后，如中了这位行为怪癖之人的魔咒，他立刻将自己的诗歌弃如敝屣，投到苏格拉底门下，成为其弟子。在多年后的岁月里，他目睹了苏格拉底如何将希腊哲学引向新的方向。在此之前，希腊人“对智慧之热爱”表现为对自然进程的解答，而苏格拉底则追问什么是正确的行为、何为伦理道德和价值观，他探究生命的终极意义以及何处是人类认识界限的问题。

苏格拉底经历了雅典的黄金时代，他是这一黄金时代的见证人。在这一时代，雕塑家菲迪亚斯在雅典的卫城山上建造了帕特农神庙，戏剧家埃斯库罗斯把戏剧艺术引向了巅峰，国家领导人伯里克利推进了民主政治。同时，苏格拉底也是这一黄金时代终结的见证人：雅典在与斯巴达进行的伯罗奔尼撒战争中铩羽而归，在经历了一段时间的独裁恐怖之后才慢慢回归民主。

雅典城里的氛围仍然充满了恶意和互相敌视。一些雅典市民对苏格拉底那种凡事皆要刨根问底的方式方法深恶痛绝，他们将他告上法庭，公民委员会判处苏格拉底死刑。苏格拉底不愿违反法律，拒绝一切逃亡的机会。他向弟子们庄严宣告，真理不会因他的离世而烟消云散。最后苏格拉底泰然饮鸩，撒手人寰。

苏格拉底之死使柏拉图深感困惑。在他心目中，苏格拉底是同时代人中最优秀、最理性、最公正的人物。于是他背井离乡，周游于地中海列国，拜访智者哲人和执政者。但有关柏拉图这次游历的记载大多是臆造的传说而已，绝非历史事实。例如有传说称，柏拉图被暴君狄奥尼修斯投进了监狱并被出卖为奴。这些传言实属子虚乌有，皆不可信。在外漂泊 12 年后，柏拉图重归故土，于公元前 387 年回到了雅典。在故乡西北方不远处，他购买了一块土地。这块土地紧靠树林，雅典人长期以来一直把这片树林作为举行祭奠仪式的场地。起初雅典人在这里供奉雅典的守护女神雅典娜，后来又在这里祭祀神话英雄阿卡迪默斯。在树林的掩映下，矗立着几座石头建筑物。这些建筑与其说庄重典雅，不如说实用。烈日当头或刮风下雨，雅典人都可以在这里活动，或吃喝或运动，样样皆可。

在这片土地上，柏拉图与志同道合者讨论哲学和科学问题。随着思想交流的深入，便很快产生了这一群体特有的研讨和交往方式。大家一起讨论、决定下一个研讨的题目，从而使自己对知识的探索更具目的性。这一群体也形成了一种等级制度：谁在某一领域博通经籍，便可成为新入道者们的师长。其中，人人都将自己视为集体的一员，无人会因自己的出身而自认高人一等，妇女也可以加入。当然，柏拉图是这一群体无可争议的领袖。他不仅为之贡献了自己的钱财，他的知识和威望也令其他人相形见绌。平流缓进，这座阿卡德摩斯之林中的学院日渐声名鹊起，其影响力也远远超出了雅典的地域。时光荏苒，2000 多年后的今天，通过“学院”这个词，我们依然能深切地感受到柏拉图学派所具有的巨大而又持久的影响力。作为其学派的伟大灵魂人物，柏拉图创业垂统，构建了一座哲学思想的大厦，这座大厦卓越辉煌、包罗万象。在这里，柏拉图的老师苏格拉底有关伦理的思索也被恭敬有加地置于其中，那些前苏格拉底时代的思想同样获得了一席之地。柏拉图用自己的思想补充、完善了这些前人的思想遗产。在柏拉图的弟子们看来，这一思想体系已接近于一个完美无缺的哲学理念体系。甚至在2000多年后，一些哲学家也做出了同样的判断。20世纪之初，英国哲学家艾尔弗雷德·诺思·怀特海就认为，西方哲学实际上就是“柏拉图哲学的一连串注释而已”。然而，哲学的研究是一个永无止境的过程，一个包罗万象的终极真理体系是永远不可达到的理想。究其原因，在于每个人的精神世界皆有其界限和限制，每个人眼中的世界总是与众不同，无法全然一致。因此，没有一座精神的大厦可以完美无缺、尽善尽美，所以也就必然会出现对柏拉图思想的反驳、补充和发展。在柏拉图的弟子亚里士多德的身上，这一切以一种迅速、深刻、广泛和极端的形式展现出来，这也成为人类精神发展史上的一个特例。

海德格尔在开讲有关亚里士多德的课程时，仅用寥寥数语便将其生平一语带过：“他来到了这个世界，然后工作，最后离世。”海德格尔有关亚里士多德生平历史的简略描述，一方面表现了他对亚里士多德这位智者的生平传记缺乏兴趣，另一方面也传达了这样一个事实：除了一些日期，人们对亚里士多德的生平知之甚少。和柏拉图一样，他也出身于一个富裕的家庭。除此之外，他与其老师无任何共同之处。亚里士多德并非贵族，作为一个外来者，他也不能享受雅典公民的所有权利。哈尔基季基半岛东部的斯塔基拉城是他的故乡。在那里，亚里士多德并非无名之辈，他的父亲是马其顿王国国王阿敏塔斯三世的御用医生。

年轻的亚里士多德对雅典充满了向往。这并不奇怪，在每一位对知识充满渴望和雄心勃勃的希腊人眼中，雅典就是世界的中心。亚里士多德的父亲慷慨解囊，为儿子的旅行、教育和生活提供了足够的金钱以满足其愿望。亚里士多德在雅典应该学什么？德尔斐的神谕宣示者给出的答案是哲学。这样，17 岁的亚里士多德便步入了阿卡迪摩斯之林中那所闻名于世的学院。此时，柏拉图已在此传经授道 20 多年了。虽然后来那些激烈的争论和意见相左给二人之间的关系带来了伤害，但柏拉图和亚里士多德之间的纽带仍然十分紧密。亚里士多德在柏拉图的这所学院里度过了 20 年的时光，并成为公认的最好的教师之一。两人间龃龉起于何时，如今已难觅答案。至少有一点是确凿无误的，那就是亚里士多德在柏拉图生命的最后时光里，多次反驳他的这位尊长。当八十高寿的柏拉图于公元前 347 年与世长辞后，按他的遗愿，学院由柏拉图之甥斯彪西波执掌，而非亚里士多德。斯彪西波并非愚昧之辈，但在思想高度上，与亚里士多德有着高下立判的差别。柏拉图为何做出这样的安排？其动机何在？柏拉图一生都在维护其老师苏格拉底的精神遗产并要将之世代传承下去，但他并不指望亚里士多德会这样做。如果后人这一猜度的确如此，那么柏拉图可谓对错参半。

毫无疑问，“希腊三贤”苏格拉底、柏拉图和亚里士多德构筑了古希腊文明的灯塔。正是古希腊文明对何谓激情、何谓恐惧以及那些超越时间局限的问题所进行的追问，使这一文明至今仍然光彩照人、影响深远。古希腊的传说、悲剧和喜剧，甚至竞技比赛，都向我们展示了那时的希腊人是如何带着困顿与希望投入搏斗之中的，这一点与我们现代人并无二致。那时的每一种剧评、每一种角色、每一种剧情以及布景、服装道具、舞台几乎都可在当今的世界里找到。正反题的二元对立也是希腊的思想理念。矛盾对立的观念就是一种超越时间界限的永恒。如果一种观念宣告“世界就是这样的”，从而否认了对世界是“那样”的解释，那么必然会有另外一种观念与这种“世界就是这样的”观念呈对立之势。柏拉图以及他的思想理论同样如此，而且也正是在他最优秀的弟子亚里士多德身上得以完美体现。理念论是柏拉图理论体系的核心要点，也正是在这一核心要点上，亚里士多德找到了发动攻击的目标。

对柏拉图而言，人们所感知的世界就是理念的映像。他认为，世界由“理念世界”和“现象世界”所组成，而理念并非仅是一个伦理概念，如“自在自为的善”或“自在自为的美”，而且这一概念统摄一切个体存在，如一切动物和一切植物，也包括一切橄榄。在柏拉图的眼中，这个统摄一切的理念是一个抽象的概念，人仅靠知觉是无法真正认识这一概念的，只有通过现实物体所体现的映像才能隐约琢磨到这一概念的含义，正如亚里士多德从地上捡起的那颗橄榄在他心目中所体现的理念与现象的关系那样。

为了把理念论更为生动形象地加以表达，柏拉图在其《国家篇》中，通过与其老师苏格拉底的对话形式，撰写了后来闻名古今的洞穴之喻：在一个地穴中关押着一批囚徒，他们可以思考，只是身体被锁链束缚，不能转头，只能看面前洞壁上的影子；有一条横贯洞穴的小道，沿小道筑有一堵矮墙，在他们后上方有一堆火，当人们走过墙后的小道，火光会把他们的影子投影到囚徒面前的洞壁上，囚徒自然地认为影子是唯一真实的事物；当人们在这些囚徒的背后说话时，这些囚徒也认为是影子在说话。柏拉图通过苏格拉底之口提出了这样一个问题：如果让一个囚徒获释并让他转过头来看身后的一切，那么会发生什么？他会看到光，看到横贯洞穴的小道，当然还有那些真实的人，他们的身影曾投射在那堵墙上。如果有人进一步拉他走出洞穴，他会发现洞外艳阳下的世界。或许这时的他会返回洞穴并向同伴们讲述看到的一切，但他们绝不会相信他有关外部世界的一切描述。

在这一闻名于世的对话中，柏拉图向世人表达了他对理念世界和现象世界的阐释：洞穴墙上的映像意味着我们的感官所能感知的世界；走出洞穴、认识太阳象征着我们的精神和灵魂所能认识到的抽象世界。善，也就是理念，是只能通过心灵方能把握的世界的最高存在。柏拉图用太阳来表征这一最高存在。此外，柏拉图还用“洞喻”以及与此相联系的理念学说，使隐身于感知世界背后的那个超验的形而上的存在从此进入了人们关注的视野。柏拉图把感知与理性、形而下与形而上分离开来，以便探究一切个体存在的本质。他认为，思辨可以帮助我们摆脱感知所带来的蒙骗。

用“洞喻”这一类的方式表达自己的意念，亚里士多德对此可谓驾轻就熟。在一部早已遗失的文稿中，他也构思了近似的思辨游戏。文中描述了那些居于地下洞穴之中的人获得了解放并被带到地表之上来。他们恍然大悟，世界比他们曾经想象的大得多，并得出了必然有一个全能的神存在的结论。柏拉图把这个全能的神看作超越理念、总揽一切的最高本质。与柏拉图迥然相异，亚里士多德认为这个最高本质的神仅仅是世界的第一推动者，他将世界置于运动之中后，便对其后发生的一切袖手旁观，不加任何干预了。

亚里士多德对柏拉图的理念论持坚定的否定态度。他认为，理念世界与实体世界的分离以及将实体世界看作理念世界不完整的表现形式，这种理念论的观念只能使人毫无必要地白费脑筋。在亚里士多德眼中，理念世界和实体世界并不能有机地联系在一起。在他看来，理念的普遍存在并不能解释此地和此刻的问题，因此理念只是幻象而已，并无现实的对应之物。鉴于此，亚里士多德建言，需要关注的不是理念，而是实体本身。只有通过观察、研究和归纳，才能认识到事物间的关系，才能回答思想提出的追问。

亚里士多德通过如《形而上学》这一类的著述，把一种早期科学研究方法公示于众，并以此将自己与老师柏拉图区分开来。此一区分不仅使亚里士多德与柏拉图的哲学思想分道扬镳，也标示出了哲学史上的一个十字路口：柏拉图代表的寻求理想与完美的思想传统为一个方向，而亚里士多德代表的寻求存在本质的思想则成为另外一方向。如果说柏拉图哲学的核心在于感知，那么亚里士多德哲学的核心则在于实体。或许亚里士多德自己并未意识到其哲学的核心所具有的革命性意义。与古希腊时代的所有人一样，对亚里士多德而言，身处的世界和在这个世界上所感知的一切都充满了神性。当他在夕阳西下时，对着阳光，张开手指，此时他目睹耀眼的夕阳之光穿过手指流泻而过。此时此刻，亚里士多德浑身上下充满了一种庄严崇高的幸福感。他相信，这感人的短暂时刻绝非仅仅归结为一种自然现象就能充分解释的。

亚里士多德把世界看作一个整体，但这并不妨碍他将这个世界拆分开来，并把世界是什么样的问题与世界可能是什么样的问题分离开来。柏拉图问道：存在之上是什么？亚里士多德则针锋相对地问道：存在是什么？1510 年，文艺复兴时期的画家拉斐尔在他那举世闻名的湿壁画《雅典学院》上，用绘画艺术的形式表现了这两位哲人的争执和对立。在拉斐尔的画中，柏拉图与亚里士多德肩并肩地走来，同时进行着激烈的辩论。柏拉图手指理念的苍穹，而亚里士多德则指向众人所在的实体大地。

两位哲人截然不同的视角也清晰地展现在他们的著述之中。柏拉图的对话录，睿智且带有文学的情怀，总是直接指涉着精神的世界并在不断地探索着、思辨着。与之相反，亚里士多德客观冷静、精密准确，并努力制定着规范准则。在亚里士多德的著述里，是与不是泾渭分明。年轻人通过学习柏拉图的著述而深感其吸引力。读柏拉图的书，如同在其超凡脱俗的精神王国里飘浮一番、游荡后走向一种神秘主义。亚里士多德则不然，他是一位教授，他将科学的研究方法传递到从事科学研究者的手中。他下定义、做判断，是逻辑学的奠基者，是科学研究方式方法最为重要的指路人。亚历山大·冯·洪堡在 2000 多年后依然沿着亚里士多德研究方法的足迹从事着自然科学的研究，人们称他为“第二个亚里士多德”。如果着眼于其科学研究的方法轨迹，

▲ 湿壁画《雅典学院》，拉斐尔，1510—1511 年

这样的称谓就不足为奇了。

柏拉图去世后，亚里士多德离开了雅典。其他的弟子也纷纷离去。有人认为，亚里士多德因未能当上柏拉图的接班人而深感失望，于是便拂袖而去。但也有人猜测亚里士多德是出于个人安全原因而离开雅典的，那时发生的一系列政治事件必然导致了他的离开。马其顿国王腓力二世征服、摧毁了一些希腊城市，其中包括亚里士多德的故乡斯塔基拉。一向骄傲自豪的雅典人也深感来自马其顿的威胁。亚里士多德一家一直与马其顿宫廷保持着良好的往来，这必然会引起雅典市民的猜忌。这样，亚里士多德接受了先前的学友、小亚细亚城邦阿塔纽斯的统治者赫米阿斯的访问邀请而离开了雅典。赫米阿斯年轻时也曾在柏拉图的学院求学，并与亚里士多德结为好友。在赫米阿斯处逗留两年后，亚里士多德又前往马其顿王国的宫廷，并担任了国王腓力二世之子、13 岁的亚历山大的老师一职。腓力二世驾崩后，亚历山大登基为王，开启了他征服世界的征程。公元前 335 年，他击败了希腊各城邦对抗马其顿统治的起义，也把雅典置于自己的霸权统治之下。很快他便得到了亚历山大大帝的称号。

亚里士多德重返雅典后，在一所名为吕克昂的学校里任教，并孜孜不倦地潜心于自己的著述。当时他生活富裕，开始扩建自己规模宏大的图书馆。大批地中海区域的学者为他的研究服务。亚历山大也大力支持他当年的老师对知识的积极探索。例如，他把在征服战争中获得的那些异域动物送给亚里士多德，以便扩大他的动物园。公元前 323 年这位年轻的君主驾崩，马其顿对雅典的统治也随之分崩离析。面对再次恶化的外部环境，亚里士多德转身离开，并用自己的行动告诉雅典人，苏格拉底的悲剧不会再次发生，他不会给他们任何毁坏哲学的机会。亚里士多德前往埃维亚的凯尔基斯。不久，他便在那里与世长辞。

世界是否就是理念的廉价复制品？抑或理念是人从现实世界里发展而来的？自从有了柏拉图和亚里士多德，人类便一直对这两个问题苦苦思索。自此以后，对这两个问题的阐述、解释总是在一个历史时期有利于柏拉图，在另一历史时期又有利于亚里士多德。在经院哲学中亚里士多德受到青睐，在文艺复兴时柏拉图又重新产生了巨大的影响力。到了启蒙运动时期，哲学和科学又再次高举知性和理性的大旗。从此，什么可以被认识、什么不能被认识成了哲学的关键问题。在亚里士多德的思想中，人是创造者，也是其理念的主宰者，事实才是知识是否正确的标准。

奇怪的是，有关自然和技术进步之间关系的新知识，又使理念作为一种不可定义之物成为人们关注的焦点。人类对太空的探测已达如此遥远的星空，对物质的探究已深入到如此细微的程度，这一切都为人类给出了新的答案，同时也使人类涌现出新的追问。当涉及如何向人类显露存在的秘密这一类问题时，柏拉图又回到了人们的头脑之中。正如柏拉图通过洞喻所预言的那样，或许人类永远不会破解存在的秘密，因为存在的维度大大超越了人类的理解能力。

每个人都心怀理念，其中也包括“完美”这一理念。人们总是可以描绘出什么是完美，并且在所有领域里追求完美。于是人便成为一个超级完美世界的自我命名的缔造者、一个超级完美的主体。人们不知疲倦地为这样一个世界而辛勤劳作，也为打造一个身体上和能力上都堪称完美的自我而废寝忘食、焚膏继晷。人们期望不断打破新的纪录，甚至突破自我存在的界限，战胜自己的年龄成为不朽之身。然而极具讽刺意味的是，也恰恰是人在追求完美的道路上将自己非完美化了，人自己成了他所缔造的完美世界的不完美之处，不能达到他所制定的完美要求。柏拉图和亚里士多德可以成为精神之父，但也仅此而已。如果有人想追随柏拉图创造的完美理念，他可借助亚里士多德所建立的逻辑学和科学理论来发明新技术和制造新机器，如人工智能、战争机器以及全方位监控技术等，从而使自己在各方面都处于优势地位。

柏拉图创造了一个“完美的”世界，而人却可能最终成为柏拉图完美理念的牺牲品。柏拉图的理念到底有多完美，这一问题迄今为止仍无答案。人尚不完美，而不完美之人又如何能定义何谓完美的理念？恰恰又正是这不完美之人，把柏拉图的完美理念视为至臻完美、具有卓绝千古的重要性。但在柏拉图看来，人是没有能力完全认识理念的，更别说描写理念了。也正是柏拉图理念的不可定义性，引起了亚里士多德的极大不满。柏拉图的理念从根本上把人与最终的知识、真理和达到一个清晰目标的可能性永远地割裂开来了。

我们所感知的世界到底有多真实？理念世界到底有多真实？这些都是悬而未决的问题。我们所感知的世界从根本上而言是可用感官而感知的，但理念只是抽象的思维，只能依靠话语加以表达，最多用图像传达其意。理念不拥有物质实体。人们也知道，理念多么具有现实性。对不少人而言，哈利·波特这样一个臆想出来的人物可远比现实中的人要真实得多。让我们再看看那些影视明星、乐坛歌星吧！他们体现着某种理念和理想。在很多人眼中，这些站立在耀眼光环下的明星远比实际生活中的他们真实得多。尽管柏拉图和亚里士多德的确曾来到过这个世界，但在某种程度上他们也变成了理念，变成了反对者和拥戴者心中的理念。

如果要追问一切理念的最初始的原因何在，或许得到的答案却是那样具有讽刺的意味。犹如人们去追寻亚里士多德所称的世界“伟大的推动者”时，到头来发现人自己就是这位伟大的推动者。或许有一天现代技术可以把一个人的所有思想存储在计算机里，以这种方式为缔造一种“永恒的灵魂”或“永恒的精神”提供技术前提。如果让我们的想象力自由翱翔一番，或许一个并无生命的人体拥有了人造意识。可以设想，世界上将有一种通过大数据而产生的精密模拟的存在。每个人都会看到在自己身上发生了动作科幻电影《银翼杀手》中的剧情：他和他的夫人相亲相爱，但不知道彼此是真是假，是不是植入了记忆功能和理解功能的机器人。他们都是幻想虚构的产物。

如果我们信仰一个造物主的存在，那么我们也可猜想，在上面提及的计算机程序后面一定躲藏着他的身影。然而我们或许不禁要问，谁创造了这个造物主？什么引发了那造化的肇始？毫无疑问，宗教和科学都无法解释个体的存在。柏拉图的理念和亚里士多德对认识的详细研究方法也没法告诉我们，什么是那个最高的存在以及万物源头的起因何在。

我们知道的仅是：当人们获得一个有关上帝或造化肇始理念时，这个理念的确存在着。但理念永远只是理念。至于我们的世界是否只是某种理念的廉价劣质复制品或一切存在之物早已存在，这些问题柏拉图和亚里士多德皆不能给予回答，对之两位哲人有着截然不同的视角。他们有正确的一面，但他们并没有掌握所有的真理。或许二位哲人是正确的，但这一正确也仅是理念而已。

第 二 章

阿伯拉尔与艾洛伊丝：

头与心，孰重孰轻

我们手中一无所有，我们有的只是心中的情绪。我们需要的是服从我们的心，而不是命令它。

——皮埃尔·阿伯拉尔（1079—1142）

我的爱人，你知道，如同全世界都知道的那样，我因你而遭受了多么不可估量的损失，如同一场悲惨的天崩地裂，那众所周知的背叛将我从你那里抢夺而去。

——艾洛伊丝（1100—1163）致阿伯拉尔

1118年的一个清晨，天光渐亮，这时成群结队的人已经从巴黎的大街小巷里涌向一座古宅。就在昨夜，这里传出了阵阵令人毛骨悚然的惨叫。越来越多的人聚集在屋前的空地上，大家交头接耳、窃窃私语，震惊和愤怒之情溢于言表。这个噩耗迅速传遍了城市的每一个角落。但也有人暗自问道，皮埃尔·阿伯拉尔可怕的遭遇难道不是咎由自取吧？此时，身受重伤的受害人阿伯拉尔正躺在自己的房间里，脸上仍是惊惧与痛苦的表情。但比起刚刚经历的暴行和此时的疼痛，人们对他惨遭不幸的同情之心使他更为痛苦难耐。他对大街上民众的心情了然于心，伫立在他床前的那些人的眼神已清楚地表达了大家对这一暴行的看法。当然，阿伯拉尔也明白，自己的悲剧性故事会不胫而走，很快传遍巴黎的大街小巷，不久也会如同插上翅膀一般传遍全国各地。想到这里，他心如刀绞、肝肠寸断。

的确，阿伯拉尔曾四面树敌。他们中的不少人现在心中一定充满了复仇的快感。阿伯拉尔坚信，自己树敌无数皆源于别人对他那卓越杰出的智慧和才能所产生的忌恨。但他忽视了不少人的确被他伤害和羞辱过。超然卓越的智力和盛气凌人的秉性，都使他自视甚高、目空一切。有人指责他自以为是，把自己视作神灵，这些指责并非凭空捏造。

早在学生时代，阿伯拉尔就已被公认为是那个时代杰出的思想者。在人生的早期阶段，他就表现出了一种不可动摇的自信心和不同凡响的意志力。这种精神气质也表现在他不会放过用清晰而又无情的逻辑思维来羞辱他人的任何机会。他作为长子，出生在布列塔尼一个上流社会的骑士家庭。按理他应练兵习武、执掌门庭，但他另有所好，整日沉浸在逻辑学和哲学的沉思之中。他的父亲很早就发现了儿子这一不同寻常的天赋，于是免除了他作为贵族家庭成员本应承担的义务，并出资让他到当时最杰出的老师那里学习。阿伯拉尔拥有一个躁动不安、离经叛道的内心世界，这种教育同时也意味着将他置身于罗马天主教正统、保守的氛围之中。罗马天主教在之前的数百年里已成为每一个村落、每一间茅舍里唯一正统的宗教。遍布各地的天主教修士会、修道院和各种教会机构都淋漓尽致地体现着罗马天主教在欧洲大陆无可争议的强势地位。大量的财富使天主教富甲天下，而各种教会机构则使教会的权势延伸至这片土地上的每一个角落，构建了一个权力依附和权力平衡的完整体系。虽然这一体系错综复杂，但能够确保教民缴纳的教会税、牧师薪俸以及各种捐赠来源无忧。长期以来，天主教势力与各国国王和诸侯在统治权上你争我夺、互不相让。罗马天主教知道，《圣经》是确保对教民头脑进行统治的最为重要的工具之一，因而宣告《圣经》里早已写明，世界曾经是什么样的、现在是什么样的、将来会是什么样的。

然而，当教会那些先辈思想家和早年的教父在对《圣经》进行阐释时，总是得出不同的结论，这种矛盾使得《圣经》阐释在逻辑与神秘之间摇摆不定，争论之声不绝于耳。《圣经》含义的不确定性如同河中流沙，使其在内容理解上应达到的那种统一性变得支离破碎、难以把握。与此相联系，长期以来，经院哲学中闹得沸沸扬扬的共相之争便不足为奇了。在这些争论中，柏拉图与亚里士多德有关理念本质的争辩又若隐若现地浮现出来。是否如同实在论者认为的那样，共相的概念真的就是上帝存在理念的映像？还是如唯名论者所声称的那样，共相只是人用来规范世界的一种精神创造物？

阿伯拉尔分别在两大学派中最为杰出的代表者那里学习了逻辑学和辩证法。他先拜唯名论者、贡比涅的罗瑟兰为师。罗瑟兰坚信，只有能被感知的事物才能存在，共相的概念只是毫无意义、空洞无物的回声而已。后来阿伯拉尔又师从威廉，一位来自香浦的著名实在论者。他的这位实在论者老师认为，共相这一概念早已存在于上帝的精神之中。阿伯拉尔对这两位不同学派的学者所持的观点，并未选边站队，而是对这些观点进行了批驳，并十分有逻辑地、睿智地表明了自己的观点。他指出，共相观念既非纯粹人想出来的文字发明，也非上帝的理念。共相概念恰恰说明了人有能力感知那些在个体事物之中所蕴含的永恒性以及普遍存在的本质。就算没有玫瑰，玫瑰这一称谓对人而言依然有着特定的含义。900年后，这个打上了阿伯拉尔思想烙印的意念成了安伯托·艾柯著名小说《玫瑰之名》的题目。后来，在一场又一场有关这一命题的辩论中，阿伯拉尔在阵阵热烈的掌声中一再占得上风。但是，他并非是一个慷慨大气的胜利者。亚里士多德对其老师柏拉图进行了反驳和批判，但在亚里士多德的眼中，柏拉图依然是神一般的人物。与之相反，当师长们在与他的辩论中败下阵来时，阿伯拉尔对他们极尽冷嘲热讽。当然，阿伯拉尔所具有的坚定的自信和精神上的独立，就算是在当代，依然能让人惊叹不已。如果我们回眸中世纪，就会发现那是一个禁锢思想的时代。森严的等级制度和僵化的信仰规则彻底剪除了人的思想自由，一切都必须循规蹈矩，不得越雷池半步。阿伯拉尔用自己的言行向世人表明，只要敢凭借自己的个性去勇敢地挑战，便可以打破任何时代的常规。

与阿伯拉尔生活在同时代的人都认可他那特有的秉性和天赋，越来越多的学生前来拜师学艺，他们所缴纳的学费也使他收入不菲，于是阿伯拉尔便创立了自己的学校，开馆授徒。但很快他便心有余而力不足，疾病缠身，不得不回老家布列塔尼休息。恢复健康后，阿伯拉尔决定在拉昂著名的学者安塞尔姆那里学习神学。安塞尔姆特别注重对《圣经》的严格注解，并且绝不做随心所欲的阐释，这使阿伯拉尔颇为不满，很快他便公开指责安塞尔姆的谬误之处。他还举办公开课，来的学生远比去他的老师那里上课的人多。于是，有关方面便忍无可忍，一纸禁令，严禁他继续授课，他只得重返巴黎。

1114 年，他抵达了巴黎。那时的巴黎可谓弹丸之地，仅有三四千人口。他们中的大多数人居住在西岱岛上那些拥挤、狭小的巷道里。这个河中岛被沙滩环绕，总面积还不到九公顷。塞纳河的河水一年四季从这小岛周围滚滚流过，全靠两座桥将这一河中岛屿和外界连接起来。一条马路直通两座桥梁，并把这座岛一分为二，岛上形成了两个权力中心：南边的皇宫和东边的主教教堂巴黎圣母院。今天的巴黎圣母院气势磅礴、驰名世界，但却是后来所建。原来的巴黎圣母院远非这样美轮美奂。在我们所讲述的事件过去 40 多年后，新巴黎圣母院的建造工程才开启。主教府、教会管理机构和神职人员居住的街区环绕在这一未来举世闻名的教堂周围。此处设有教会学校，课程在神职人员居住区域里那些四处分散的房屋里进行。在巴黎，阿伯拉尔获得了一个讲授逻辑学的教席。

阿伯拉尔原本可以安安心心地潜心于自己的研究和教学工作，并使自己闻名遐迩。然而一种狂热的激情突然神秘莫测地降临在他的身上，从而极大地改变了他的人生轨迹。1116 年，阿伯拉尔命中注定的这一天悄然降临了。在巴黎主教府附近，他偶遇了年轻貌美的艾洛伊丝。或许在书房前的走廊里，或许在教室或图书馆前，或许在去上课的路上，素昧平生的阿伯拉尔与艾洛伊丝邂逅了。艾洛伊丝明眸皓齿、婀娜多姿。见到这位风姿妩媚的年轻姑娘的那一瞬间，阿伯拉尔心中便立刻充满了激情与渴望。于是，他毫不犹豫地听从了自己内心情感的召唤。在后来撰写的《我的苦难历史》一书中，他这样写道："当见到绮罗粉黛的她时，我心中暗想，她是那种善于吸引爱慕者目光的女性。但她会因爱上我而对我百依百顺。"从他们萍水相逢的那一刻起，阿伯拉尔就坚信他会赢得艾洛伊丝的爱情。在这之前，他总是全身心地投入到对学问和荣誉的追求之中而无暇他顾。此时，他已三十有七，却从未与任何女性同枕共欢过。但这并未使他有任何不安的感觉，与之相反，他深信，赢得艾洛伊丝的青睐并非难事。他自信满满地写道："我在那时已是遐迩闻名的人物了。我朝气蓬勃、潇洒英俊，如太阳般耀眼夺目。所以我坚信，如果我向一位女性表达我的爱慕之意，无论她是谁，无论谁青睐于她，我都不会有被拒绝之虞。"

当时阿伯拉尔的所作所为，犹如一个经验老到的捕猎高手。他先架设了一个陷阱，然后把狍子驱赶进去。首先他打听到了这位楚楚动人的美丽小姐是何许人也。艾洛伊丝那时刚满二十，也可能刚满十六。她很可能是一位高等贵族妇女的女儿。根据最新研究，赫森迪斯・德・香槟可能是她的母亲。赫森迪斯・德・香槟是一家修道院的创始人兼院长。在那所修道院设立的学校上学期间，艾洛伊丝就因对知识的渴望和出色的学习能力而显得卓尔不群。后来，她的伯父富尔伯特将她接到了巴黎。作为她的监护人，富尔伯特让她比同时代的妇女更多地接触、了解这个世界。她不仅学习阅读和写作，还踏入了由书本和科学所构建的世界。

富尔伯特是主教大教堂教士会成员和大教堂教士咨议会成员。他所拥有的教会长老会执事一职使他在重要的礼拜仪式上可身居显耀位置。但他并非神父，他的义务是为教会服务和参加宗教仪式。作为教士会成员，他也算神职人员，必须遵循教区神职人员所遵循的一些准则和规范。当然这些准则和规范远不如僧侣团体的准则和规范那样严格。教会提供主教大教堂教士会成员的生活供给，发放薪俸，他们不用缴纳税赋，并在一定程度上独立于主教的管辖。

富尔伯特是教士会的世俗成员，因此不需做向上帝宣誓这类的宗教仪式。与身居教授职位的阿伯拉尔一样，富尔伯特也不受天主教僧侣不婚的约束。也正因如此，在那时已享有种种特权的法国贵族眼中，主教大教堂教士会成员一职可谓炙手可热，让人翘首跂踵。

阿伯拉尔很快便了解到，他所渴慕的姑娘是在什么样的权势人物的荫蔽之下。于是，他心生一计，通过几个朋友向富尔伯特传递了这样一个信息：因为潜心于学问，他无法顾及居家和吃喝一类的事务，因此他愿意以付费的方式客居于富尔伯特家中。阿伯拉尔的请求合乎情理，因而具有说服力。富尔伯特的住所就在圣克里斯多夫教堂和救济院附近，离阿伯拉尔授课的神职人员居住区仅几步之遥。富尔伯特一向精于算计，十分在意利益的最大化。阿伯拉尔这位知名教授提出的请求，对他而言可谓正中下怀。阿伯拉尔可以成为艾洛伊丝这位年轻好学的姑娘的好老师，这也是一种必然的逻辑联想。所有的询问调查都表明，阿伯拉尔道德上无懈可击。他坐怀不乱，对女性的诱惑无动于衷。他从未光顾青楼寻欢作乐。于是这位蒙在鼓里的伯父便请阿伯拉尔做艾洛伊丝的老师，并希望这位老师尽可能多地腾出时间为他的女学生上课。只要必要，富尔伯特甚至允许阿伯拉尔体罚他的学生。阿伯拉尔欢呼道：“这真是犹如把一只清纯的小羊羔托付给了一头饥肠辘辘的野狼。”在他眼中，赋予他的自由行动的权限犹如一张可随意填写的空白支票：“如果她不吃阿谀奉承那一套，那我就用威胁或打骂的手段

▲ 油画《阿伯拉尔和弟子艾洛伊丝》，埃德蒙德 · 立顿，1882 年

便可轻而易举地让她屈服于我。”

然而阿伯拉尔对他的猎物既不用威胁也不用强迫。在艾洛伊丝学习数学、教会文献、古希腊和罗马思想家的著述过程中，阿伯拉尔易如反掌地俘获了这位年轻貌美的姑娘的芳心。两人的目光也不再停留于书本之上，而是四目对视。很快，接吻取代了谈话。正如他后来所写的那样，阿伯拉尔的手不再去触摸书本，而是抚摸情人的胸脯。他们也常常宽衣解带、同枕共欢。为了不引起他人的怀疑，阿伯拉尔也不时地体罚艾洛伊丝，但“这种体罚充满了爱，而非狰狞；充满了爱慕，而非愤怒”。他们经历了“爱情的每一阶段”，“领略了爱情所带来的飘然若仙的极度兴奋感”。

爱情使阿伯拉尔激情四射，“我们手中一无所有，我们有的只是心中的情绪。我们需要的是服从我们的心，而不是命令它。”阿伯拉尔授课时变得三心二意起来，他谱写了情歌并分发给自己的学生们。富尔伯特对家中发生的一切依然蒙在鼓里，毫不知情。有人向他发出警示，提醒他注意，但他对这些警示嗤之以鼻。后来，阿伯拉尔对他这种天真幼稚也大加嘲讽。

一天，当这两个热恋情人正缠绵悱恻、巫山云雨之时，富尔伯特意外归来，于是事情便暴露了，狂怒的富尔伯特将阿伯拉尔赶出大门。两个情人绝望之至。但双方都更多地想到对方的痛苦，而不是自己的悲伤。一天，艾洛伊丝发现自己怀孕了，她充满了幸福，告知了阿伯拉尔这一喜讯。阿伯拉尔对此如何反应，已成历史之谜。我们只能猜测，此时的他一定转动脑筋，想出了一个主意。两人一致决定，让艾洛伊丝摆脱富尔伯特的监管。于是，阿伯拉尔出钱招募了一帮人将情人艾洛伊丝强行带离了富尔伯特的住所，她被送到了阿伯拉尔家乡的布列塔尼。在那里，艾洛伊丝于 1118 年生下了他们的儿子。新生儿以父亲的姓氏接受了洗礼。艾洛伊丝给儿子取名为阿斯塔拉彼乌斯，意为伸手触摸星空的人。阿伯拉尔的姐姐领养了这个孩子。

在巴黎，阿伯拉尔试图让处于怒气中的富尔伯特平静下来。他告诉富尔伯特，他将娶艾洛伊丝为妻。当然这一切都将秘密进行，以保全他的名声。现在富尔伯特也恢复了理智，不再听凭自己的情感行事。他开始担心，家中一位女性的非婚姻关系和由此产生的孩子会毁了他的前程。或许是为了保全艾洛伊丝的名声，或许阿伯拉尔给了他不少的钱财，总之，这次富尔伯特让步了。在达成一致后，阿伯拉尔如释重负地骑马赶回布列塔尼。但是，艾洛伊丝对这笔交易的反应让他大吃一惊。她拒绝与阿伯拉尔结婚。她为此给出的理由也让人难以忘怀。她说，阿伯拉尔即便与她结婚也不会安然无事，富尔伯特绝不会原谅他，而她也不会因与阿伯拉尔结婚就会恢复名誉。与之相反，这场婚姻或许还会毁掉这个世界上一位伟大的思想家。

艾洛伊丝这种无私忘我的精神，让阿伯拉尔万分惊讶。他从未意识到艾洛伊丝会以如此令人惊愕的坚定将他的幸福作为自己行动的目标。在与他的爱情之中，她无私奉献了自己的一切。艾洛伊丝让他懂得了他作为个体存在的意义，那就是哲学。她敦促自己的爱人不要受制于婚姻和家庭的羁绊。至于艾洛伊丝的感受是否真的如她所述那样，那就是另外一回事了。或许她感到自己对阿伯拉尔的爱情远比阿伯拉尔对她的爱情更为强烈。

这对恋人又返回了巴黎。尽管艾洛伊丝持拒绝态度，但他们还是结婚了。阿伯拉尔希望与艾洛伊丝缔结婚约，因为只有这样才能与富尔伯特达成和解。情爱关系和非婚生子有损阿伯拉尔的声誉，但他并未违反法律，因而不会受到法律的制裁。但如果富尔伯特控告他劫持了艾洛伊丝，那么阿伯拉尔就会受到失去教职的威胁并受到其他处罚。

婚姻变成了权衡利弊的算计，变成了利害关系的计较，这使艾洛伊丝心如刀割。不久，两人在一座小教堂里举行了结婚仪式。艾洛伊丝静默无语，面色铁青，仿佛这一切与她无关。或许她也暗自忖度，只要这一切能给她的心上人带来幸福和快乐，那就请便吧。富尔伯特和其他家族成员也参加了婚礼。

但是，富尔伯特并未遵守保守秘密的诺言，而是不久就将这一婚姻关系泄露给外界了。其原因很可能是因为阿伯拉尔未能按约定交付给富尔伯特足够的金钱。艾洛伊丝对此做出的反应便是公开否认这一婚约。这与她当时拒绝结婚时的情形几乎同出一辙。这一境况十分荒谬，同时又十分感人。艾洛伊丝一方面宣布与阿伯拉尔脱离关系，一方面又试图保护他。事实表明，与阿伯拉尔相反，艾洛伊丝并不十分在乎自己的名声。富尔伯特对艾洛伊丝的行为勃然大怒，很可能他对艾洛伊丝大打出手。当阿伯拉尔得知这一情况后，他又出钱让人把艾洛伊丝强行带离富尔伯特的住所，把她安置在地处阿让特伊的本笃会圣母女修道院里。在那里，艾洛伊丝曾度过大部分的童年时光。阿伯拉尔这样做，到底是想保护艾洛伊丝免受富尔伯特的暴力，还是出于维护自己名声的目的，至今都是一个历史之谜。在女修道院里，艾洛伊丝穿上了修士道袍，但可以不戴修女的面纱。

这时，阿伯拉尔也深陷捉襟见肘的财政困境之中。他的课程变得乏味无趣，大批的学生离他而去，这使得他的收入大为减少。为了把艾洛伊丝带到女修道院而雇用的中间人也耗费了他大量的钱财。他还得为在勒帕莱的儿子提供抚养费。此外，他还必须付给富尔伯特“补偿费”。阿伯拉尔在神职人员居住区的一家客栈里租下了一间简陋的小房间。他十分担心遭到富尔伯特的报复。实际上，富尔伯特也的确处心积虑地准备实施报复。在富尔伯特看来，阿伯拉尔真是恶行累累：他破坏了被监护人的贞操，使她名誉扫地；他的行为简直就是对自己公开的嘲讽和羞辱。两次强行带走艾洛伊丝，而且后一次又把她带进了修道院。富尔伯特绝不想让他的被监护人在修道院高墙里过那种与世隔绝的生活。

过了些时日，富尔伯特终于想出来了一个报复计划并加以实施。他家族的几个男性成员抵达巴黎并准备实施残酷的报复行动。这些人皆生活在乡村，早已学会了如何阉割动物，但这一次他们的对象不是动物，而是阿伯拉尔。他们先贿赂了阿伯拉尔的仆人，让他在一个漆黑的深夜打开房门以便让他们进入室内。在冲入室内后，他们把睡在床上的阿伯拉尔捆绑起来，然后将他阉割了。

不久，几个案犯被捉拿归案。他们也被阉割，还被戳瞎了眼睛。富尔伯特也被送上了法庭并判处没收财产。阿伯拉尔在伤口愈合后，便搬进了巴黎北部的圣丹尼修道院。这个修道院与艾洛伊丝生活的女修道院相隔不远。现在的阿伯拉尔分文不名，金尽裘敝。他把自己所遭受的一切苦难看作上帝对自己的惩罚。在圣丹尼修道院，阿伯拉尔在神坛前宣誓，成了修士，并在主教主持的神父受职仪式上正式成为神父。从此，阿伯拉尔转向神学研究并撰写了很多神学文献，并再度开始开办课程。

这一系列事件深深地震撼了艾洛伊丝的心灵。在后来闻名于世的信件中，艾洛伊丝曾写道:“我的爱人，你知道，如同全世界都知道的那样，我因你而遭受了多么不可估量的损失，如同一场悲惨的天崩地裂，那众所周知的背叛将我从你那里抢夺而去。”阿伯拉尔要求她弃绝世俗的生活，于是艾洛伊丝也在神坛前发了“永恒的誓言”，正式加入了修女的行列。曾经是那样风情月意、魂牵梦萦的热恋却终结于伤感的理性。对她那颗深受伤害的心而言，修道院里那单调乏味的日常生活真是一种折磨。当她轻步穿过走廊，在静谧中祈祷时，在教堂中做弥撒时，她的心都充满了对恋人的思念。公鸡啼鸣开始了一天，吹灭床前油灯结束了一天，每当这时，她的第一个念头永远是阿伯拉尔。在后来的信中，艾洛伊丝承认，比起献身上帝，她更愿意依偎在阿伯拉尔的怀中。她知道，她的心每天都在思念着谁。但她也痛苦地思索着自己应承担的责任。

时光日渐流逝，对艾洛伊丝的热情与希望也在修道院的高墙后日渐锐挫望绝，阿伯拉尔又恢复了他的理智，行动听从大脑的安排。他对一些修士的生活作风十分反感，于是试图在修道院内实行更为严厉的行为规范准则，这引起了众多修士的不满和愤怒。阿伯拉尔在神学理论方面也树敌不少。他从前的老师罗瑟兰撰写了一封辱骂他的信函，并打赌他的理论谬误百出。其他对手也纷纷要求取消他的教师许可证。他们的目的多少得逞了。苏瓦松地区的高级神职人员大会命令阿伯拉尔到场听审。教会高级神职人员命令他将自己的一篇有关神性的统一性和三位一体的著述《至善的神学》亲手焚毁。在一段时间里，他被监禁在修道院里。当他再次回到圣丹尼修道院后，他着手撰写他的主要哲学著作《是与否》。阿伯拉尔认为基督教早期神父们对《圣经》原文的多处阐释都自相矛盾，不能自圆其说。这必然又引起了众人对他的愤怒。但阿伯拉尔坚信，凡是光天化日下明摆着的事实，就一定要公之于众，只有睿智地学习《圣经》和阐释《圣经》，才能获得真正的信仰。各种宗教教义并不会在寻求真理的过程中尽付东流。在《是与否》一书的前言中，他这样写道："当我们心存怀疑时，便开始了探索，而通过探索我们发现了真理。"

阿伯拉尔无休止寻求真理以便获得对世界更为理性的把握变成了与他人进行的无所顾忌的争斗。不久，他与圣丹尼修道院的其他修士反目成仇。他发现，人们把修道院的命名者和修道院的守护神搞混淆了。他情不自禁地提醒其他修士注意这一点。而修道院里的其他修士对他早已疾首蹙额，颇有人神同忌之势。阿伯拉尔只好走为上计，再度踏上了流亡的路程。这次他落户在香槟省一个荒凉偏僻的地方。在一条河边的丛林中，搭建了遁世归隐的住处。在这里他还设置了一间祈祷室，以祈祷上帝保佑和慰藉，祈祷圣灵的降临。因囊中羞涩，他又开始讲授课程。很快这一消息便不胫而走，传遍四方。大批的学生又蜂拥而至。在祈祷室边上，这些学生建造了一个由低矮的茅屋构成的村落。很快，那个原来由芦苇和茅草搭建的祈祷室便又用木材和石料重新加以改建。阿伯拉尔对《是与否》一书进一步加工，同时也撰写了其他一些论著。但是在香槟省，阿伯拉尔并不能就这样一直平静安详地生活下去。那里发生的政治动荡以及他又重新四面树敌，使他不得不在五年之后的1127年再度离开他那祈祷修行和传经论道之地。他获得了一份来自布列塔尼的任命书。圣吉尔达修道院地处吕伊半岛上，已有600余年的历史，因其古老的历史而备受人们的敬仰。阿伯拉尔受命担任这一修道院的院长，他的那些学生则被弃置不顾。这些失望的学生很快便各奔东西了。那曾经的村落也人去楼空、荒芜一片。但是，当阿伯拉尔试图按他的想法更改圣吉尔达修道院的规则时，修士们对他群起攻之，甚至有修士威胁要将他置于死地。

在阿让特伊的修道院，艾洛伊丝升任为修道院主管，成为仅次于院长的人物。但修道院院长把艾洛伊丝以及其他修女赶出了修道院。当阿伯拉尔得知这一情况后，他提议艾洛伊丝和修女们把他在香槟省原来那处被废弃的修行和授课的地方接管过来，以便在那里建立一座女修道院。她们接受了这一建议并很快启程前往。阿伯拉尔自己也多次前往那里以便完成转交工作。在教皇英诺森二世点头同意后，一切转接都顺利完成。1131年年底，教皇任命艾洛伊丝为这所新建的修道院院长，阿伯拉尔为祈祷仪式撰写了圣歌、祈祷词和修道院规则。他又沿着那条熟悉的道路，步行、骑马或乘车，前往他从前的恋人那里与她相会。

后人可以想象这样的情景：在相对无语的静默之中，两人并肩穿过修道院的庭院。四目相对于转瞬之间，很快又目视前方。这一瞬间的目光交会，却也向对方倾诉了各自内心深处的创伤和痛苦。一次，当阿伯拉尔又逗留在这座女修道院时，突然谣言四起，说二人旧情死灰复燃了。听到这一谣言后，阿伯拉尔心慌意乱，仓皇离去。在回到布列塔尼后，他幸运地逃过了其他修士针对他的几次谋杀行动，他们甚至在为举行大弥撒而使用的圣餐杯中放进了毒药。在1133年时，阿伯拉尔开始把他的苦难历程付诸文字，书名为《我的苦难历史》。这部书一如既往地表现了他那傲视群伦的自信，确信自己拥有超乎寻常的智慧。他毫不掩饰地描述、剖析自己的行为举止和内心世界，以及自己为何命途多舛。与艾洛伊丝的爱情关系当然也是该书的内容之一。那次震惊世人的爱情事件过去十五年后，这对从前的情侣又开始了后来闻名于世的信件往来。估计二人后来一起对这些信件进行了修饰润色后，便将它们公布于世了。

后来，阿伯拉尔辞去了圣吉尔达修道院院长的职务并离开了这座修道院。他又重返巴黎并继续开设课程。学生们成群结队地涌向他的讲堂。弗赖辛的奥托以及索尔兹伯里的约翰这些后来举足轻重、一言九鼎的人物当时也作为学生端坐于讲堂之中。但就算在巴黎，阿伯拉尔也免不了因思想见解与他人的格格不入而面临危险重重的困局。克雷尔瓦克斯的伯恩哈德是西妥教团的重要代表人物。阿伯拉尔开始时与他有着友好的来往和思想交流。但二人不久便反目成仇。伯恩哈德公开指责阿伯拉尔的理论基本原则，称他的思想充满了“自以为是的傲慢”，并控告他是一个邪教徒。他愤愤地指出，“不是盛气凌人的思想”，而是虔诚的信仰才能引导人们认识世界、获得知识。1141年5月底，在伯恩哈德的主导下，阿伯拉尔的论纲、命题以及著述在希昂斯地区高级神职人员会议上被宣告为异端邪说。教皇英诺森二世向阿伯拉尔下达了缄默令和逮捕令。在罗马，阿伯拉尔所撰写的书籍被公开焚烧。阿伯拉尔只好逃之夭夭，并在克吕尼修道院获得了藏身之处。该修道院的院长彼埃尔·维尼拉比利对外宣称逮捕了阿伯拉尔，实际上将他作为宾客加以款待。

他不仅为阿伯拉尔提供庇护，还积极游说教皇，以求达成和解。但这时，阿伯拉尔已精疲力竭，病痛也使他日渐衰竭。维尼拉比利送他前往位于索恩河畔沙隆的圣马塞尔修道院疗养。但阿伯拉尔已病入膏肓，再也没能恢复过来，于 1142 年 4 月 21 日与世长辞。

维尼拉比利根据阿伯拉尔的请求，将他安葬在教堂内。他亲自护送他的灵柩至教堂内并将其安葬在那里。艾洛伊丝身为修道院院长，言谈举止小心谨慎，在阿伯拉尔辞世后，继续在世生活了 22 年。艾洛伊丝辞世后，根据她的遗愿，人们将她与当年的恋人合葬在一起。作为对阿伯拉尔《我的苦难历史》的回复，她曾撰写了一封信，这封信也标志着二人书信往来的肇始。在信中她表述了当年断绝尘缘时，是怎样凭借冷静的思考来克服心中的痛苦的。她的心中只有阿伯拉尔："我的心不再是我的了，而是在你那里。就算现在，我的心依然在你那里。如果没有你，我的心什么也不是。"

艾洛伊丝的信件不仅证实了她那无条件的爱情，也证实了她所具有的杰出智慧。她的智慧告诉她，因为爱她会遭受什么样的痛苦："上帝知道，我对你所拥有的一切一无所求，我只要你。"在她已担任修道院院长一职后，在给阿伯拉尔的信中，她这样表述了她当年的爱情："我只渴望你，而不是你拥有的一切。婚约、晨礼我都不在乎。我并不寻求满足我的欲望和意愿，而是寻求满足你的意愿。这点你是了解的。如果你觉得'妻子'这一称谓更加正派、更加神圣的话，那么'恋人'、'你的情人'或'你的女佣'这些称谓对我而言则更具魅力，请你对此不要生气。"

阿伯拉尔与艾洛伊丝的情感经历，从头至尾向世界演绎了在爱情中心与头、情感与理智之间的关系。或许根本就不需要提出在爱情中心与头孰轻孰重这一问题。但是，只是有人提出这一问题，新的答案便会层出不穷，直接涉足爱情的人会给出自己的答案。阿伯拉尔和艾洛伊丝不得不与他们自己的宗教信仰、与教会和那个时代的历史现实缠斗不已。两人殚精竭虑，历尽艰辛，留下的却是两颗破碎的心。无论是阿伯拉尔还是艾洛伊丝，都只能逃亡到理性之中以寻求庇护。

艾洛伊丝作为一个女性别无选择，但她还是做出了抉择。当她听从阿伯拉尔的命令，选择了弃绝尘世生活而归隐修道院时，她听从了自己心灵的指令。她那颗热恋着的心要求自己为心上人做出牺牲。只要是恋人的要求，她都无条件执行。此时，心更重要。然而她的愿景仅是昙花一现，很快便如过眼烟云般随风而逝。但艾洛伊丝凭借自己的理性所完成的一切，向世界证明了她的心是不可战胜的。尽管那个时代对妇女充满了歧视和不公正，但在阿伯拉尔的激励下，她沿着选择的道路勇往直前，从而成为那个时代耀眼的道德楷模。

艾洛伊丝勇敢、坚定地承受了命运的打击和磨难，这使她从一个现实生活中的弱者转变成为一个心灵上的强者。在那些悲剧事件发生 15 年后，艾洛伊丝写给阿伯拉尔的第一封信中，她既意味深长又感人至深地记录了自己内心怅然若失的心酸："当你把我当作世上最大的欢乐而紧追不舍时，你给我写了无数的信件，正如一些歌中唱到的那样，你整日把你的艾洛伊丝挂在嘴上。每一条街道、每一所房屋都唱响着我的名字。上帝啊，你唤起了我多么强烈的爱欲激情！请想一下，你欠下了我什么，请听一下，我心里有何诉求！在此我想用一句简短的话结束这封长信：你就是我的一切，别了，我的一切！"

第三章

马基雅维利与达·芬奇：

权力到底是什么

与学会命令相比，人们更容易学会顺从。

——马基雅维利（1469—1527）

权力、智慧和意志也是公正的一部分。

——达·芬奇（1452—1519）

仅仅坐了一小段路程的马车，马基雅维利便急不可耐地跳下车来，翻身上马，奔驰而去。在佛罗伦萨靠近维奇欧桥的住所里，居住着他的妻子和刚出生不久的女儿。但此时的他，早已把她们抛诸脑后。他满心喜悦，马上就可以见到一年前相见并给他留下深刻印象的那个人了。想到此，他快马加鞭，向目的地疾驰。

在最近几年里，马基雅维利担任其故乡佛罗伦萨的国务秘书一职，因而常常身负各种外交使命而奔走于各邦国之间。谈判、投机、撒谎、蒙骗、变节，这些都是他每天从事的事务。干这些事务需要强大的自控力和冷静的头脑，马基雅维利坦然接受了这一切，但也将一个年轻人对世界的美好想象丧失殆尽。在权力的势力范围里，每个人会如何，他心知肚明。几个月前，他受命前往乌尔比诺。他遇见了恺撒·博尔吉亚，一位年轻英俊、知书达理的年轻人，但也精力充沛、野心勃勃。恺撒·博尔吉亚正带领着一群随从下榻在伊莫拉。马基雅维利受命与博尔吉亚重开谈判，但他本人并不愿意与博尔吉亚来一番讨价还价、分厘必争的博弈。对他而言，谈判只是他需履行的义务而已，当属次要的事情。马基雅维利不仅想与这位诸侯达成某项妥协，更多的是想从近处观察他，并从他身上学到有用的东西。正因如此，他才这样骑马疾驰，80 千米的路程很快飞驰而过。1502 年 10 月 8 日的深夜，马基雅维利抵达了伊莫拉。他不顾旅途劳顿和满身尘土，立刻到恺撒·博尔吉亚的随从处登记，以便在次日可觐见这位他所崇敬的诸侯。

在伊莫拉的宫中，他还遇见了其他一些不同寻常的人物。在宫廷里，有各种才华的人物汇集在一起。这里充满了对知识的各种好奇和渴望。达·芬奇也身处这群杰出人物之中。他的才华就是将那稍纵即逝的美丽定格在永恒之中。

马基雅维利与达·芬奇生活在同一时代。那是一个历史转折的时代，后人将之称为“文艺复兴”时期。在意大利，人们幡然醒悟，认为不应该把个体生命的当下当作去彼岸世界前经受考验和等待的时光。举国上下，人们都不约而同地把目光转向了人生的当下，转向了人生存在的现实意义。人们打量着自己的身躯，观察着自己的精神，开始听从内心的激情，追求情感的爱好。他们恍然大悟，原来可以如此丰富多彩地塑造自己的人生。那个性张扬的古希腊罗马时代，在人们的心目中一下变得如此灿烂辉煌。

那时，意大利人的精神世界呈生机勃勃、百花齐放之势，但这个国家处于混乱无序、内战频仍的境地。马基雅维利和达·芬奇的故土四分五裂、瓜分鼎峙。大权在握的大家族、骄傲的城邦国家、自私贪婪的军队首领以及罗马教皇驱使着的雇佣军四处掠夺。很快，外邦的统治者们也趁火打劫，以此扩大自己的势力范围。无人知道自己的家园是否第二天就会被付之一炬，也不知道这些雇佣军在攻城略地后，是否会大肆掠抢一番，自己也可能性命难保。人们只能听天由命，对一切允诺持半信半疑的态度。每个社会阶层都处于同样的境地之中，没人会去关心社稷的和平福祉。就算有人偶尔有了这样的念头，也很快便置之不顾了。美第奇、索代里尼、斯福尔扎、博尔吉亚、蒙特费尔特罗、伊斯特、奥尔西尼、法尔内塞以及维斯孔蒂这些大家族活跃在此时意大利的历史舞台上。这些权势大家族本来可以结束因争权夺利带来的恶性循环而为社会缔造和平。然而，他们反其道而行之，一心只想捞取罗马教会里的职位，为自己的家族谋取私利。宗教变成了家族利益明争暗斗的玩物和工具，人们为了方寸之地不惜大打出手。这样一来，城镇、城堡便不断变换大王旗，亚平宁半岛的政局变幻不定，社会动荡不已。

马基雅维利的故乡佛罗伦萨也刚刚经历了这一切。1494 年，就在他担任国务秘书一职的四年前，法国国王卡尔八世带领军队突袭意大利。佛罗伦萨的首脑皮耶罗·德·美第奇陷入恐慌之中。为了安抚入侵者，他手忙脚乱，仓皇地将富庶的比萨城和佛罗伦萨地区的一些城堡奉献给卡尔八世。这一举动激怒了佛罗伦萨人，他们把美第奇赶下台并驱逐了他和他的家人，美第奇家族对佛罗伦萨几代人的统治便戛然而止了。

在这权力真空时期，一位叫吉洛拉谟·萨伏那罗拉的多明我会僧侣发声了。他依然坚信人类的此生此世就是为彼岸世界做准备，人生在世就是为到达彼岸而经受种种考验的。心怀不安的人群从四面八方涌向他的布道神坛。他以一种感人的虔诚之心，宣讲基督教教义，并预言地狱即将开门，苦难、不幸和地狱之火将降临在人们的头上，唯有真心诚意地匍匐在上帝的神威前才能得到拯救。面对抽泣、哀叹的信徒们，吉洛拉谟·萨伏那罗拉又允诺给大家指出一条走出地狱黑暗的生路。他要在人间建立一个上帝的天国，而佛罗伦萨则是这一天国的开启之处。但要做到这一点，必须将萨伏那罗拉眼中的一切罪孽从这个城市里清除干净。于是，那些狂热的年轻人深受其蛊惑，他们成群结队地穿过大街小巷，将那些萨伏那罗拉认为毫无价值、亵渎神灵的东西收集起来后付之一炬。绘画、珠宝、乐器、棋牌以及昂贵的家具皆在熊熊烈火中化为灰烬。桑德罗·波提切利的绘画也在这种狂热的氛围中被焚毁了。教皇亚历山大六世认为吉洛拉谟·萨伏那罗拉是一个必须加以铲除的魔鬼。在教皇的主导下，吉洛拉谟·萨伏那罗拉被捕并被处以极刑。

到了 1498 年 5 月，佛罗伦萨的大家族开始了重建社会秩序的努力，并且重新赢得城市管理权。在这一过程中，有一个人一开始就全力以赴地帮助他们，这人就是时年 29 岁的尼可罗·马基雅维利。在萨伏那罗拉被处死三周之后，他便被任命为市政委员会这一最高管理委员会的秘书。在这一职位上，他成为佛罗伦萨最为重要的官员之一。在富庶的佛罗伦萨，马基雅维利的家庭并非豪门氏族，但也并非无名之辈。他的父亲是一位知名的法律学者和公证人，他的母亲出生于佛罗伦萨一个世代居住于此的古老家庭。马基雅维利身材纤细，其个性充满了魅力，幽默、坚忍、敏捷又机灵。他给人一种诚实正派的感觉，似乎他的内心世界远离权力的奸诈邪恶。他薄薄的嘴唇常常露出一种含讥带讽的微笑，宛若在向人们证实他的内心世界。

在履职四年后，他来到了伊莫拉。原本他只负责内政事务，但很快市政委员会又对他委以重任，让他负责外交事务。于是，策划建立联盟、防范潜在敌对势力的进攻以及让那些声名狼藉的雇佣军统帅对佛罗伦萨心怀忌惮，成了马基雅维利日常事务的组成部分。要完成这些使命，他得四处结交、八方游说，故意拖延和虚假允诺是必备的手段。但那些市政委员会的老爷对他的这些使命锱铢必较、一毛不拔。尽管马基雅维利责任重大，但其地位并非稳如泰山。他薪酬不高，每年他都得竞聘。

马基雅维利肩负大量外交任务。在 1502 年夏季的一次外交活动中，他遇见了恺撒·博尔吉亚。在他身上，马基雅维利看到了佛罗伦萨市政委员会那些老爷所没有的秉性和情操。恺撒·博尔吉亚所具有的敏锐洞察力，在权力这部钢琴琴键上挥洒自如的弹奏以及坚定不移的决断力都给马基雅维利留下了深刻的印象。恺撒·博尔吉亚的父亲是罗德里格·博尔吉亚，他就是教皇亚历山大六世，曾被萨伏那罗拉咒骂是魔鬼。正是恺撒·博尔吉亚的父亲教皇亚历山大六世在意大利建立了由他们这个家族掌控的帝国。作为其子，博尔吉亚理所当然地要帮助他的父亲。7岁时在其父亲的暗中提携下，他便成了有薪俸的神职人员，17岁时便被任命为大主教，一年后升任为红衣主教。所有这些职位都未进行正式的宗教授职仪式。但博尔吉亚后来把这些神职都归还给了教会。正如人们所说的那样，博尔吉亚有能力用剑砍下一头公牛的头，那么他更愿意通过战斗来获得一切。1499年最后几周时，他开启了横扫罗马涅地区的战役，结果便是越来越多的城市落入了他的手中。军事上的机敏，当然还有欺骗和背叛使他大获成功。第二场战役又给他带来了罗马涅公爵的头衔。他的父亲给他封赏了这一头衔。在第三次战役时，他拿下了乌尔比诺市，并在该市的蒙特费尔特罗宫廷里住宿下来。在这里，马基雅维利拜见了博尔吉亚。博尔吉亚既倨傲又大度地接待了这个佛罗伦萨人，但这并没有影响马基雅维利对博尔吉亚的看法。这次觐见给他留下了十分深刻的印象。在给佛罗伦萨市政委员会的报告中，他写道:“这位君主崇高、伟大。”

这位常常身着黑色天鹅绒的君主的确也让人着迷。他会讲五种语言，赤手空拳也能打断马蹄铁。他会进入环绕乌尔比诺的山林深处去追猎豹子。他的面庞上有着当年患上梅毒后留下的痕迹，因此这位年轻的君王有时会头戴面具出现在人们的面前。与佛罗伦萨那些大权在握的市政委员会的老爷截然相反，博尔吉亚具有极强的决断力和执行力，这使马基雅维利深感折服。他向自己的家乡这样报告:“当人们还以为他正要从某处启程时，他已经到达了。”马基雅维利承认，这位君主公开威胁要更换佛罗伦萨的政府，让美第奇家族重新掌权。博尔吉亚要求佛罗伦萨承认他的征服，并索要大量金钱。他告知马基雅维利，要么当朋友，要么当敌人，没有中间道路可走。这位君王向佛罗伦萨发出了最后通牒：佛罗伦萨人只有四天时间。但佛罗伦萨市政委员会决定对这一威胁不予理睬。法国新国王路易七世将为这个城市提供保护。这一点他们也做对了。博尔吉亚的威胁一下化为乌有。

当马基雅维利再次与博尔吉亚在伊莫拉相会时，这一次他在宫廷里逗留了好几个月，度过了圣诞节，迎来了新年。马基雅维利心中充满了对博尔吉亚的赞叹，这位年轻的君王不啻为政治家最为理想的化身。马基雅维利终生都对他难以忘怀。当马基雅维利多年后把他关于权力的思索诉诸文字时，与这位年轻君主打交道的往事又浮现在他的眼前。《君主论》一书成为史上影响最为深远，同时也是最具争议的政治哲学书籍之一。这本书也极大地改变了人们观察马基雅维利的目光。当人们撰写历史时，那个时代两个天才人物在伊莫拉的相遇变成了不值一提的琐碎小事。在伊莫拉，马基雅维利与列奥纳多·达·芬奇相逢了。实际上，马基雅维利与达·芬奇的相遇与同博尔吉亚的相遇同样引人注目。这样的相遇总会产生相互影响、相互启发的作用。当然，要准确把握这种交互作用绝非易事，正如要正确地把握权力同样绝非易事。

此时，达·芬奇已年满五十，比马基雅维利年长近20岁。如果把二人相比较，其差别犹如将一只极乐鸟与一只灰色的麻雀放一起。达·芬奇那蓬松的鬈发一直披到胸前，身材修长，总是身披一件直没膝盖的粉色袍子。对他而言，打破常规是理所当然之事，但他破旧立新的方式十分温柔。依靠他那卓越的天赋，他周旋于因权力而生的各种陋习、陷阱和曲折之中。此外，他所具有的那种克服一切困难的精神气质对他也大有裨益。

权势人物需要像达·芬奇那样拥有天赋和才能的人。对那些买主而言，可以借助达·芬奇的能耐，将他们的那些冒险计划付于行动。教会、城邦和诸侯们都纷纷与达·芬奇签订定制绘画和雕塑的合同，以便使其为他们服务。

每一件新的作品都应使前人的作品相形见绌。达·芬奇也的确做到了这一点。几百年后，达·芬奇所创作的作品依然使后人心往神迷。其实，达·芬奇只是在一段时间里从事绘画和雕塑创作，他那巨大的好奇心和不可抑止的创造冲动使他不断寻求新的发展领域，从而也使他的才华发挥到了无与伦比的地步。达·芬奇设计房屋，构建堡垒，还绘制地图，他发明了潜艇、飞行器和其他机械。这一切数百年后才变为现实。人的身体也是他研究的对象，此外他还构思碾轧机、起重机以及武器，担任工程师和顾问。即便是在其他多个艺术领域，达·芬奇也是出类拔萃。他从事音乐创作，设计乐器，还作为音乐家登台表演。在任何领域里，只要达·芬奇登场，便无人能与他匹敌。

达·芬奇出生在地处托斯卡纳一个叫安奇雅诺的村庄里。这里布满了葡萄园和橄榄树林，与名叫芬奇的山村很近。芬奇村当时归佛罗伦萨城市共和国管辖。达·芬奇的父亲是一位年轻的公证人，母亲则是一个接受了洗礼的奴隶，并在一段时间里在达·芬奇的父亲家中做女仆。达·芬奇在父亲家中长大。他的父亲很快注意到了儿子所具有的非同寻常的天赋。他向画家安德烈·德尔·韦罗基奥展示了达·芬奇的绘画，这位画家立即让达·芬奇在自己的绘画作坊里学习绘画。如那时绘画学徒中流行的那样，在学徒期间，达·芬奇的作品表现了其老师的绘画风格和内容。在结束学徒生涯后，达·芬奇加入了佛罗伦萨画师行会。在强大的美第奇家族的帮助下，达·芬奇很快便声名鹊起。然而绘画艺术对达·芬奇的鸿鹄之志而言，似乎太狭窄了一点。1482 年，他受市政委员会之托，动身前往米兰。他随身带了一份自己撰写的推荐信。他想向米兰的公爵卢多维科·斯福尔扎毛遂自荐。在这封自拟的推荐信中，他列举了自己的各种才能，特别是自己可担任武器和防御工事工程师一职，只是在结尾处他顺带提及自己也是画家和雕塑家。达·芬奇得到了自己想要的位子，并在后来的 17 年里为卢多维科·斯福尔扎工作。他安排组织各种节日活动，作为一个优秀的音乐家登台演奏，计划雕塑一个巨大的骑士雕像。在这一时期里，达·芬奇还完成了绘画《抱银貂的女子》以及米兰圣玛利亚德尔格契修道院里的壁画《最后的晚餐》。

1499年，卢多维科·斯福尔扎被逐出了米兰，达·芬奇随之也离开了这座城市。他曾向威尼斯城邦提出职位申请，但没有成功。于是，他又回到了佛罗伦萨并希望获得一些合同。达·芬奇继续从事艺术创作，但他更想投身于技术方面的事务。因此他谢绝了佛罗伦萨市政府最高长官皮耶罗·索德里尼提出的由他来完成一座大理石雕像的建议。不久，米开朗琪罗用这块大理石雕刻出了举世闻名的大卫雕像。1502年初，也可能在前一年的秋季，达·芬奇开始在恺撒·博尔吉亚处任职。他游走各地，绘制了博尔吉亚在意大利中部所征服或购入领土的地图，同时还在1502年5月制订了排水造地的计划，试图把位于托斯卡纳海岸边皮翁比诺地区沼泽中的水排干。

马基雅维利和达·芬奇都没有留下任何有关他们相遇的文字材料。或许当马基雅维利在乌尔比诺第一次觐见恺撒·博尔吉亚时他们相互结识，成就一段佳话。但更大的可能性则是他们是在伊莫拉相遇的。10月初时，马基雅维利进宫拜见那位年轻的君主博尔吉亚时，达·芬奇一定会在那里。原因在于博尔吉亚要把在伊莫拉的这个小小的要塞打造成一个过冬的住处，为此他需要达·芬奇的鼎力相助。达·芬奇亲临现场，绘制要塞的平面图并用手测量出各种数据，然后记录在纸上。几周前他还受命四处环游，骑马穿越边境地区和罗马涅地区，着手改善要塞的各种设施，并绘制各地地图，其中也有一张是伊莫拉的地图。在行李箱里，达·芬奇随身携带着博尔吉亚出具的证明书以利于开展工作。证明书称他为“我们杰出和亲密的朋友，建筑师和工程师达·芬奇”。

当1502年年底马基雅维利与达·芬奇在伊莫拉结识时，博尔吉亚正四处征战，以剿灭他的几个军事统帅发动的叛乱。年轻君主所表现的决断力和自信心再次深深地打动了马基雅维利，他写信给佛罗伦萨市政委员会，要求佛罗伦萨站在博尔吉亚一边并出手相助。佛罗伦萨市政委员会见风使舵，发表了支持博尔吉亚的声明，但并未有所行动，而是作壁上观。

此时正值12月，马基雅维利还留在伊莫拉。很快博尔吉亚就出手了。12月10日，他冒着漫天大雪亲自率领部队出发征战。剿灭叛军的行动在马基雅维利看来堪称军事杰作。博尔吉亚的军队不断出击，无情残暴地横扫一切。在力求与对手正面作战的同时，也用各种手段造成叛乱者内部分裂，使其处于惶惶不安之中，最后叛乱者请求停战。博尔吉亚假意和解，实际上将叛乱者引入圈套，然后逮捕、处决。

和马基雅维利一样，达·芬奇也密切观察着这些事变。1503年新年后，马基雅维利回到了佛罗伦萨并给市政委员会起草了一份报告。这篇报告开启了后来有关国家领导艺术长篇大论的论述。2月，达·芬奇也来到了佛罗伦萨。他辞去了在博尔吉亚处的工作，可能马基雅维利向他提出了来佛罗伦萨工作的建议。有一点是确凿无疑的，那就是在随后的几个月里，达·芬奇受佛罗伦萨市政委员会的委托，绘制了地图，并制定了加固防御体系和增强武器装备的草案。

7月，达·芬奇提出了亚诺河改道的方案。这一方案所隐藏的目的十分大胆和绝妙。当然这一切皆与权力游戏有着直接的关联。比萨城面积较小，曾归佛罗伦萨管辖，但自从皮耶罗·美第奇将这座城市转让给卡尔八世后，比萨城便与佛罗伦萨脱离了关系。卡尔八世的继承者路易七世打算把比萨归还给佛罗伦萨，但比萨城拒绝归顺佛罗伦萨。在几次武力交锋后，佛罗伦萨依然没法重新夺回对比萨城的管辖权。于是在市政委员会里，一个大胆的设想开始赢得关注：亚诺河流经佛罗伦萨后再流向比萨，如果将河流在流经比萨城前改道，让河水流入南部平原，这样就可以掐断比萨城的命脉，逼其缴械投降，同时还可以疏浚亚诺河，使佛罗伦萨有一条出海通道。如果这一计划得以成功实施，佛罗伦萨便可一举成为一个港口城市，在贸易领域将获得难以置信的强势地位，甚至崛起成为一个海上强国。

达·芬奇被看作一个精通水流动态的专家，他也在威尼斯当过有关事务的顾问。完全有可能是达·芬奇提出了亚诺河改道的建议，早先他就制订过相关计划，不过原来的改道计划是出于和平目的。达·芬奇想规划建造一条联通佛罗伦萨和海岸的运河，也想在佛罗伦萨边上挖掘一条运河。现在，人们开始探讨如何将这些原有的计划纳入新的战略图谋中来。当然，亚诺河改道也可能是马基雅维利的突发奇想，或者是他在与达·芬奇在伊莫拉相遇交谈时二人共同制订出来的一项计划。总之，佛罗伦萨市政当局对此表现了极大的兴趣。市政最高长官皮耶罗·索德里尼委托达·芬奇进行研究，亚诺河改道方案是否可行。如果这项计划可以实施，佛罗伦萨希望达·芬奇担任这一工程的军事工程师并制订详尽计划，从而加以具体实施。为此还起草了一份合同，皮耶罗·索德里尼和马基雅维利作为佛罗伦萨一方签署合同。马基雅维利将负责领导并监管各项工作。此后不久，达·芬奇便带领六辆马车前往比萨城边考察地势。他最后得出了这项计划可行的结论。

显然，亚诺河改道计划并未使达·芬奇的才华淋漓尽致地施展开来。他又接受了市政委员会的委托，在维琪奥王宫 50 米长、20 米高的墙上绘制一幅《安吉亚里之战》的油画，以纪念这次辉煌的战役并向全世界宣示佛罗伦萨的强大。极具讽刺意味的是，恰恰是那位被定性为所谓“反对圣像崇拜者”的萨伏那罗拉在位时，布置装饰了这个雄伟的大厅。1503 年 10 月，佛罗伦萨在一所修道院里为达·芬奇提供了宽敞的房间，以便他能在这里绘制《安吉亚里之战》的草图。但正如达·芬奇所构思的众多创作一样，这幅绘画也成了未竟之作。达·芬奇的头脑里时刻都充满了各种奇想，而这些奇想不断将他引向新的冒险。遗留下来的一些草图表现了这幅绘画的构思。后来米开朗琪罗受命完成这一壁画，而米开朗琪罗的创作也是建立在达·芬奇的前期工作之上的。

在此期间，达·芬奇开始了另外一幅绘画的创作。约在1503年，他在一块77厘米长、52厘米宽的白杨树木制成的木板上勾画出了一幅肖像，这幅名为《蒙娜丽莎》的肖像画成了世界上最为出名的绘画作品。这幅作品因其尺寸很小，因此在后来的几年里，达·芬奇总是把这幅画装入行李箱中，随身携带。《蒙娜丽莎》的尺寸以及细腻、温柔的主题，都不能与那幅留在佛罗伦萨未完成的《安吉亚里之战》相提并论。达·芬奇使用的绘画技巧，使画中人物的体态和目光，深深打动了观赏者的心灵。

达·芬奇于1503年开始绘制《蒙娜丽莎》，同时也偶尔继续他的《安吉亚里之战》的绘画创作。此时，博尔吉亚的命运却发生了逆转。当年8月，博尔吉亚和他的父亲教皇亚历山大六世几乎同时病倒在床，或许被人下了毒，或许染上了疟疾。博尔吉亚最后总算痊愈，但他的父亲命丧黄泉。亚历山大六世在世时，就为其子博尔吉亚那种肆无忌惮的强权政治而深感不安。在失去教皇亚历山大六世的强力支持后，博尔吉亚的统治变得摇摇欲坠了。继任教皇的庇护三世在位仅26天，其后继者为教皇朱利叶斯二世。这位新教皇憎恨博尔吉亚家族，是博尔吉亚这位年轻君主的危险敌人。开始时，教皇朱利叶斯二世让博尔吉亚获得了一种虚假的安全感，使他自以为高枕无忧了。这位一生中欺骗过无数人的君主，这一次自己却被骗了。教皇朱利叶斯二世设法逮捕了博尔吉亚，占领了他的地盘，剥夺了他对众多城市的管辖权，还褫夺了他的公爵封号。从前，博尔吉亚让马基雅维利印象深刻、难以忘怀，

▲《安吉亚里之战》(草图)，达·芬奇，1503 年

而现在新教皇的阴谋诡计更让他叹为观止。

博尔吉亚生命中的最后一段时光可谓悲惨至极。这位从前势倾天下的军队统帅一再被捕入狱，并受到严刑拷打。他也多次成功地逃跑。1507 年，他陷入埋伏之中。尽管他事先已发现了圈套，但他已精疲力竭不想再逃亡了，最后遇难身死。

第二年教皇为圣彼得大教堂奠基，并委派极具天赋的建筑家布拉曼特设计、建造这一建筑，同时也任用同样极具天赋也同样固执的米开朗琪罗负责完成教皇的墓碑以及西斯廷教堂的穹顶画。教皇也让终日快乐、无忧无虑的拉斐尔为自己的私人住房绘制壁画。

在佛罗伦萨，达·芬奇尽管分心的事很多，但由他制定的亚诺河改道的工程还是正式开始了。1504 年 8 月，约 2000 名工人开始挖掘运河，同时还有 1000 名士兵保卫他们免受比萨市派出军队的攻击。到了 10 月底，这项工程还是中止了，原因在于一场接一场的大暴雨摧毁了已挖好的沟渠和其他已完工的工程。于是，达·芬奇便又可以心无旁骛地绘制那幅《安吉亚里之战》了。迄今为止，这幅画还只是一些草图构思而已。1505 年，达·芬奇在日记中记下了又重启绘制这幅图画的事项。但此时他又接到了米兰总督极具诱惑力的合同。而极有讽刺意味的是，达·芬奇在佛罗伦萨绘制的《安吉亚里之战》，表现的正是佛罗伦萨战胜米兰的往事。在这两个城市一番你争我夺之后，达·芬奇还是决定再次前往米兰。在后来的岁月里，他总是奔波于这两个城市之间，但《安吉亚里之战》始终未能完成。

在这一时期，达·芬奇和马基雅维利相见无日。马基雅维利担任了佛罗伦萨军事办公室的主任一职。但他并未因此而得到额外的薪酬。现在他致力于解决佛罗伦萨与比萨间的纷争问题。马基雅维利对雇佣军早已愤怒难耐，于是他组建了一支市民军，而恰恰是这支马基雅维利的市民武装使佛罗伦萨得以在1509年成功征服了比萨。此后不久佛罗伦萨卷入了教皇朱利叶斯二世与法国国王路易十二的权力之争，这一次佛罗伦萨却站错了队。1512年8月，在教皇联盟的支持下，美第奇家族重返佛罗伦萨。马基雅维利失去了他的职位。有人揭露了佛罗伦萨反美第奇统治的阴谋，当局也怀疑马基雅维利参与了这项阴谋。于是，马基雅维利被捕入狱并遭受严刑拷打。他六次被反绑双手吊打，但他没做任何招供。1513年3月，乔万尼·美第奇当选为新的教皇列奥十世，马基雅维利被大赦释放。他和妻子带着六个孩子搬到佛罗伦萨附近的乡间庄园居住，并于同年开始撰写《君主论》一书。

那一年秋天，达·芬奇前往罗马，下榻在朱利亚诺·美第奇之处。这位朱利亚诺·美第奇是新任教皇的弟弟。自出道以来，达·芬奇就与美第奇家族保持着密切的联系。虽然列奥十世并不特别看重他，但朱利亚诺·美第奇成了达·芬奇的靠山和赞助者。当朱利亚诺·美第奇于1516年3月去世时，达·芬奇这样写道："美第奇家族成就了我，也毁掉了我。"达·芬奇以画家杜罗伊的身份，与他的两个同伴萨莱和梅尔齐前往法国投奔弗朗索瓦一世。在昂布瓦兹的皇家宫廷里，达·芬奇度过了一生中的最后三年。达·芬奇与世长辞后，梅尔齐继承了他的绘画遗产，萨莱继承了他的一座葡萄酒庄园和他的一些油画，《蒙娜丽莎》也在其中。达·芬奇在去世前的几年里一直在绘制这幅画像。萨莱后来把《蒙娜丽莎》这幅画卖给了国王弗朗索瓦一世。

达·芬奇离世八年后，马基雅维利也因胃病而于1527年6月溘然长逝。几周前，德意志神圣罗马帝国皇帝的雇佣军在那次臭名昭著的"洗劫罗马"行动中，将这个永恒的城市洗劫一空。在生命的最后14年里，马基雅维利不再攻击和批评美第奇家族在佛罗伦萨的统治，他也一再试图以顾问和官员的身份插手各种事务。他原本想把《君主论》一书献给他的提携者朱利亚诺，但后来又改变主意，决定献给美第奇家族的洛伦佐二世。但这于事无补。无论他干什么，都显得多余，人们已不再需要他了。有时也会委任他一些无关紧要的事情，对此他大加冷嘲热讽。他也不时地做一些吹毛求疵的批评，因而人们对他更加厌恶。

马基雅维利去世五年后，《君主论》一书方才印刷出版。但该书的手稿早已在小范围里流传。马基雅维利还在世时，《君主论》一书的内容就已使马基雅维利遭受了巨大的鄙视，而这一鄙视持续了数百年之久。在书中，马基雅维利十分冷静、清晰和客观地描述了权力的运作机制，并毫不掩饰地指出，顾忌和原则才是通往权力的道路上的绊脚石。马基雅维利使他所在的那个时代和世界深感困惑，他的名字也被人所淡忘。虽然他也是一个受欢迎的喜剧作家，但很快人们把马基雅维利这一名字与《君主论》一书所传递的邪恶信念画上了等号。马基雅维利被视作没有道德信念的权力的同义词。

事实上，马基雅维利在《君主论》一书中所提出的问题，迄今为止都是一个可以永无止境地辩论下去的题目。《君主论》一书是马基雅维利就国家的本质、政治的本质和权力的本质这些问题所撰写的著述中的一部。他发表了数目众多的研究报告和论文，其中有一篇著述为《论李维》，以如何才能建立一个强大的共和国为题目。在文中，他愤怒地指出："教会使我们的国家分裂，并使我们的国家保持这种分裂状态。"正是在教会对权力的追逐中，他看到了意大利衰亡的原因。有一点是确定的，那就是马基雅维利绝不相信人的本性是可以改良的。只是因为一个健全的国家体制，才使人本性中的邪恶一面得以控制。而共和体制最能保障人民的福祉，因而最适合控制人的阴暗本能。当然，共和体制也会卷入权力的争斗之中，也会在一些时期忽略道德伦理。尽管这样，建立共和体制的努力依然是值得的。其原因正如马基雅维利所写的那样："在实施共和体制的国家里，人民就是诸侯。"如果《君主论》一书是马基雅维利开出的诊断书和警告，那么《论李维》则是他制定的治疗方案。他告诉人们应该如何以最好的方式与政治权力打交道。

或许马基雅维利和达·芬奇从未就何谓权力这一问题一起进行过探讨，或许他们对此进行过意味深长的目光交流。马基雅维利感同身受地从多个方面描述了权力的本质，而达·芬奇也以另外的方式经历了权力的表现形式。其委托人之间的权力之争以及自然的威力他都亲身体验过。他也曾想用自己的装备以及运河建造计划来驯服自然的威力。达·芬奇以自己的方式回答了什么是权力的问题。在他的作品中，权力是一种统摄一切而又难以把握的生命之力，而非仅仅是一种社会或政治现象。达·芬奇的艺术作品让人感受到权力的原始、普遍的本质：权力就是用善或者恶来驯服我们的方式。此外，权力也使我们奋起反抗，让我们把命运掌握在自己手中。

第四章

开普勒与华伦斯坦：

信仰滥觞与终结于何处

他追求荣誉，而这种对荣誉的追求也让科学欣欣向荣，他不会因宗教的不同而对人另眼相看。

——开普勒（1571—1630）对华伦斯坦的看法

当大部分参战国都毁于战火后，人们最终都将不得不走向和平……

——阿尔伯莱希特·冯·华伦斯坦（1583—1634）

阿尔伯莱希特·冯·华伦斯坦是一位来自波希米亚的贵族。1609年，时年24岁的他要在世界历史的舞台上登台亮相，尚需十年光阴。那时没人会想到要把他的肖像制成铜版像，也没人会把这位后来让人闻风丧胆的军事统帅绘制成手握元帅权杖、身披耀眼铠甲的戎马骑士。总之，他那满面胡须的冷酷面孔不会出现在当时的艺术作品之中。

华伦斯坦后来纵横驰骋在历史的舞台上，但早年的他并未显现任何迹象。他也曾在军队中小有发迹，但很快又离开军队担任了马提亚斯公爵的侍从官。这位公爵和他的兄弟鲁道夫二世一样，既权欲熏心又好逸恶劳。只要能远离政事，他就会兴高采烈。年轻的华伦斯坦同样不愿整日纠缠于法律条文、数字排列和签字画押这些烦琐事务。那些繁文缛节绝不是他的内心追求。对自己的未来，他有完全不同的设想。在由他的姻兄卡尔·茨赫廷转交给大公爵的推荐信中，有这样一句话："他总是热衷于军事。"

华伦斯坦曾接受了路德教的洗礼和教育，但他后来皈依了天主教。其原因可归溯到一次意外事故：他曾任一位总督的随从人员，不小心从城堡的三楼窗户上摔了下去，但安然无恙。于是，他坚信圣母玛利亚拯救了他的性命，以便成全他做出一番惊天动地的事业。他急切地想知道，今生今世有什么重大的使命在等待着他。他从前曾听说过数学家开普勒这个名字。开普勒在布拉格的皇宫中任职，在计算星象方面，被公认无人能与之比肩。华伦斯坦打算从这位大师处获得一幅占星天宫图，以便通过出生时的星象位置来了解自己的秉性特征，甚至想从中得出自己的未来命运。

华伦斯坦对星象图的巨大热情并没有使他显得像一个有怪癖之人。在他生活的历史环境里，通过占星术来了解自身命运是一件十分平常的事情。基督教激烈反对一切迷信和占星术，但无济于事。自路德宗教改革后，基督教便一分为二，成为势不两立的两大阵营。在这一历史时期，宗教信仰变得支离破碎，让人深感迷惑不解。同时理性主义也日益崛起。这一切都让人寄希望于通过占星术和神秘的法术来获得各种问题的答案。一旦发生什么不测之事，人们便相信是某种黑暗势力或巫婆在施魔法了。

即便是在科学领域，此时也充斥着混乱。炼金术者把科学的理性和工作方法与神秘莫测的法术混合在一起。他们相信，通过炼金术可以找到包治百病的药方，也能找到那块所谓的"贤者之石"，从而可点石成金。与此同时，科学开始从自己的视角解释世界。弗朗西斯·培根，这位与华伦斯坦和开普勒同时代的人，用他的名言向人类展示了科学所具有的伟大含义："知识就是力量。"人们不再寄希望于《圣经》来满足自己对知识的渴望，而是通过那些睿智的头脑和清晰、富有逻辑的思维方式来赢得知识。勒内·笛卡儿为那些进行着科学思索的人创立了一整套精神体系，并告知他们："我思故我在。"经院哲学对《圣经》的垄断性阐释曾使那些独立思考的思想家如阿伯拉尔般愤怒不已。现在，人们渐渐地不再热衷于经院哲学对《圣经》的辩解，而是致力于科学的观察和逻辑的思维。尽管开普勒是一个虔诚的信徒，但他为科学的解放做出了巨大贡献。正是开普勒向全世界证明，人自身就是一切知识之源，而科学则是认识世界的工具。开普勒和华伦斯坦的生活之路以及他们的相遇都充分表现了那个时代不同信仰之间的争斗以及信仰与科学之间的争斗。两人间的相遇总是短暂仓促，充满了相互间的探问之意和犹豫不决。他们一生中有两次相逢。在第一次相见时，他们谈论了信仰问题，特别是对星象可信度的见解。很多人将占星术看作迷信。第二次相遇时的话题看上去和第一次相同，实际上包含了更多的内容：两人的人生轨迹以及这些轨迹的变迁。对那时的开普勒而言，其生命之路更为艰险。

1571 年，开普勒出生在斯瓦本的威尔德斯达特镇。他曾在自己家庭的星座图中做了如下记录："32 周，224 天，10 小时。"可见，他是一个早产的婴儿。当他来到这个世界时，他的身体尚未完全成熟，就如他所处的时代对他的精神而言也还没有成熟一样。开普勒身材矮小，瘦骨嶙峋，总是疾病缠身。他面色苍白，向前突出的双眼浑浊呆滞。幼年时便患上了天花，这使他的视力也受到影响。溃疡和斑疹也不断折磨着他。

开普勒尽管身体羸弱，但他从少年时代起就展现出了非同寻常的天赋。他总是抢着说话，还自以为无所不知。这些秉性可在其父母身上找到根源。他的父亲是一个商人，好斗，却又一事无成，甚至连自己的家庭也供养不起。他多次前往外国充当雇用兵。开普勒的母亲以收集和出售药草为生，是一个喜好搬弄是非的女人，而且总是满腹狐疑，而邻居对她也同样心怀猜疑。她很早便让她的儿子了解了占星术。在一个深夜里，她曾将开普勒从床上抱起，让他看 1577 年那颗著名的彗星。第谷 · 布拉赫在同一时间也在观察这颗彗星在星象图中的轨迹。第谷 · 布拉赫后来在开普勒科学领域的发展过程中，有着十分重要的意义。

当开普勒 7 岁时，他的父母在一个叫艾尔门丁根的小地方租赁了一家名为“太阳”的客栈。很快，开普勒的计算能力就让客人们惊叹不已。读完小学后，尽管父母囊中羞涩，他还是在图宾根的教会学校里开始了神学学习。他原本可以成为一名神父，但这时他对数学和天文学的热爱迸发，在老师米歇尔·麦斯林处，他了解到了哥白尼的日心说。根据这一理论，太阳而不是地球构建了星球体系的中心。在当时学者的心目中，这一理论已越来越普及，开普勒也很快确信了这一理论的正确性。在毕业考试前，开普勒就收到了地处格拉茨的一家新教学校请他担任数学教授的邀请，他欣然接受了。开普勒离开图宾根前往格拉茨任教，这也让很多人松了一口气。这个任性执拗的年轻人常常在一些信仰问题上让人难堪不已。

在格拉茨，开普勒潜心研究欧几里得和哥白尼的理论。在 1595 年 7 月的一天里，当时年龄尚未满 24 岁的开普勒突然产生了一个对其一生都有重大意义的念头：通过科学来证明上帝的伟大。在他看来，各星球间的和谐关系就是上帝存在和伟大的最好证明。在写给麦斯林的一封信中，他热情洋溢地写道：“我想成为一个神学家。你们会看到，在我的天文学中上帝是如何被颂扬赞美的。”开普勒追寻欧几里得几何学与太空中行星移动之间的具体关系。他认为，太空中行星的数量、大小和运动体现着一种和谐。

开普勒以一种神秘主义的热情全身心地投入他的研究中。1596 年，他发表了《宇宙的奥秘》一书，把研究成果公布于众，并在书中为当时仍具极大争议的哥白尼体系做了辩解。他赞叹道：“在所有天象与哥白尼的见解之间，都充满了完美的一致。”他还补充道：“更为重要的是，其他人教导我们需要观察的东西，哥白尼已经做出了完美的证明。观察的原因在于对原因的无知，而哥白尼消除了这种无知。”

开普勒的第一部著述得到的反响有限，但那些著名的天文学家都对这位作者报以善意的目光：在帕多瓦的伽利略称他为“真理的朋友”；在布拉格，第谷·布拉赫这位来自丹麦的伟大天文学家也通过阅读各种文献而注意到了开普勒。年轻的开普勒所拥有的数学才华给第谷·布拉赫留下了深刻的印象。1583年，神圣罗马帝国的鲁道夫皇帝将自己的宫廷搬到了布拉格，并使这个城市发展成为当时欧洲最为重要的精神中心之一。第谷·布拉赫多年来都在寻找这样一个人，希望他能帮助自己将观察多年而确定下来的天象整合到一个完整的星历体系中去。开普勒正是他所寻求的人。于是第谷·布拉赫与开普勒建立了联系并鼓励他多多观察，以便能够把自己的思想和观念建立在更为牢靠的基础之上。很快第谷·布拉赫便邀请开普勒与他一起工作。于是开普勒便启程前往布拉格，并于1600年2月4日抵达位于班那特克的皇宫。第谷·布拉赫就生活在这个皇宫里。

这两个男人之间的关系却充满了矛盾。第谷·布拉赫性格暴躁，连开普勒不畏冲突的勇气也相形见绌。早在学生时代，狂暴易怒的第谷·布拉赫就在一次决斗中被对手削掉了鼻尖，后来他总是带着一个黄金制成的假鼻尖。每天两人在一起工作，布拉赫很快就发现他的这位年轻助手在数学上明显占有优势，他也猜忌开普勒窃取他研究工作的成果。对开普勒而言，因其糟糕的视力，他只能依赖布拉赫卓越的观察力，并在其精心收集的大量数据的基础上进行研究工作。两人有过几次争论，后来开普勒写给布拉赫一封信，信中他就自己的“年轻气盛”而产生的“激情难控”请求原谅。布拉赫原谅了开普勒，并正式接受他为助手。于是，开普勒返回格拉茨以便把自己的家人接到布拉格来。他的夫人叫芭芭拉，是一位有两个孩子的寡妇。很快，这一家人就带着所有的家当来到了布拉格。

布拉赫与开普勒之间的合作并未能得以持久开展，其原因在于1601年布拉赫的突然死亡。后来一直有猜测，说开普勒毒杀了布拉赫。其实这完全是无稽之谈。在鲁道夫二世皇帝举办的一次宴席上，布拉赫不敢随意离席，因而引发了膀胱破裂，这最终导致了他的死亡。开普勒为这位大师的墓碑撰写了铭文："不是权势，不是财富，而是科学才能旷日持久。"开普勒在布拉赫去世后继续留在皇宫中，并作为布拉赫的后继者被任命为宫廷数学家。开普勒在马蒂亚斯一世和斐迪南二世时仍然担任这一职位。他的任务是绘制天文图像和表格，以及为皇帝进行占星算命活动。布拉赫曾预言了一次针对鲁道夫的暗杀行动，从此使其对占星算命深信不疑，变得十分迷信。

在开普勒接任布拉赫在宫中的职位后的1601年，他发表了《论天文学的可靠基础》一书，尝试给占星术建立一个科学的基础。开普勒坚信，当星球处于特定位置时，就会给人和世界造成影响。同时他也指出，江湖骗术和缺乏数学知识会给天文学带来危害。他也相信，人可以用自己的意志和行动改变星座的位置，所以他强调："星体并非非要这样，而是倾向于这样。"华伦斯坦后来想在开普勒处详尽了解天文学，以便可以预知未来会发生什么。对这位顾客，开普勒明确地指出，预测未来的问题，天文学是无法给出答案的。

尽管颇具争议，天文学依然是一门要求高度科学智慧和能力的学科。谁要能够占星，就必须具有十分优秀的数学才能，以便可以推算出在哪一时刻星体处于哪一位置，只有数学家和天文学家才能做到这一切，也正是依靠数学和天文学知识，他们如开普勒一样，可以通过占星而收入颇丰。尽管开普勒指出占星术所能提供的预言是有条件和有限的，但这并不妨碍他从事这一行业。他曾这样写道："是的，占星术是天文学的一个疯疯癫癫的小女儿。但是，上帝啊，如果没有这个癫狂的女儿，那位理性的母亲何在？"

新的占星术宣告，在以后的年月里，地球将围绕让四季轮回的太阳旋转。大卫·法布里休斯是一位来自弗拉芒的神学家和业余天文学家。1605年，开普勒兴奋地告知他："亲爱的法布里休斯，我得出了这样一个结论：星球的轨道是椭圆形的。"这便是后来闻名于世的开普勒定律。法布里休斯除了从事天文学研究外，也从事占星术。他计算出在1607年的一天自己会有生命危险，于是在这一天他都待在家中。到了晚上，他认为危险已过，便出门散步。这时，一个受到法布里休斯诋毁的农民用铁锹杀害了他。这对所有占星家而言是一场灾难。一些占星家准确预言了命运的未来，另外一些则做不到。意大利的伽利略在1609年初也犯下了错误，这使他的名声受到了损害。伽利略为生病的斐迪南·美第奇占星算命，预言这位大公爵还有很多年的幸福时光，但三周后他就一命呜呼了。

开普勒为华伦斯坦的占星算命就是另外一回事了。1608年，华伦斯坦通过两个中间人与开普勒建立了联系并提出请开普勒为他占星，以预言未来，但二人当时并未见面。开普勒接受了这一委托，开始为华伦斯坦占星算命，并得出了被后人一再谈论的结果。开普勒在解释其占星结果时，总是小心翼翼。这一次，他这样揭示："正如人们所希望的那样，上天就是父亲，而人的灵魂则是母亲。"此时，华伦斯坦还默默无闻，开普勒与他也从未谋面。开普勒对这位"高贵先生"的性格描述，却与事实相契合：华伦斯坦具有一种躁动不安的气质，总是追求新花样，从其星象图可以发现，他具有巨大的荣誉心和不容他见的独断性。"他不会关注别人，只听从自己的内心欲望。"这位"高贵的先生"尽管总是狐疑、迷信、好斗和沉默寡言，但他也是一个实干家。和伟大的英国女王伊丽莎白一世相仿，华伦斯坦也是在星座处于特殊位置的时候降生于世的。总而言之，占星图所表现的这位人物，充满了矛盾，但也绝非寻常之辈。开普勒预言，华伦斯坦会与一个富裕的寡妇结婚，她不漂亮，却腰缠万贯。在给华伦斯坦完成占星算命后，开普勒又转向他的天文研究，多年之后，这份文件才被人了解到其重大意义。

1609年，开普勒发表了《新天文学》一书。该书将两条最早的开普勒定律包含在内：第一条定律确定了星球围绕太阳按椭圆形轨道旋转，而不是按圆形的轨道旋转；第二条定律确定了星球并非以同样的速度运行。当时的社会对这两条开普勒定律并未做出任何反应。他在世时，尚无人知道开普勒定律的重大意义。他的老师麦斯林和朋友法布里休斯都无法理解他的星球椭圆轨道运行说。

在同一年，荷兰的眼镜制造匠人汉斯·李波尔发明了一种帮助进行科学研究的望远镜。借助这个新工具，人们可以大大扩展知识与推测的空间。在这之前，对星体和其轨迹的观察只能凭借肉眼，而现在这种望远镜可以为科学观察提供更多的可能性。伽利略在意大利了解到李波尔的这一发明并对此加以进一步改进，从而可以在深夜的星空中观察到大量让人惊讶无比的现象。1610 年 3 月，一位朋友在行驶的马车上匆匆告诉开普勒，伽利略发现了四颗新的星体。开普勒大吃一惊，如同坠入深渊一般。他问，难道他的思考是错误的？难道迄今为止他仅了解到了真相的一些支离破碎的片段而已？他和伽利略已长时间不再有联系，于是他给伽利略写信询问，但伽利略的回答模棱两可，并未给出一个清晰的答案。对伽利略新发现的关注促使开普勒迈向了开创性的新领域，他在这一领域的业绩便是使光学成了一门科学。

正如开普勒所预言的那样，华伦斯坦迎娶了一位富裕的寡妇为妻。1609 年，他与鲁卡齐亚·尼克希·冯·郎德克——一位拥有巨额家产的寡妇结为连理。此时他还没有看到开普勒为他的占星卜卦，因为过了好几年他才得到这份文件，也可能他后来补缴费后才得到的。总之，欠费在开普勒占星卜卦的业务中绝非偶然现象，直到临终他都在到处催债。

华伦斯坦锦衣玉食，无任何财富忧虑，但在政治上依然默默无闻。作为青年人，他脑袋里充满各种梦想，梦想着荣誉和权力，但并不知道如何以及在何处可以实现其梦想，不过他觉得可以通过战争来实现。但战争并未爆发，唯一的迹象仅是马提亚斯公爵与其兄弟、那位早已对自己的皇位深感倦怠的鲁道夫二世皇帝之间的矛盾已愈演愈烈。这位皇帝身为天主教徒，但其境内占人口大多数臣民都是路德派教徒。马提亚斯公爵与奥地利、匈牙利和斯洛伐克地区的路德派各阶层结成了联盟，这样鲁道夫二世只能认可了波希米亚地区路德派贵族的权力，并在一份诏书中允诺他们更大的自由。这使身为路德教徒的开普勒欣喜若狂。鲁道夫二世在经历了这一屈辱之后陷入了沉默之中，他更加沉溺于神秘的玄想和各种法术，这也进一步削弱了他的权势。开普勒早已注意到这位皇帝毫无决断能力，过分迷恋占星术。开普勒对他深感不满。1611 年 10 月，就在鲁道夫二世去世前几个月，开普勒曾写信给皇帝的一位亲信，指出“必须把占星术从皇帝的视野中清除出去”。当鲁道夫二世的竞争对手马提亚斯公爵让开普勒为他占星算命时，开普勒对占星的结果故意给出了错误的陈述。他声称，尽管看到星象位置并不十分吉利，但马提亚斯公爵会福寿年高。

生活对开普勒而言，依然充满了荆棘和坎坷。1611 年，他喜爱的儿子六岁便夭折了，不久他的夫人也辞世，留给他三个孩子。开普勒只得重新寻找配偶。他的主人、皇帝鲁道夫二世于 1612 年初撒手人寰，于是开普勒前往林茨，担任了上奥地利地区的数学教师。他对十一位配偶候选人经过一番精心挑选之后，于 1613 年和年轻的寡妇苏珊娜·赫廷格尔结为连理，并在后来的岁月里又共同生下了三个孩子。赫廷格尔所具有的勤奋、责任心和随和的性情是开普勒选择她的决定性因素。

1614 年，华伦斯坦的夫人去世了。可能就在同一年，也可能在第二年，他获得了开普勒为他占星卜卦的结果。华伦斯坦的中间人写信告知了开普勒。得知结果后华伦斯坦激动万分，他认为开普勒的占星描述完全符合他的性格，并在文件的空白处做了笔记。这份白纸黑字的占星文件指出了华伦斯坦未来伟大事业的前景。他不必久等，这一预言的前景很快便会变为现实。华伦斯坦对开普勒将他与伊丽莎白一世的星象相比较的结果印象深刻、难以忘怀。他很快便抓住历史机遇，投身到了争夺权力与荣誉的竞技游戏之中。斐迪南公爵，也是后来的皇帝，请求华伦斯坦在与威尼斯的战争中助自己一臂之力。华伦斯坦也是唯一疾驰前往相助的人，他自己出钱出兵助战。自此，他开始相信，自己伟大的未来已徐徐拉开帷幕。

此时，开普勒不仅要为一家老小的生活和自己的科学研究费用而孜孜不倦地努力工作，还要为维护家人安全而搏斗。1615年，当华伦斯坦在这一年首次出兵征战时，开普勒的母亲则因被怀疑从事巫术而在自己的家乡被捕入狱。她遭遇这样的命运绝非个例，这几年在威尔地区就有几十位妇女因从事巫术而被判处火刑，仅在1615年一年就有六位妇女被烧死。开普勒在针对其母亲的巫术判决法庭上做了辩解，从而使其母亲得以无罪释放。他将他的母亲接到了林茨生活。但是当她六年之后再次回到自己的故乡时，又被捕入狱。这位73岁的老妇人在狱中度过了14个月的时间。面对各种刑具，她依然毫不动摇，坚称自己是无辜的。她的儿子开普勒再次为她辩解成功，使她重获自由。但这些事件给她造成了精神和身体上的伤害，几个月后她便撒手人寰。

开普勒还不得不面对没钱的窘境，他的生活举步维艰。很多年来，开普勒一直致力于完成一幅星座图，并在图中标明星座位置和日月食时间。为了纪念鲁道夫皇帝，他把这幅星座图命名为“鲁道夫星座图”。但他的这一努力一再失败，也给他招来不满和愤怒。开普勒在制作这一星座图时，使用了布拉赫的研究结果。布拉赫的后人要求在发表这幅星象图时，他们也应获得应有的好处。这幅星象图可在航海时起导航作用，这便可以带来巨大的收益。尽管开普勒承诺分享经济利益，但布拉赫的后人们要求得到更多。

正当双方为此纠缠不已时，战争爆发了。这场战争是华伦斯坦的幸运之事，也是他的不幸之事。在其兄鲁道夫二世皇帝去世后，马提亚斯公爵作为继承者登基为皇。1618年，波希米亚的路德派贵族共同造反反对马提亚斯。路德派贵族的代表在3月23日冲进布拉格，将皇帝的使节扔出了窗外。谁也没有料到，这次因扔出窗外事件而引发的战争，后来会持续30年之久，因而被后人称为“三十年战争”。这场战争给德国和波希米亚带来了巨大灾难，使这两个国家的数代人都难以从这次灾难中恢复过来。

战争如脱缰野马，无人能够加以掌控，对此开普勒震惊万分。但这场战争给华伦斯坦提供了一次等待已久的机会。华伦斯坦效力于皇帝的堂兄弟斐迪南公爵，这样他便加入了天主教阵营。他自己出资组建新的军团，因而大受欢迎。在一个叫温德赛勒的地方，华伦斯坦被提升为军队统领，同时他也把战争变成了有利可图的生意。1620年，皇帝的军队在白山一役击败了造反的贵族，战败者的财产被皇帝的追随者们瓜分一空，华伦斯坦当然也获利颇丰。皇帝因种种原因而欠下了巨额债务，便出售土地还债。华伦斯坦便借此机会不断购入土地并将这些土地连成一片，以扩大自己的统治领地。华伦斯坦也是皇帝造币机构的成员，这也给他带来了巨大的好处。他指使人暗中减少用于流通的钱币中的含银量，然后用来支付各种开支。华伦斯坦从一群战争诸侯、暴发户和雇佣军首领中脱颖而出。他那庞大的军队如不可抗拒的蝗虫一般横扫全境，但华伦斯坦不屑于打家劫舍的勾当，不断扩大自己的名声以达四海成为他的内心动力。另一方面，他十分谨慎地向外界掩饰自己的气质秉性，让人感到难以捉摸、变幻莫测，这也构成了他不断上升的优势。例如，他十分注意信件往来中的遣词造句，在发出指令或进行约定时，他也总是言词冷静，不带任何感情色彩。他不留下任何可以当作名言来引用的话语，因为他认为这些都毫无意义。他的荣誉感所追求的，完全是另外的东西。他的梦想是建立一个帝国，从而使自己作为统治者的名声响彻寰宇。通过强有力的姿态、富丽堂皇的宫殿和大摆筵宴，华伦斯坦力图使自己的宫廷熠熠生辉，可与皇宫一比高下。他将在萨岗的宫殿加以扩建，成为一个非同凡响的建筑奇观。他坐镇布拉格，不断扩充领地和财富，计划组建耶稣教会学校和一所大学，甚至还打算修建一座主教堂。他再次结婚，并通过其新婚夫人的亲戚关系进入皇帝和其近臣的圈子里去。一切都按他的计划按部就班地进行着。但他很想知道是否能如愿以偿地实现自己雄心勃勃的计划。摆脱不了心中的怀疑，使他变得不安和易怒。他深感自己得到的认可度太低，他的朋友和敌人也都常常议论他那多变的情绪和易怒的秉性。

到了 1625 年，开普勒为华伦斯坦所做的占星卜卦就要到期了。于是华伦斯坦通过中间人再次与开普勒取得了联系，并委托他就自己的前景占星算命。华伦斯坦想知道自己是否还应该继续征战，谁会成为他的敌人，自己的生命会如何以及在何处终结等问题的答案。开普勒为华伦斯坦重新占星算命，并将结果交给了华伦斯坦。开普勒认为这场战争对华伦斯坦而言是天赐良机，可以获利颇丰。一位了解华伦斯坦的国王将毫无疑问地“派遣他去攻打那些来自外域的敌人”。但对华伦斯坦想清楚了解的其他问题，开普勒却含糊其词，并未给出答案。不过开普勒也发出警告，说 1634 年开年会不吉利，但他并没有说华伦斯坦会遭遇不测。在第一次占星算命时开普勒就指出，华伦斯坦或许会在 70 岁时离世。但他错了，华伦斯坦只活了 51 岁。

1625 年，华伦斯坦被提升为弗利德兰地区的公爵。他继续扩大自己的领地，并将这些领地改造成一个堪称模范的国家。在他的势力范围里，行政管理十分严格，实施统一的度量衡，并为保障军队供给而建立了计划经济体系。1626 年，华伦斯坦率领军队在德骚桥一役中，击败了路德教军事统帅曼斯菲尔德伯爵的军队，赢得了重大胜利。

但在林茨，起义的农民焚烧了开普勒的印刷作坊，于是他只得前往乌尔姆。他在 1627 年终于完成了鲁道夫星座图。然后他满怀自豪地把这一成果转交给了斐迪南公爵。数年前，华伦斯坦曾自筹经费，让军队为其征战，后来便逐渐产生了一种新的战争生意模式。当斐迪南公爵作为其堂兄、马提亚斯皇帝的后继者登上了皇位后，便成了斐迪南二世。因为星座图已完成，开普勒决定寻找新的工作岗位。虽然斐迪南为挽留他而愿意慷慨解囊，但同时也提出了一项条件：开普勒必须改宗，从新教徒改宗为天主教徒。对此开普勒断然拒绝。于是他便在饱受战火摧残的土地上颠沛流离，以寻找一份工作和薪酬。为此他这样写道："我应该寻找什么样的地方安顿下来呢？是那些已被战火摧残的地方，还是将要被战火摧残的地方？"

1627 年，开普勒骑马前往布拉格。在那里，他见到了华伦斯坦，距开普勒第一次为华伦斯坦占星算命已过去了 20 年。那时他并不认识华伦斯坦，而当年那位匿名请求占星算命的无名之辈现在已成了赫赫有名的军事统帅。两人现在在布拉格相会了。或许开普勒心中暗自希望华伦斯坦能够给他更多的工作，而不是仅仅做那些愚蠢可笑的占星算命的事。华伦斯坦的确也在寻求智者，以管理和扩大自己的统治领地。开普勒的宗教信仰对他而言无关紧要，因为在天主教阵营的军队里，也有不少路德教徒在作战。对华伦斯坦而言，能力才是决定性因素。他为开普勒提供了一家印刷厂以及获得丰厚收入的前景，一个可以过上诸侯般生活的前景。斐迪南也同意这样做，但他也向华伦斯坦指出，皇帝拖欠开普勒 11817 古尔登的债务，华伦斯坦"可代为偿还"。

1628 年，华伦斯坦兼并了萨岗公国并征服了北德意志地区，成为梅克伦堡和居斯特罗两地的公爵。他要想成为波罗的海地区的主人，并拥有"海洋和波罗的海大统帅"的头衔。与此同时，开普勒也举家搬迁到了萨岗，全力以赴地投入自己的工作之中。他用这样的话来描述了自己的规划："上帝保佑我完成这些工作。我会以军事行动的方式，不屈不挠、勇敢坚定地下达命令。至于如何安置我的墓地，那就让将来的时光去决定吧。”这话其实更适合华伦斯坦。1629年秋天，经过一年半的来回奔波，开普勒在萨岗总算把机器、铅字和印刷工人安置到位，从而使印刷厂可以开工了。华伦斯坦如约发放了薪酬。但皇帝要他代为偿还债务的命令，他置之不理。在进行完一次占星算卦后，华伦斯坦再也不询问开普勒了。华伦斯坦有了新的占星家，年轻的乔瓦尼·巴蒂斯塔·森尼。此人对华伦斯坦想听什么心知肚明，从而投其所好，很快便跻身于华伦斯坦的宠臣之列。据说，后来这位宠臣在收取报酬之后，向华伦斯坦的敌人出卖了其主人的行动计划。

让开普勒心烦意乱的事情，可不止这一桩。在华伦斯坦统治区域里针对路德教徒的规定日益严厉，对此开普勒深感忧虑。他曾对行政长官诉说，后来又亲自向华伦斯坦就此提出过申诉。在给华伦斯坦的最后一封信中，他这样写道：“我为了见一下我仁慈的主人，不得不等待三周时间，这对我们大家而言都是浪费时间。”华伦斯坦强势执拗的行事风格使他在皇帝的阵营里树敌不少，很多诸侯都与他为敌。他们强烈要求斐迪南二世解雇华伦斯坦。在阵营内部的压力下，斐迪南二世于1630年在雷根斯堡召开的选帝侯会议上做出了让步，同意诸侯们解雇华伦斯坦的要求。正当皇帝开会时，新教的瑞典国王古斯塔夫二世率兵入侵北德意志地区。诸侯们仍然继续开会达四个月之久。1630年秋天，开普勒启程前往林茨以解决钱财方面的事务。在路途上他经过雷根斯堡，他想借此机会觐见皇帝以要求结清欠款。他骑着一匹老弱的驽马，在11月2日抵达了雷根斯堡。这是一次艰难的旅程，骑在那匹老马的背上真是苦不堪言，很大一段路程他都不得不牵马步行。到达雷根斯堡后，他立刻卖掉了那匹老马。他想觐见皇帝，但未能达到目的。精疲力竭的他在城里住了三天后便发起高烧。此时皇帝正要乘船沿多瑙河而去，得到开普勒患病的消息后，皇帝让人转交给他 24 枚匈牙利金币用以治病和康复。但开普勒却没能恢复过来，于 11 月 25 日病逝了。因为他是路德教徒，所以只能安葬在城外。在后来的战火中，开普勒的坟墓也遭到破坏而踪影全无了。

在后来的几个月里，瑞典皇帝大获全胜，使天主教阵营原来已获得的优势荡然无存。很快，德意志神圣罗马帝国的皇帝别无选择，只得请华伦斯坦再次出山统领军队，以挽回败局。华伦斯坦答应了皇帝的请求并于 1632 年重新大权在握。作为条件，皇帝也不得不同意了华伦斯坦提出的种种要求，而从前这些要求是皇帝难以接受的。华伦斯坦又成为拥有无限权力的军队统帅，同时他还有不必征得皇帝的同意便可进行谈判的权力。华伦斯坦组建了一支新的军队，重新委任军官，并允诺其部下可以大发战争财。于是他的部队又把烧杀掠抢的恐怖带向了四面八方，自带商业模式的战争机器又开足马力运转起来。在吕岑一役，华伦斯坦遭受了失败，但另有所获：瑞典国王古斯塔夫二世被华伦斯坦的一位骑士射杀。对华伦斯坦而言，这场失败的战役因此而胜利了。

后来，华伦斯坦暗中与瑞典和法国这两个三十年战争的敌人进行了秘密谈判。后人猜测，他这样做的原因或许是因为他另有所谋，或许他认识到了不可能通过战争战胜对手，而只能通过和平谈判才能结束这场战争。在写给元帅汉斯·乔治·冯·阿尔宁的信中，华伦斯坦写道："当大部分参战国都毁于战火后，人们最终都将不得不走向和平，我们在过去 14 年里也不断目睹了很多这样的案例。"华伦斯坦也意识到，他的时间不多了。此时，他已重病缠身，痛风折磨着他，可能他还患有梅毒，他只能拄着拐杖走路。但在政治政策上，华伦斯坦依然顽固执拗。他拒绝接受皇帝的命令，因而使皇帝心生疑窦，怀疑他想变节投敌。1634 年初，华伦斯坦在第一份比尔森保证书上要求其军队将领仅对他保持忠诚。忠实于皇帝的将军奥克塔维奥·皮科洛米

▲ 油画《吕岑之战》，卡尔 · 瓦尔布姆，1855 年

尼向宫廷报告了此事。皇帝的秘密法庭撤销了华伦斯坦的所有职位并向其手下将领发出指示，处死华伦斯坦或将他送交法庭。在经过一番犹豫后，斐迪南二世签署了撤销华伦斯坦一切职位的诏书。

那些执行这项命令的军人发现，鉴于华伦斯坦的权势和大量的忠实追随者，只有采取暗杀的方式才能解决这一问题。一日，天气阴冷，华伦斯坦在埃格尔市临时宿营。在漆黑的深夜，他突然被一阵喧哗所吵醒。他身着睡袍急忙走出卧室，只见一群忠实于皇帝的士兵向他冲来。一个军官大声叫道："你这个虚伪的老恶棍！"并用长矛刺进了他的胸膛，结束了他的生命。一代枭雄华伦斯坦便这样抱恨黄泉了。开普勒用占星算卦早已对此发出过警告。

开普勒与华伦斯坦，两人生命之路的一再交会，也使那个永恒的问题不可忽略地展现在人们的面前：信仰滥觞于何处，终结于何处？这一问题的界限总是游离于知识与猜想、确信与畏怯之间。华伦斯坦和开普勒都身处那个迷茫时代，那也是一个围绕信仰问题而展开血腥残暴争斗的时代。人可以知道什么？可以信仰什么？什么是人的权力？什么不是人的权力？这些永恒的问题都集中体现在这两个人身上。

开普勒在研究方法和思维方式上毫无疑问已是一个现代意义上的科学家，但他依然无法摆脱宗教信仰的束缚。在一切逻辑之上，他坚信有一个更高级别的力量统摄、支配着这一切。这也并不奇怪，几百年后，爱因斯坦也持同样的观点。与此相反，华伦斯坦则被权力和争霸的欲望所驱使，心中只有金钱、计谋和权术，至于出身、宗教信仰，对他而言并不重要。这一点，华伦斯坦和现代人十分相似。尽管他对自己的能力信心满满，但对自己影响力的限度也心知肚明。

无论是开普勒还是华伦斯坦，他们的生命之路都行走在信仰和迷信的狭窄山脊之间。虽然华伦斯坦也试图信仰一位囊括一切的全能的上帝，但他并未做到这一点。道理很简单：如果一个人要信仰什么，他就得面对如何信仰的问题，也得面对罗马教会对此有何规定的问题，以及路德教对此有何看法的问题。对这些问题，那个时代的人有过激烈的争论，并为此而相互仇杀，这也使华伦斯坦要真心诚意地信仰上帝变得十分困难。在那些危机四伏的年月里，他更愿意相信自己冷静的理性判断，正如开普勒所作所为的那样。但理性并不能帮助他克服所有的内心恐惧，所以华伦斯坦也会不可避免地相信占星算命。相信上天既定的意愿和安排，可以消除做决定时的犹豫不决，并为这些决定提供一种精神支撑。

第五章

大卫·休谟与亚当·斯密：

世上有不负责任的自由吗

没有任何东西比人的思想更为自由的了。

——大卫·休谟（1711—1776）

如果一个社会的大多数成员都生活在贫困和悲惨之中的话，这样的社会是不可能繁荣昌盛、充满幸福的。

——亚当·斯密（1723—1790）

大卫·休谟在巴黎生活了两年，他在那里担任英国大使的私人秘书。作为一个思想家，他总是情绪欢快，话语中充满睿智。他在每一个社交晚会上都是大受欢迎的宾客，在交谈、音乐、美味佳肴和桂酒椒浆中结束一天的生活。1765年圣诞节前夕，休谟的同乡亚当·斯密抵达了巴黎。但这两个人并没有多少时间来庆贺这次重逢。自从上次见面后，他们频繁通信，通过谈话来交流各自的经历和思想原本是十分必要的，但这次他们甚至没时间来进行一番深入细致的交谈，因为休谟正要准备做别的事情。

这两个苏格兰人拥有广泛的学识并具有革命性的思想。他们所创造的精神财富，将他们的名字载入了史册。但无论在他们的体态和举止上，当时的人们都难以看出这点来。当他们离开巴黎的住处一同前往社交晚会时，这两个人看上去颇为奇怪。大卫·休谟被一些英格兰人嘲笑，因为他说话时总是带有浓厚的苏格兰口音。休谟身材硕大，大腹便便，脸圆而且红润，那年他年满55岁。在那个时代这可算是上了年纪了，然而休谟却犹如一个刚离开父母的青年人，浑身上下充满了活力，对生活有着巨大的热情，对知识充满了渴望。休谟的快乐气质总是能够赢得每个人的好感。他十分喜欢巴黎情趣高雅的社交圈子。当然，这些圈子也十分容易表现出对某人某事的蔑视。亚当·斯密比他年轻 12 岁，当休谟在场时，他便显得格外不起眼，犹如休谟的影子一般。亚当·斯密身材纤细单薄，沉默寡言。如果谁在前一天晚上曾遇见过他，第二天早上绝对不会再想得起他。和休谟一样，亚当·斯密也绝对谈不上英俊潇洒。在他的脸上，一只大鼻子尤为显眼，而他的双眼也向前突出，下嘴唇也大有掩盖住上嘴唇的趋势。或许这是亚当·斯密在其一生中从未让人绘制肖像的原因。关于自己的长相，他这样写道："只有在我的书中，我才是一个美男子。"

亚当·斯密曾在格拉斯哥的大学里教授伦理学，并在教学过程中对伦理学、神学和科学方面的问题进行了深入的研讨。他也是第一批不用拉丁语，而是用英语给学生授课的教授之一。詹姆斯·鲍斯韦尔，这位后来与他齐名的文学大师，曾是他的学生。他对亚当·斯密大加赞颂，称他为"一个令人赞叹的教授，他没有别的教授那种呆板和迂腐"。在亚当·斯密抵达巴黎前，他仅在 1759 年发表了一部叫《道德情操论》的著述。这部著述获得了很大的成功。亚当·斯密在这部书中勾勒了人的一幅崭新的、乐观主义的图像，并引起了广泛的关注。在此之前，托马斯·霍布斯的名言"人与人之间犹如狼一样"已广为流传近百年了，而亚当·斯密有关人的图像则与之形成了鲜明对比。亚当·斯密认为，独立自主的、对自己充满义务感是人的本质；人并非如霍布斯所认为的那样，由野兽的本能所驱使和左右，而是对自己的自由以及义务感本质有着清醒的意识。亚当·斯密相信，人除了对自己幸福和不幸担忧之外，也会为别人的幸福和不幸担忧。后来他所首创的概念"看不见的手"已经在这时形成。这一概念也使他一举成名。在这部著述中，亚当·斯密指出，有钱人会在没有意识到的情况下，被一只"看不见的手"引导而去关心穷人。

毫无疑问，休谟在巴黎的日子里远比他的朋友亚当·斯密更为出名。他的哲学著述给他带来了激进启蒙主义者和自由的捍卫者这一声誉，从而使他远近闻名，但也有人把他看作为神灵的亵渎者。他发表的最后一部哲学著述《关于道德原则的研究》已是多年前的事了。1751年这部著述问世时，休谟与亚当·斯密可能才第一次谋面。

在《关于道德原则的研究》中，休谟表现了与亚当·斯密相同的乐观主义观点：人有能力依靠自己的力量建立一个善良的社会，而人自己的理性和情感是建立这样一个社会的唯一工具。理性告诉人们，什么样的决定是有益的；情感则告诉人们，什么是值得追求的道德准绳。根据休谟的观点，所有的伦理道德都可以用理性和情感加以评判和归类，从而可以让人很容易看出哪些伦理是无用的。休谟坚定地认为，很多教会的规则都是百无一用的，应该废止。

休谟出生在爱丁堡，离亚当·斯密的出生地柯科迪不远。两人有着不同的家庭背景。休谟的父亲是一个破落的贵族，从事律师行业。他有三个孩子：长子、女儿和最小的大卫·休谟。休谟出生两年后，他便去世了，给他的夫人和三个孩子留下了一块小小的地产和位于苏格兰与英格兰交界处的奈勒威尔士庄园。年仅12岁的大卫·休谟在爱丁堡大学开始学习拉丁语、希腊语和形而上学。在其母亲的催逼下，他改学法学，但在三年之后便中断了学业，返回奈勒威尔士庄园，在那里他转而研究哲学。他变得抑郁和肥胖，并伴有唾液分泌过多症。他改变了自己的生活方式，每日在外骑马，并使自己承受较少的压力，从而恢复了健康。但自此之后，身材高大的休谟终生体型肥胖。

后来休谟到布里斯托尔做生意，但毫无建树。在这一时期，他对自己名字的拼写做了修改，以便让自己的名字听上去更具有苏格兰风格。1734年，他前往巴黎，接着又前往拉弗莱什。笛卡尔曾就读于那里的耶稣会学校。在接下来的两年里，他致力于撰写他的第一本著作《人性论》。1740 年这本书面世，但却没有取得成功，无人想买这本书，有人还责骂他是一个没有道德的无神论者。

在其母亲逝世后，他作为无俸学者的生活难以为继，于是他便担任一位年轻贵族的教师，后来又担任了一位将军的私人秘书。他跟随这位将军参加了在法国沿海地区的军事远征，还随同他前往荷兰和德意志，以及陪他造访维也纳和都灵。在此期间，休谟继续出版其著述，其中有 1748 年问世的《关于人的理性的研究》，三年之后又出版了关于伦理学的著述。

虽然休谟作为哲学家的名声日渐显赫，但他寻求一个教授职位的尝试却一再落空。他终生都未能如愿。为了谋生，他担任了爱丁堡律师协会的图书馆管理员，同时他开始写作多卷本的《大不列颠史》并加以出版。后来他又受邀担任了赫特福德侯爵的私人秘书。这位侯爵被任命为英国驻法国的大使。于是休谟便一同来到了巴黎。

在塞纳河畔的这个城市，休谟心潮澎湃、激情四射。其原因在于玛丽·夏洛特·依波利特·德·康佩特·德·索容，即布夫莱尔夫人。这是一位具有影响力的法国社交女士，同时她也有大胆放肆的名声。虽然她已结婚，但她却也是法国国王堂兄弟康蒂亲王的情妇。在巴黎，她成为这位亲王沙龙里的中心人物。这位“天仙般的女伯爵”极具才智，外貌也楚楚动人，可谓才貌双全。 她长发披肩，双眼妩媚动人。总而言之，引起这样的贵妇人的注意，对一个男人来说那可是相当危险的。在巴黎，这位贵妇人使休谟心神不定。当她读到休谟关于英国历史的著述后，便写给他一封热情洋溢的信，信中称这些著述是神来之笔。于是两人的故事便开始了。备受恭维的休谟给这位贵妇人回了一封信，同时试图对他预料的危险保持距离，但这于事无补。他的这位新的崇拜者可是坚持不懈的。1763 年英法之间的七年战争结束后，她便立刻前往伦敦，以便和这位她所崇拜的作家相会。休谟得知后便逃之夭夭。他买了一辆马车，做了一次环英伦岛的旅行并拜访了众多朋友，其中也有亚当·斯密。这样一来他避免了可能的风险。在写给这位女崇拜者的信中，他安慰道，今后会在巴黎与她相会，于是这位贵妇人立刻收拾行装返回了法国。但与布夫莱尔夫人的故事并未就此了结，几周后他得到了为赫特福德侯爵担任私人秘书的职位并一同前往巴黎，而这一任命其实正是源于他的那位法国崇拜者积极策划。这时的休谟 52 岁，单身一人，对自己的未来充满了好奇，或许一场爱情或者婚姻正等待着他。

在巴黎，为他的到来感到欢欣鼓舞的不止那位布夫莱尔夫人。休谟对世界并不偏激而又充满人性的观点以及其杰出的写作风格使他在法国社会精英中早已大受欢迎。就在他抵达巴黎几天后，路易十五就邀请他到凡尔赛宫做客，孩子们为他朗诵了颂词。休谟总是愉悦地出现在各种沙龙之中，晚上则去歌剧院，尽享快乐时光和人们对他的敬佩和爱慕。在康蒂亲王的沙龙中，他更是获得了巨大的青睐。在这里他与其崇拜者终于相会了。他也投桃报李，向那位布夫莱尔夫人表达了自己的情感。但他们互相之间的青睐并未走向婚姻的殿堂。两人之间的通信透露了其情感的起伏波折。休谟向布夫莱尔夫人表白道，愿意鞠躬屈膝，做她的奴隶；她也向休谟表示，愿意为他而牺牲自己的荣誉。但休谟似乎也意识到了，这位情人靠不住。果然他的预感很快得到了证实。他那意中人的配偶去世后，这位漂亮的寡妇并没有表达要与休谟喜结连理之意，而是更愿意与康蒂亲王缔结秦晋之好。这让休谟深感震惊和失望。这位新守寡的贵妇人也请休谟另娶他人为妻。

在 1765 年 12 月的一天，休谟的朋友亚当·斯密到达了法国的首都巴黎。这时休谟已整装完毕，准备返回英国。他的主人获得担任爱尔兰副首

▲ 油画《凡尔赛花园景观》，皮埃尔·帕特尔，1668 年

相的任命，所以自这个夏天以来他一直代为行使大使的职责。现在新任大使已上任，于是休谟计划在第二年初返回英国，以便抚平与布夫莱尔夫人的感情创伤。

他找到了一个旅行同伴。但他没想到，今后这位旅行同伴会给他带来很多烦恼和麻烦：休谟的旅行同伴就是哲学家雅克布·卢梭。卢梭在发表了他最后一本著作后很想换换空气，于是便和休谟一起踏上了旅程。卢梭受到法国天主教教会的迫害，一直为自己的生命安全担忧。乐于助人的休谟希望能把卢梭带到英国去，这样便可确保其生命安全。卢梭在欧洲一直被赞颂为自由的捍卫者。但就他个人而言，与自由随之而来的责任却被置之脑后。在他的著述中，他呼吁为孩子们的幸福安康而奋斗，但却将自己的孩子们送进孤儿院。他过着一种自己享有自由而不顾他人自由的生活。后来，休谟对卢梭的这一秉性深有感受。但此时的休谟更为关心的则是如何完美规划卢梭的旅行以及他的朋友亚当·斯密来访的事宜。这些事情足以让他手忙脚乱了。

就在人们正要庆祝新年到来时，布夫莱尔夫人却启程前往英国。当她不久重新回到法国时，她患上了重病。休谟和她在一起商讨如何安排与卢梭一起旅行的事情。两人也心知肚明，他们的爱情已成明日黄花。他们互道再见，但实际上永远不能再见了。但后来他们总是把对方挂在心上，一生都保持着频繁的通信往来。休谟回到英国后，写的第一封信便是寄给她的，而后来休谟临终前的最后一封信也是写给她的。休谟从未忘记他的这位意中人为自己的心灵和生活财富所做的一切："你保护我免于平庸无为。"

亚当·斯密没有给后人留下爱情故事或绯闻。据说他也求过几次婚，但其结果皆一场空。亚当·斯密一生中都与他的母亲有着十分紧密的感情联系。母子二人一起熬过了生活的艰辛。亚当·斯密是他母亲唯一的孩子。他的父亲曾任海关检察官，但当亚当·斯密还未出生时，他的父亲便去世了。这位母亲独自一人把孩子拉扯长大，并大力支持孩子在事业上的发展。亚当·斯密从欧洲大陆回到英国后，把母亲接到家中同住。亚当·斯密的母亲高寿，只比自己的儿子先离世六年。

1765 年，亚当·斯密来到巴黎并在那里与休谟相会。此时的休谟因与布夫莱尔夫人的感情纠葛以及组织卢梭旅行之事而心神不定。此刻的亚当·斯密已在亨利·斯科特——这位年仅 17 岁的巴克卢公爵处工作两年多了。休谟为亚当·斯密介绍了这份收入颇丰的工作，并为这位年轻贵族在亚当·斯密教导下所取得的进步而感到高兴。两年前，几乎与休谟前往巴黎的同一时间，亚当·斯密陪同这位年轻的公爵开启了以扩展视野和丰富人生经历为目的的漫游之旅。那时上层社会的青年男子常常做这种漫游，以便了解欧洲各地的风土人情和文化。在旅途中，亚当·斯密如父亲般地伴陪着这位年轻贵族，并得到了丰厚的报酬。此外，这次旅行对亚当·斯密而言也是一次享受。他的学生性格友善温和，对知识有着强烈的渴望。这次旅行也给亚当·斯密提供了了解欧洲的大好机会，也使他与很多名人建立了联系。

在巴黎简短停留后，他们前往土伦继续旅行。土伦是当时法国的第二大城市，也有很多英国人居住在此。在土伦逗留的一年半时间里，那位年轻的公爵学会了一口流利的法语。此后他们又向北穿越法国后到达了日内瓦，在那里亚当·斯密结识了伏尔泰。在土伦时，亚当·斯密渐渐感到无聊乏味。在写给休谟的信中，他告诉他的这位朋友，“为了打发时间”，他开始写一本书。几年后那本卷帙浩繁、闻名于世的著作《国富论》便问世了。一段时间以来，亚当·斯密一直从事经济问题的研究。休谟在 1752 年出版的散文集《政治论述》，为亚当·斯密写作《国富论》给予了很大的启发。

那时尚未形成科学的理论体系来系统论述货币、贸易和产品生产有关的经济机制的问题，对这些问题的解答大多不成体系并且很少引起关注。然而随着时代的发展，对经济发展进程的研究变得日益紧迫，在法国尤为如此。在“七年战争”失败之后，法国国库空虚。与之相反，市民阶级通过贸易和扩大手工业从而变得越来越强大、越来越自信。重商主义是封建时代由朝廷主导的经济政策，奉行的是那种尽量减少进口、增加出口的信条。现在这一经济政策越来越受到新兴市民阶级的质疑。市民阶级对经济进行了深刻思索，并意识到对工资、工作、财富、贸易、货币等等之间的关系进行更为深刻研究的必要性。亚当·斯密在那里开始将自己数年来的记录找了出来，并在此基础上开始写作一本关于经济观察和知识的书籍，但他并未意识到这本书会带来什么。

在巴黎，亚当·斯密的这本书让他卷入了一场思想的疾风暴雨之中。让·勒朗·达朗贝尔和德尼·狄德罗在出版百科全书方面所做的大量工作，为科学研究提供了参考资料，也成为启蒙运动的标志。这些也构成了这一思想风暴的一部分。休谟与达朗贝尔结为好友，但他与狄德罗更有共同语言，继而两人关系密切。在与亚当·斯密同住在巴黎的日子里，休谟带着他拜访了启蒙主义者的社团圈子，进出于各种沙龙。在休谟离开后，亚当·斯密在接下来的十个月里构建了自己的朋友圈。亚当·斯密也是一个喜好交友的和蔼之人，但与休谟相比，他的性格更为内向一点。在各种社交场合，他更愿意不引人注目地默默站在边上。有人把他形容成一个怪癖的人物。关于他的别有所思和心不在焉有很多笑话：一次他穿着睡衣沉思着走出了家门，直到走到了郊外才发现自己没换衣服就出了门。人们也经常发现，亚当·斯密会突然自言自语起来。

亚当·斯密在法国国王的私人医生弗朗索瓦·魁奈处结识了一些早期的经济学家，他们也被称为重农主义者。弗朗索瓦·魁奈则是这一学派的领军人物，1758 年他发表了《经济表》一文。受到人体血液循环论的启发，他首创了经济循环的表述。彼埃尔·塞缪尔·杜邦也属于重农主义学派成员，他经常与亚当·斯密这位来自苏格兰的学者会面。在他眼中，亚当·斯密是一个谦虚谨慎、深思熟虑的人。但他并未料到，亚当·斯密后来会名扬天下。重农学派是第一个经济学方面的思想学派。这一学派具有新颖、原创以及指明未来的风格。对他们而言，经济是一门学问，他们称自己为经济学家。杜邦根据“自然至上”这一词语赋予了这个学派“重农主义”这一名称。他们的原则是，自然环境，首先是土地，才能给一个国家创造财富。因此农业是最为根本的生产因素，手工业和商业只是把农业所生产出来的东西加以形式上的改变而已。

针对经济管控问题，重农主义提出了“无拘束自由”的口号，并日渐流行。这一口号背后的理念则是，当经济运行不受各种规则管控并按市场原则运行时，经济就会处于最佳运转状态。这种观点正好与专制国家主导的重商主义经济政策相对立。在一百年前的太阳王路易十四时代，一个商人就向大权在握的财政大臣直截了当地提出了“无拘束自由”的要求。尽管后来对何谓经济上的“自由放任”有着不同的解释，但亚当·斯密只是有条件地接受这种“自由放任的原则”。亚当·斯密在巴黎阅读了相关材料，参观手工工场。这一切都使他开始怀疑重农主义崇尚自然观念的正确性。他清晰地认识到了手工工场和工厂日益增加的生产能力和生产动力之间的关系。在此基础之上，接下来的几年里他为行将开启的工业时代绘制了一幅宏伟的经济蓝图。

大约在 1766 年年中时，亚当·斯密突然中断了他的旅行行程。一同旅行的公爵获悉其弟弟患病去世了，于是亚当·斯密和他的主人返回了苏格兰。他的这位贵族雇主付给了亚当·斯密一笔享用终生的丰厚年薪，于是亚当·斯密便回到自己的家乡并全身心地投入到研究工作之中，这也使他开始过上了一种与世隔绝的学者生活。亚当·斯密那种外人难以接近的生活方式使休谟发出阵阵叹息，“长坐不起、闭门谢客的生活方式有损于他作为一个世界知名人士的形象”。

在巴黎之行十年之后的1776年3月9日，极具历史意义和具有开创精神的《国富论》问世了。三周后休谟写信给他的这位朋友，虽然休谟对书中有关利息的理论并不赞同，但仍然表达了对这本书的欣赏之情。把人作为其观察和思考的中心和出发点，这是两人的一致之处：亚当·斯密研究人的情感对经济活动的影响，而休谟则探索广义上知识对人的行动的影响。如果说作为哲学家和宗教批评家的休谟让人情绪激动的话，那么作为伦理学家的亚当·斯密则更多的是用他那本具有历史意义的著作来阐释他的经济学理论。

自由绝不能与责任相分离，在这一观念上休谟和亚当·斯密完全一致。在《国富论》一书中，亚当·斯密用一句名言来强调了每个人的自由行动对社会而言所具有的意义和价值。亚当·斯密这样写道：“我们不是借着肉贩、啤酒商或面包师的善行而获得晚餐，而是源于他们对自身利益的追求。”他又接着写道：“人们借由追求个人利益，往往也更为有效地促进了社会的利益。”

人们常常用这句话对亚当·斯密进行片面的解读。很多人也发现这句话中蕴含着重农主义格言“无拘束自由”的精神。但亚当·斯密绝不主张毫无节制的自由以及强者的特权。无论是极端自由主义者还是社会主义思想的阐释者都会出于自己的目的而忽视或故意忽视亚当·斯密思想中的关键部分。亚当·斯密清晰地认识到了每个微不足道的人所心怀的忧虑对全体社会的福祉所具有的含义，所以他强调国家所必须承担的义务。对亚当·斯密而言，自由是与限度相联系的。如果一个人的自由损害了别人的自由或者自由开始对自身产生了威胁，那么这种自由就必须立刻终止。他还认为，正是某种限度才确保了自由的可能性，而国家正是在自由与限度的交叉点上起着决定性作用。国家为所有人促成并协调他们之间的自由，而且最大限度地保障每个人的自由。

亚当·斯密认为，国家应该通过完整的法律体系来保障其公民的安全、权利和财产。此外，国家还要保证土地的公平分配，并负责建造公共设施，如道路、桥梁、运河和港口。亚当·斯密建议，运河可交给私人维护并容许收取一定费用，这样既有利于国家也有利于个人。但亚当·斯密认为，对街道的维护应该由国家来掌管，因为他担心如果街道的维护交给私人来进行，那么受委托者可能出于对利润的贪婪而不会尽心尽责地履行职责。

亚当·斯密把教育看作为国家最为重要的任务。国家必须让各阶层的国民入学接受教育，而这是每个公民的义务。亚当·斯密认识到，随着社会分工的加强，接受教育的必要性必须进一步加强。他意识到，随着工作程序的简化，工人在精神上得不到提升的机会，将会使工人无论在思想上还是在社会生活上都会陷入越来越不利的境地，只有通过教育来预防这种危险。教育可以使一个国家的公民真正懂得如何塑造自己的国家以及如何塑造社会的共同生活。

亚当·斯密建言，国家可以出租或出售国有财产，以便为这些项目提供财政支持。此外，国家可按收入的一定比例标准收税，这样既增加了国家收入，还可以避免苛捐杂税的产生。亚当·斯密建议国家对地产、房产、财产和工资实施征税。他还强调，那些进出皆乘坐豪华马车的富人应该缴纳更多的税赋，这样"那些富贵的虚荣就可以以一种最为简单的方式为扶持穷人而做出贡献"。

亚当·斯密从他的经济学研究中发展出了他对自由的构思。他认为，自由应该有利于所有人。也正是从自由的视角出发，他提出了反对奴隶制的理由："正如我相信的那样，任何一个时代和任何一个民族的经验都告诉我们，自由的人所完成的工作永远都比奴隶完成的工作要便宜得多。"自由是人追求幸福的最大动力，因而自由也是一个经济因素。

尽管这样，在社会核心问题上，亚当·斯密并不主张自由的原则。他只是强调自由对经济是有益的，亚当·斯密的出发点更多的是基于伦理学。在他的《道德情操论》一书中，亚当·斯密写道："人是自私自利的，但在人的自然本性中也有一些原则决定了人的形态和举止。如对他人不幸的同情，以及让他人分享自己的幸福。尽管这样的分享并不会给人带来什么好处，最多不过是让人见证了自己的幸福而已。"对亚当·斯密而言，人就是一种社会性的存在，如果人缺乏这种社会才能，国家就应该出手相助。在《道德情操论》一书中亚当·斯密也对自由与责任的关系问题进行了论述。他认为，这一问题包含着理性与情操的关系。

在休谟看来，人总是追求着舒适和好处，而其利己之心、社会良知和情感也总是引导着这一过程。亚当·斯密对此也持相同的观点。休谟是一个怀疑主义者，他绝不相信人自己会出于理性的原因而行动，但理性在道德伦理中起着重要作用，理性可以揭示事物的真相。在休谟看来，人在进行道德判断时，情感与理性二者是密不可分、紧密相连的。由此也就产生了人们一再看到的"是"与"应该是"的问题。当人们为自己的行动加以说明或辩解时，常常察觉不到自己已经越过了"是"与"应该是"的界限。如果说"是"可通过理性而加以清晰明确、极具逻辑性的描述的话，那么"应该是"对休谟而言则是一个情感的范畴。"应该是"描述的是人的愿望，而不是事实。休谟想通过"应该是"这个范畴来说明恶与善都不是通过理性来加以判断的。人们谴责谋杀，并非谋杀一个人的生命违背了理性，因为谋杀完全可能是一场精心策划的行动。人们谴责谋杀，其原因在于谋杀引起人们的厌恶，伤害了人们的感情。休谟强调"是"与"应该是"的问题，从而让人们更加关注那些把"应该是"置于"是"之上的思维方式。那时的许多意识形态理论家和宗教代表人物都持这种思维方式。

人们可以大胆猜想一下，如果亚当·斯密和休谟250年后还活着，他们会主张建立一个什么样的国家呢？这将是一件十分有趣的事情。或许他们会毫不犹豫地主张为一切参与到经济活动中的所有人提供最大限度的自由；他们也一定会反对那些世界级的大集团企业和富人的避税行动；他们也一定会主张所有人的受教育的公平权利；当今福利国家为其公民提供尽可能的保险措施也符合他们的思想。现代经济学所提倡的高度合理化的主导思想流行于全世界的各大学讲堂，也为现代人唯利是图的行为方式提供了依据。但这一思想是不会得到亚当·斯密和休谟的认同的。

当《国富论》一书递到休谟手中时，他已病入膏肓。自巴黎返回伦敦后，休谟于1767年2月起在外交部门任职。一年后他又返回苏格兰并在爱丁堡定居下来。数年前他就遭受肠胃病的折磨，这使他深感精疲力竭。在短短一年里他的体重减少了30公斤，终日疼痛难耐。此时的休谟已听到了死亡的脚步声。

1776年7月4日，休谟邀请所有朋友来参加他的告别宴会。休谟表现出兴高采烈的样子。亚当·斯密也应邀前来，但他并未得到宽慰，而是在那一夜感叹了世事的无常。在接下来的几周里，休谟的朋友们又再次来访，向病卧在床的休谟做最后的告别。这是一幕幕令人感慨良多的场景。休谟告诉大家，他的一生太美好了，无怨无悔，他宁可离开这个世界也不愿意苟延残喘。亚当·斯密是最后前来告别的人之一。休谟告诉他，“我有足够的理由愉快地离开这个世界”。他请亚当·斯密早点离去，因为亚当·斯密的母亲也身患重病需要照料。

几周之后的8月25日，休谟在爱丁堡与世长辞。在一封写给他们共同的出版商威廉·斯特拉恩的信中，亚当·斯密用温馨的话语来描述了他这位离世的朋友，称他是“一个几乎拥有完美睿智和道德的理想楷模，人性的缺点在他身上也是可以原谅的”。亚当·斯密负责整理休谟遗留下来的各种文件和著述。休谟写下了《关于自然宗教的对话》一书。尽管众人纷纷敦促他出版这本书，但亚当·斯密还是没有将之付梓。其原因在于他担心出版这本书会给他自己招来攻击。休谟被安葬在一个由他的朋友设计的古典风格的陵墓之中。墓碑上写着他的出生和殁世之时。休谟生前说，他墓碑上的其他内容应交给后人去填写。

就在休谟举办告别宴会的那一天，美国人在费城宣告了独立。1790年，当亚当·斯密在爱丁堡去世时，法国大革命已爆发并已进行了一年有余。由贵族和教会主导的旧秩序已土崩瓦解。在法国，建立一个公正社会的努力却演变成带来数以千计牺牲者的恐怖统治。休谟当年所青睐的情人布夫莱尔夫人也曾被捕入狱，差点被送上断头台。1800年，她在贫困中死去。

当亚当·斯密躺在病榻上行将就木时，他对未能取得应有的成就而深表遗憾。他完全没有意料到，他的思想会对后来的世界产生如此深远持久的影响。同样，当时那些对亚当·斯密的思想进行片面解释的人也没有料到这一切。人们阅读他所撰写的那些书，就会对是否有不负责任的自由这一问题得到一个清晰的回答：没有！休谟对此也会给出了同样否定的回答。

第六章

歌德与洪堡：

自然的本质是什么

自然是大师中的大师，她向我们展示了一切智慧中的最高智慧。

——约翰·沃尔夫冈·冯·歌德（1749—1832）

自然的共同特征就是至高的善。

——亚历山大·冯·洪堡（1769—1859）

威廉·冯·洪堡曾在一封信中这样热情洋溢地谈到他的弟弟亚历山大·冯·洪堡：“他具有将各种理念结合起来并察觉事物内在联系的天赋。没有他，其他人一生可能都难以察觉这些事物的内在联系。”这句话如同一顶桂冠，献给了那时未满24岁、刚好结束了在萨克森弗赖贝格矿业学院学习的弟弟。很快，亚历山大·冯·洪堡便在普鲁士领地的拜罗伊特当上了矿产检察官，满腔热情地投入到了工作之中。这里距其兄威廉·冯·洪堡和他的夫人卡罗琳所居住的耶拿仅需两天的骑马路程。威廉·冯·洪堡夫妇与他们的朋友歌德和席勒关系密切。卡罗琳的闺密夏洛特·冯·伦格费尔德还成了席勒的太太。

1794年3月，亚历山大·冯·洪堡在其哥嫂处第一次与歌德相会。那时的歌德已在德国享有盛誉。20年前，当歌德还是一个年轻人时，便因其书信体悲剧小说《少年维特之烦恼》而一举成名。年轻的卡尔·奥古斯特公爵邀请歌德前往魏玛任职。在此期间，歌德也获得了贵族头衔。在小小的萨克森魏玛公国，歌德成为第二号重要人物。歌德需负责财政、经济和行政管理方面的事务，还要负责监管矿山开采和农田耕作。这些烦琐的事务使他无暇顾及诗歌创作和在自然科学方面的研究。很多年来歌德都心怀宏伟目标，在这两个领域里从事着积极研究和创作，他也相信自己会取得骄人的成绩。他相信是他发现了人的颌骨，因为他当时从未意识到以前已有人对此有过描述。歌德的意大利之行使他在一段时间里摆脱了公务的烦扰，可以潜心研究自然。1790 年，在从意大利南部返回四年后，歌德发表了有关植物学的著述《植物形变论》。这部著述在 20 多年中多次再版。这部著作使歌德成为有关植物形态和组织结构理论的形态学的奠基人。

歌德与亚历山大·洪堡相会后，他们就矿山技术和植物世界进行了一番具有启发意义的谈话，自然科学是他们的话题。洪堡在学习矿业学时，原本三年的学业他只用了九个月便完成了。他每天早上五点便进入到矿井深处去研究那些从未见过阳光却仍然盛开的植物。这位年轻朋友所做的研究使歌德深感振奋，他立刻开始着手研究洪堡发表的有关植物的论述。

在耶拿人眼中，歌德与洪堡兄弟明显属于不同辈分的人。四十五六岁的歌德身宽体胖，每当扣上大衣纽扣时，其宽厚的身体总是把大衣绷得紧紧的。与同时代人不同，歌德总是短发齐额。反观洪堡兄弟，两人那时刚二十余岁，身材瘦长，头发浓密。如那个时代流行的那样，他们的头发扎成结披在肩上。威廉·洪堡与歌德已结交多年。威廉·洪堡具有沉默寡言、多愁善感的内向性格，喜欢沉思。他脸庞轮廓分明，双眼中不时闪过一丝忧郁的目光。与其兄长威廉相反，亚历山大·洪堡有着开朗活泼的天性，喜欢与他人逗趣、天南海北地闲聊。他的面庞带有几分女性的柔软。亚历山大·洪堡总是广交朋友，相得甚欢。

洪堡兄弟的父亲曾供职于军队，还担任过王太子的侍从官，后来退伍回归家庭生活。他十分关注孩子的教育，并且很早就发现了长子威廉的天赋。因其执拗不变的性格，亚历山大的禀赋很长时间都未被别人发现。当这两兄弟尚未成年时，父亲便去世了。他们的母亲接手监护他们的教育以及职业规划。一段时间里这位母亲曾想让亚历山大走经商的道路，后来又改变主意，决定让她的孩子们走从政之路。于是两人在奥德河畔的法兰克福开始了大学学习。威廉的专业是法律，亚历山大的专业是医学、数学和物理。但两人很快发现他们难以承受学习的重负，于是一年之后便转学他处。威廉去了哥廷根大学，而亚历山大在柏林简短停留后也跟随他去了那里。威廉开始专注于文科学习，亚历山大则满怀激情地开始了植物学的学习和研究。

1794 年是多彩多姿的一年。在这一年，亚历山大・洪堡结识了歌德，开始了他们之间的友好交往。也在这一年，歌德和席勒开始了他们之间的友谊。多年前席勒就渴望与歌德建立友好关系。在两人终于建立了友好关系四个月后，歌德也和亚历山大・洪堡相识并结为朋友了。歌德开始时并不十分喜欢比自己年轻 10 岁的席勒，多年来与席勒见面时，歌德总是表现冷漠。歌德总觉得席勒的作品充满了狂飙突进运动的气息，在他看来，狂飙突进运动早已是翻过去的历史旧篇章了。

到了 1794 年，恰恰是通过一次有关自然科学的谈话，席勒六年之久的努力总算有了结果。在写给歌德的一封信中，席勒邀请歌德参加由他策划的杂志《时序》的编撰工作。歌德接受了这一邀请并于 1794 年 7 月 20 日动身前往耶拿。在耶拿，歌德想与费希特、席勒和威廉・洪堡就杂志的编撰工作进行商谈。歌德在与众人相会前还听了耶拿自然科学学会有关原始植物的报告。席勒也参加了这场报告会，也可能他很想借此机会与歌德相会。在离开报告会场时，两人就报告内容进行了一番交谈。席勒的见解深深地打动了歌德，于是两人便一同前往他们即将举行商讨的地方。歌德简要明了地总结了他对原始植物的观点，认为这一原始植物体现了所有植物的共同特征。席勒并不认同歌德的观点，他认为所谓的原始植物不过是一个观念而已，在现实中并不存在。歌德认为可以在这一原始植物中发现自然的最为基本和最为普遍的样板和范例。两人争论不休，意见难以统一。但通过这一意见相左的对话，席勒却另有所获，他终于赢得了歌德的关注。

不久，席勒也邀请亚历山大·洪堡为他主办的杂志撰写文章。1794 年 8 月，洪堡激动万分地回信道："您也将生物学纳入了杂志内容，这使我欣喜万分。"他还写道："您和我一样，努力寻找、发现那更高级的存在。"洪堡热情洋溢地谈论着"植物世界给感性的人所带来的欢乐与忧伤"。感知与美学的结合正是歌德喜爱的题目，在其颜色理论中歌德就这一题目进行了探讨。

1794 年是不平凡的一年：在巴黎，恐怖统治达到了高潮，同时随着革命领袖罗伯斯庇尔被送上断头台，这一恐怖统治也宣告结束；在年轻的美利坚合众国，伊莱·惠特尼设计制造出了轧棉机，这样便使使用奴隶种植棉花成为有利可图的事；在英国，一位名叫伊拉斯谟斯·达尔文的医生兼发明家正在就是否存在一个所有生物共同的谱系而苦苦思索，后来他在《动物生理学——有机生命的法则》这一著作中把他研究、思考的结果公之于众，他的孙子查尔斯·罗伯特·达尔文后来沿着这条思路继续发展下去；在意大利，一个名叫托雷德·尔格雷科的地方被维苏威火山高达 10 米的熔岩流掩埋掉了。

1794 年趋于尾声了。12 月 14 日的清晨，亚历山大·洪堡策马骑行到达他哥哥和嫂子在耶拿的家。歌德居住在离耶拿不远处的魏玛。威廉·洪堡立刻派遣一位信差给歌德带去一封邀请函。他这样写道："请允许我向您传达一个消息，我的兄弟从拜罗伊特来到了我这里。您想会见他的愿望使他感到非常荣幸。他请求您给他机会，在此地与您相会。席勒、我的夫人以及我本人都和他一样，心怀在此地与您相会的愿望。恳请您满足我们的愿望。我的兄弟将在此逗留至周五晚上。"歌德没让威廉失望。他和他的画家朋友海因里希·迈伊尔于三天之后到达了耶拿。中午大家在席勒和他的夫人夏洛特处共进午餐，晚上众人又在威廉·洪堡处共聚一堂。歌德逗留了三天，直到亚历山大·洪堡离开耶拿。

可以猜测，他们再次就歌德原始植物的概念进行了讨论。实际上歌德对原始植物是否是自然的真实写照也没有把握。在意大利之旅时，他在巴勒莫的公园里目睹了多种多样的植物，于是他便开始思考，是否真的能找到那种原始植物。很多年后歌德自己也觉得好笑，他竟然会在现实世界里去寻找最原始的植物。实际上歌德的原始植物就是一个理念而已，如同柏拉图的理念一样，是人的精神所创造出的产物。

亚历山大·洪堡不仅研究植物，也力图了解这个世界。考察研究性质的旅行是达到这一目的的重要手段。1790 年，洪堡与曾陪同詹姆斯·库克做第二次环球航海的乔治·福斯特一起前往英国和法国。洪堡在名为奥斯坦德的地方有生以来第一次看见了大海。福斯特对环球旅行的描述以及众多的旅行报道唤起了洪堡对热带地区的无限向往。自此以后他便精心准备做一次长达数年之久的考察之旅。以此为目的，亚历山大·洪堡努力提高自己在测量方面的技能，学习如何掌握科学研究的器材，钻研植物学、地理学、地质学、气象学以及解剖学方面的知识。1794 年 12 月当亚历山大·洪堡在耶拿逗留时，还与歌德、迈伊尔和威廉一起去听了一次有关解剖学的报告会。当时天降大雪，但这并不能阻挡这四个男人前往报告会场听取解剖学家克里斯蒂安·罗德报告的热情。亚历山大·洪堡希望尽可能多地获得有关知识，而歌德对罗德在解剖学方面的研究早已有所了解，此时的他十分关心的是能否找到人体与动物、植物在生物形态学意义上的共同之处。

在新的一年里，亚历山大·洪堡与歌德交往频繁。歌德这位年长者希望从洪堡这位年轻人这里获得如何提升魏玛境内矿山产量的建议和帮助。他们一同进行电流实验以及有关肌肉结构的实验研究。洪堡兄弟也一再敦促歌德将其有关解剖学的思考和见解公之于众。歌德对相关问题的思考在1795年时便已口授成文了，后来才以论文的形式发表。该论文的题目为“以骨学为出发点的有关比较解剖学导论的构思”。歌德的观察研究使亚历山大·洪堡心驰神往，于是歌德便鼓励他在这一领域继续进行研究。1797年，卡罗琳·洪堡在写给她丈夫威廉的信中这样写道：“歌德在周六和周日逗留在此，亚历山大好像说服了他，暂时搁置一下光学方面的研究而将其在解剖学方面的研究加以发表。”

尽管歌德与洪堡之间的关系和谐一致，但在地质学方面两人却意见相左。歌德与洪堡就岩石产生的起因是水成论还是火成论有着不同的见解。歌德是水成论者。这一学派的代表人物所持的观点是，所有的岩石都是从大洋的水中沉淀淤积而成。亚历山大·洪堡在弗赖贝格矿业学院的老师阿伯拉汉·哥特罗伯·维勒是岩石水成论的坚定捍卫者，具有很大的影响力。歌德也多次听他的报告会。与之相反，岩石火成论者认为，火山及其爆发是岩石形成的原因。火成论观点的核心部分获得了更为广泛的认可并演化成为岩石循环理论。当然，岩石水成论的一些观点并没有从现代科学的观察分析中消失，例如有关水在岩石变化过程中的作用就是一例。1797年，歌德与席勒一起撰写了“格言诗”，其中还对火成论进行嘲讽。几年之后，《浮士德》中的梅菲斯托也对岩石火成说的“地壳上升论”加以了嘲讽。此时的亚历山大·洪堡已经越来越不赞同岩石水成说，他觉得梅菲斯托的嘲讽是冲着他来的。但到了后来，也恰恰是亚历山大·洪堡用他的研究成果宣告了岩石水成论的终结并使歌德改变了自己的观点。亚历山大·洪堡用自己的研究成果赢得了歌德的认可和赞许。

就与歌德的关系密切而言，席勒当然比威廉·洪堡更胜一筹。但亚历山大·洪堡一开始便与歌德惺惺相惜。两人通过在科学领域的意见交流产生了密切的关系，从而发展出了一种思想上的友好情谊。席勒对亚历山大·洪堡的态度审慎。或许他对亚历山·洪堡与歌德之间的紧密关系心生妒忌，或许对理想

▲ 油画《洪堡在他的图书馆》，爱德华 · 希尔布兰特，1856 年

主义的诗人而言，热衷于自然科学研究的亚历山大·洪堡过于矜持，难以接近。亚历山大·洪堡于1795年把他唯一发表了的短篇小说《罗德斯岛的天才》寄给了席勒主办的杂志《时序》。席勒对这部作品十分不满。在写给他朋友科尔勒的信中，席勒表达了他对亚历山大·洪堡“理解狭隘”的抱怨。席勒认为洪堡没有看到人以及人的想象力和观察力。席勒给出负面评价的同时也表达了他的担忧：“尽管他拥有才华和勤奋，他在科学领域却难以有所建树。”

事实证明，亚历山大·洪堡不但是一位自然科学家，也是一位优秀的修辞学家。自他从事科学研究的实践以来，他的工作方式就表明他是一个经验主义者。他收集材料，加以观察并评价，而这一切都是有系统地加以实施，最后他才下结论。这也是亚历山大·洪堡与歌德的不同之处。和席勒一样，歌德从根本上而言是一个美学家、诗人和思想家。歌德主要是通过沉思而赢得知识。歌德也意识到了这两种不同的行为方式，他相信这两种方式自有其合理之处。1795年他写信给亚历山大·洪堡：“您的观察以元素为出发点，而我的观察则以形态为出发点，所以我们不必急于在中间点相会。”

1796年11月，母亲玛丽–伊丽莎白·冯·洪堡去世，给她的两个儿子留下了巨额家产。亚历山大·洪堡立刻辞去公务以便为计划多时的研究考察旅行做准备。他打算先学习一下，同时收集一些工具，以便对意大利的火山进行研究。1797年3月到5月底，他在耶拿逗留。他与歌德的合作仍然十分紧密。歌德在4月给席勒的信中写道：“我对自然历史的研究工作正是因为他的到来才从冬眠中苏醒了过来。”在罗德处，亚历山大·洪堡完成了解剖学的学习。后来回顾这段时光时，他兴高采烈地写道：“过去的一年解剖了这么多的尸体，这是一个多么幸运的偶然。”

1798年，亚历山大·洪堡前往巴黎，准备从那里开始规划已久的考察之旅。在巴黎，洪堡认识了年轻的科学家艾梅·邦普兰，在随后的几年里与他一起进行了科学考察的旅行，同行了五年之久。他们前往马赛，打算从那里前往埃及。但拿破仑远征埃及所造成的动荡与混乱使这一愿望化为泡影。于是两人前往马德里并获得了前往西班牙在美洲的殖民地进行考察的许可证。这样，他们便穿过南美热带雨林，从奥里诺科河前往里奥内格罗和加勒比。在科迪勒拉山系西部的厄瓜多尔火山处，洪堡收集了地壳数据用以为后来反对岩石水成说提供证据。他们还攀登了那个时代人们所认为的世界上海拔最高的钦博拉索山。他们也对亚马逊河发源地进行了研究，还多次横穿了安第斯山脉抵达利马，然后骑马穿过墨西哥。所到之处他们都进行了气压和地理测量，还收集了数以千计的植物标本。在返程途中，洪堡和邦普兰经过美国。他们受到美国总统托马斯·杰斐逊的邀请，在华盛顿和他的蒙蒂塞洛庄园做客三周。

返回欧洲后，亚历山大·洪堡开始将这次考察之旅撰写成文公告天下。他先在巴黎开始了这项工作。在那里他还与奥诺雷·德·巴尔扎克结为好友。巴尔扎克在他的《人间喜剧》中如一个科学家一样把人的各种性格研究了一番。洪堡还认识了南美洲的革命家西蒙·玻利瓦尔。他称洪堡为“美洲的真正发现者”，而洪堡则敦促玻利瓦尔建造一条巴拿马运河以便将太平洋和大西洋连接起来。几年之后，洪堡那本卷帙浩繁、具有里程碑意义的著述《洪堡和邦普兰在新大陆赤道地区的旅行》问世了。洪堡打算用这本著述为地球学建立一个框架。洪堡的著述耗尽了他所有的家产。法语原本达 34 卷之多，包含了地理学、天文学、植物学、动物学、解剖学和地方概况等浩繁的内容。

1807 年，洪堡出版了他的《植物地理学的理念》一书。歌德生物形态学的思想成为该书内容架构的原则。该书的德语版还附有一个副标题：“包含热带地区自然景观的描述。”洪堡把这本书的德语版奉献给了歌德。在写给他在魏玛的这位朋友的信中，洪堡这样写道：“在孤独地穿越亚马逊流域那些森林的途中，想要把有关这次旅行的处女作奉献给您的念头总是使我高兴万分。

这本书我撰写了五年时间。我旅程报道的第一部分是有关热带地区的自然景物的描写，这部分太适合您了。”洪堡对8000种植物进行了描述，其中一半都是在当时不被人知晓的植物。在此基础之上，洪堡在书中构建了他的植物地理学。这正是洪堡研究工作所具有的独创见解的核心部分。为了使洪堡的思想更加具有直观性，歌德还制作了一幅图画附在书中。

用心去研究世界，带着美妙的幻想踏上旅程，这曾经是歌德的工作方式。在他的意大利之旅时，他就心怀前往印度和美洲的渴望。但那时歌德已年满四十，感觉自己太老了，难以承受旅途的劳顿。他自我安慰道："就算我们没法去印度，但我们或许可以在贝特勒图书馆里再次相逢。”歌德就此一定与洪堡交谈过。洪堡这部著述的优美文字表述正符合歌德的品位。洪堡写道："您只需要花半小时时间来读这本书。在冬日的黄昏人们总是愿意悠然漫步在枝叶繁茂的热带丛林中。”歌德对此表达了谢意并回复道："我已经十分专注地多次阅读这本书，并在头脑中幻想起这样的景色，尽管从未目睹过这样的景色。”

歌德与洪堡一样，对自然研究的出发点不仅在于探索自然界现象和这些现象之间的相互关系，他们还对自然现象为何是这样以及应该是怎样的问题进行思考。他们认为，人与自然现象有着不可或缺的关系。人是自然的一部分。人如何感知自然，就决定了人如何理解自然。在其色彩理论中，歌德将各种色彩归于人的感知，这也与这一观点有着逻辑联系。色彩的高雅、美丽、得当或低俗都是由人所决定的。歌德对这一问题的视角并非是纯自然科学的，美学的观点也参与其中。亚历山大·洪堡对自然的整体性研究和思考方面，要胜过歌德。威廉·洪堡很早便认识到了其弟所从事的事业的核心："对物理自然的研究与人的道德伦理相结合，正如我们认识到的那样，把真正的和谐带入到宇宙之中，要做到这一点，就我所知，古往今来就只有我的兄弟有能力做到这一点。”

的确，亚历山大·洪堡将启蒙主义的精神带入了对自然的描述和解释，并在自然科学的研究中将其发扬光大。他认为，将人与人区别开来的，并非是种族的高下之分，而是文化与教育。洪堡撰写了一部具有极大影响力的著作《宇宙》。在这部著作中他写道："所有的人都生而享有同等的自由。"他谴责殖民主义，称殖民主义和奴隶制是一种"不道德的观念"。作为对自然的整体性研究和思考的结果，洪堡在1801年发表了著作《对自然的看法》，该著作有两册，共七篇文章，其中也包括那篇为席勒的《时序》杂志所撰写的、并引起席勒巨大反感的短篇小说。在英国，年轻的达尔文读到了洪堡的这部著作后写道："这些文章唤起了我内心深处要为自然科学这一雄伟建筑添砖加瓦的难以抑制的渴望。"

自然有何形态以及有何本质，对这一问题的追问体现了歌德、洪堡所处的时代对包罗万象的自然知识的渴望和追求。这也是启蒙运动思想取得累累硕果的时代。18世纪中叶，围绕在德尼·狄德罗和让·勒朗·达朗贝尔周围的法国百科全书派力图用内容广泛的工具书来涵盖所有的知识并做出评判。英国的亚当·斯密和大卫·休谟、法国的伏尔泰和卢梭都试图在一个新的层面上实现社会理念。英法在美洲的殖民地，市民阶级日益觉醒，他们接受了这些启蒙主义者的思想，建立了新形态的国家。这样的国家将人以及人的评判置于核心位置上。威廉·洪堡的兄弟亚历山大·洪堡作为一个知识全面的学者，他不仅制定了新的科学准则，同时还制定了文化和教育政策的准则。

康德曾谈论有关统摄自然的理念。乔治·福斯特与杰姆斯·库克一起考察旅行，绘制各种动物和植物的图形以探索自然的各种形态，卡尔·冯·林内则做了更为宏大的举动，把所有的动物和植物加以分类。康德认为，自然具有完整性和多样性，因而不会具有每个人都能把握的单一形态。歌德赞同这一观点并力图确定，人在精神上可以对自然的哪些方面能够理解以及探索自然的本质是什么。他写道："我认识到，是什么东西将这个世界在最深的层面上结合在一起。"当歌德通过浮士德之口将这些话说出来时，或许他在表达他自己的想象，也可能他意指亚历山大·洪堡。

在后来的岁月里，歌德和洪堡之间的联系有时也会变得困难，但这并不妨碍二人之间的友谊，他们一直关系紧密。他们知道，在精神上他们完全志同道合。1809 年，歌德在《亲和力》中表达了他对洪堡这位朋友的信任和理解。他通过小说人物欧蒂莉叶之口说出了这样一句话："我多么喜欢听洪堡的阐述啊！"在接下来的几年里，歌德也一直从事自然科学方面的研究。1810 年，歌德出版了两卷本的有关色彩理论的著述。1813 年，歌德会见了年轻的叔本华并向他解释了自己的色彩理论，叔本华却深感乏味。而与洪堡不定期的相会变成了老年歌德欢乐的源泉。

1826 年底，歌德晚年最重要的助手和挚友艾克曼做了这样的记录："我发现歌德精神爽朗、兴高采烈。他高兴地对我说，亚历山大·洪堡今天早上来我这里并逗留了几个小时。他是多么了不起的人！我认识他很久了，但他又一次让我惊讶和赞叹……他如同一个带有很多管道的水井，人们只需把水桶放在管道下，于是水便爽快而不停息地涌流而来。他在这里逗留几天，我便会有已经与他生活了几年的感觉。"1827 年，洪堡从巴黎搬到柏林定居。两年后，他进行了对俄国的考察之行并抵达中国的边境。在随后的年月里他还身负普鲁士国王的外交使命多次前往巴黎。

歌德自始至终都是一个从事科学研究的人。在与亚历山大·洪堡第一次相会过去 30 年后，他曾对艾克曼说："我作为一个诗人所做出的一切成就不会使我有丝毫的自负。在我之前就生活着许多优秀的诗人，我与许多优秀的诗人生活在同一时代，在我之后依然会有许多优秀的诗人。"但在另一领域他认为自己大有成就："但在我生活的世纪里，在色彩理论这一困难的科学领域，我是唯一一个真正知晓的人，对此我深感自豪，我完全意识到，我在这一领域具有远超他人的优越。”

当达尔文对世界和自然富有革命性的理解在那个时代已经开始崭露头角时，歌德与洪堡二人在思想和学术交流上也在彼此接近。达尔文的理论表现了对自然、世界以及物种的永恒与变迁的思考。早在1754年狄德罗在其《对自然进行阐释的思考》一书中就写道：“在动物和植物界，每一个个体物种都会经历开始、成长、持续、衰落和消亡这一过程。难道所有的物种不都是这样的吗？”歌德对这一观点并不陌生。特别是狄德罗对存在的动力的观念非常符合歌德的想法。狄德罗认为存在的动力也就是永恒的变化。当时只是没人能够证明这一点。但不久之后对此加以证明的人就将出现。歌德在人世的最后时光里，这个人横空出世了。他就是查尔斯·达尔文。当歌德于1832年3月与世长辞时，达尔文刚好抵达萨尔瓦多港。三个月前达尔文登上贝格尔号军舰开启了环球航行。他的观察证实了他的思考：所有的物种都处于改变之中。这是他很多年来苦苦思索而得出的观点。当得知阿尔弗雷德·拉塞尔·华莱士将要发表和自己相似的观点时，达尔文只好赶紧将自己的思考公之于众。达尔文成功地把物种产生、变化、消亡的原因以一种可以理解的方式表达了出来。

当1859年达尔文发表了其具有开创意义的《物种起源》时，洪堡也已于半年前与世长辞了。关于洪堡，达尔文发出了这样的赞叹：“他是有史以来最伟大的游历世界的科学家。我曾对他赞叹不已，今天更是崇拜有加。他让人们懂得了踏入热带会在人的心灵上产生什么样的感受。”洪堡90岁高龄时依然在从事研究和写作，直到死亡的降临才停止了他的工作。从1845年起陆续出版了他五卷本的宏伟巨著《宇宙》，最后一本是在洪堡去世后才出版的。他曾写下这样的笔记：“这部著述会展现出人类精神发展历史中的一个阶段。”后来人们将一股大洋洋流、月球上的一个火山口、一种企鹅和一种百合花赋予了洪堡的名字。如在天有灵，洪堡会十分高兴的。

歌德也一定会为自己研究方向的转变而感到高兴。这一转变使他精力更为集中地去研究、思考原始植物。达尔文曾在一个边注中写道："我想，他的想法就是在一张纸条上把生命的谱系写下来。"2015年，在互联网上开始了一个名为"生命之树"的网站项目。这一项目要用巨大的数据库把每一种生命形式都揽入其中。这种包含自然界中一切生命的谱系也就是那种"原始植物"，只是与歌德所寻求的"原始植物"有所不同而已。但在寻求自然的本质上，这一项目与歌德的理念十分接近。

对歌德与洪堡之间的友谊加以探究和思考，会让人受益匪浅。当然，如果人们要问，歌德和洪堡对自然科学的研究以及他们的科学理论对当今世界还有多少现实价值，可能只有否定的回答了。但问题的核心在于二人在进行自然科学研究时的那种观察、思考的态度和对世界进行观察的角度，这些是二人之间友谊的基石。总而言之，歌德和洪堡对思想和技术创新的热情、对教条的否定态度以及跨越国界的人文主义精神使他们成为直到今天仍然值得后人学习的榜样。

歌德和洪堡把自己看作为世界公民，他们超越了自己的文化界限而拥抱全人类和全世界。他们之间的友谊旷日持久，十分牢固并颇具特色。他们几乎没有对彼此的内心情感进行过交流，但只要两人相会，便立刻会认识到人所存在的多样性、人的精神的多样性，从而也体验到何谓精神上的共性。

在歌德和洪堡看来，自然的本质在于人进行观察的视角。他们也认为，自然对人类的含义、人类如何把握自然的变迁、人类如何对待自然等都是处于一种变化进程之中的。对歌德和洪堡而言，自然并非是供人观察和利用的对象，而是一种不断向人类提出新任务的存在。认识并接受自然的这一本质是人类超越时代界限的永恒任务。

第七章

格兰特与谢尔曼：

战争可以是正义的吗

你们如此轻率地谈论战争，你们都不知道自己在说什么。战争其实是可怕的事情！

——威廉·特库姆塞·谢尔曼（1820—1891）

尽管我的职业是军人，但我从不喜欢战争，我也从不赞成进行战争，除非把战争当作取得和平的手段。

——尤利塞斯·辛普森·格兰特（1822—1885）

太阳尚未从林边升起，恐怖的气氛却已四处蔓延开来。子弹和炮弹的碎片在参战军人的耳边发出刺耳的尖啸。被击中的树木轰轰作响，树叶与树枝如雨点般散落。子弹和弹片一旦击中人的身体，便会击碎骨骼，撕裂肢体。在一片桃树园里，飘落在受伤和阵亡士兵身上的树叶都沾满了殷红的鲜血。只有当太阳西下后，枪炮声才渐渐停息下来。在漆黑的森林和田纳西河边的沼泽地里，身穿蓝色或灰色军服、满身泥泞的伤兵们发出阵阵呼救的哀号。那些尚能作战的军人们，此时浑身湿漉地蹲在泥泞的洼地或倾斜的帐篷里，忐忑地等待着黎明的到来。

1862 年 4 月 6 日至 7 日的深夜，满天乌云滚滚，随之而来的是一场狂风暴雨。河里的两艘炮艇上，火炮不间断地发出射击的轰鸣。美国历史上最为血腥的战役结束了它的第一天。内战的第二年也以此拉开了帷幕：一边是北部的美利坚合众国，另外一边是反叛的南部各州所组成的美利坚联盟国。

这场田纳西河畔血流成河的搏杀后来以夏洛伊战役之名而被载入史册。夏洛伊原本只是一座用作教堂的小木屋的名字，但这座名为夏洛伊的教堂后来也毁于战火不复存在了。在这场战役开始前不久，格兰特率领几个师团渡过了田纳西河。他计划在其他几支部队抵达后，便攻占几英里处的小城科林斯，然后便率部攻打南方联盟的心脏密西西比州。格兰特虽然知道敌人就在附近，但并未料到敌人会发起进攻。因此他没有让自己这一方颇为分散的军队修筑防御工事。南方联盟这时已做出决定，在敌方兵力得以增强并取得优势之前发起攻击，以击退在兵员数量上占优势的北方佬。

这是一个晴朗、温暖的春季周日的清晨。数千南方同盟的军人手持上了刺刀的步枪，大声呼叫着，从绿色的森林中冲了出来。北方联盟的士兵们正在擦皮靴，吃早餐，有的还在呼呼大睡之中。多亏谢尔曼将军下达全力抵抗的命令，才使格兰特的部队没有被赶下田纳西河。北方联盟的军队最终还守住了河边最后的阵地，从而使这一天没有成为彻头彻尾灾难性的日子。不久前，谢尔曼刚开始统领一支部队。这支部队没有任何作战经验，此时的他也并不比他的部下在战斗经验方面强多少。但他带领的部队却十分英勇地保住了阵营的右侧。战斗开始时，一个敌方狙击手的子弹打穿了他的手掌，还有一颗子弹击中了他的肩膀，第三颗子弹打穿了他的帽子。胯下的三匹战马都相继被子弹击中而死，但他仍然继续顽强地战斗着。

谢尔曼外表脏乱，不修边幅。红色的短发蓬乱无章地耸立在头上。他的外表正好可以让人当作阴险敌人的形象加以描述。他也用自己的行动让南方对他的仇恨持续了几代人之久。谢尔曼身材高大、瘦长，42 岁的他已是满脸皱纹。在他那粗糙的脸上，不时浮现出禁欲苦行和疯狂痴癫的表情。满脸的胡须中，那薄薄的嘴唇常常会一阵抽缩。一双蓝色的眼睛中发射出刺人的目光，犹如他在瞄准时迸发出震慑的目光来打击目标。

根据后来的传记记载，在夏洛伊一役，谢尔曼与他的上级格兰特结下了深厚长久的友谊。这场战役持续了两天，而历史学家们总是对这场战役第一天结束时发生的一件事情津津乐道：谢尔曼在日落后去找格兰特并劝告格兰特撤退。午夜时分他们见面了。此时的格兰特正决定与他的士兵一起过夜，但在巡视了战地医院后改变了主意。目睹了战地医院的痛苦和悲惨之后，他深感震惊，于是他决定立刻返回营地。在那里，他身子靠在一棵树干上，任凭大雨肆掠而下。过了好久他才回到帐篷，用牙齿咬住一支香烟，蓝色的军大衣散乱地披在身上，满身泥泞。他那满脸胡须的面庞在一盏油灯微弱的灯光中忽隐忽现。在这张平静、坚定的脸庞上，难掩一丝忧伤。

据说谢尔曼这样开始了对话："瞧，格兰特，这真是活见鬼的一天，不是吗？"

谢尔曼希望可以说服格兰特撤退，但格兰特并没有听从他的意见。他抽着烟淡定地回答道："是的，但明天我们会让他们活见鬼。"

虽然没有原始资料证明他们进行过这场谈话或这场谈话是这样进行的，但后人的记载却十分准确地表现了二人的性格。谢尔曼头脑清晰，十分精通军事理论。但他也常常对自己的观察判断持怀疑态度。和格兰特一样，谢尔曼也没有在这次战役前采取加固防御工事的措施。谢尔曼没有这样做是出于另外的原因：格兰特基于对形势的自我判断，而谢尔曼担心他的批评者指责他的举动过于谨慎。

格兰特与谢尔曼不同之处在于，他并不反复纠缠于各种想法、念头，不喜欢唠叨。但他有一种天赋，使他不仅超越了谢尔曼，也超越了其他人。这一天赋便是在最为严峻的时刻他依然能保持镇静。当谢尔曼早已坐立不安时，格兰特依然可以数小时之久纹丝不动地稳坐在那里。格兰特有能力在面对十分复杂的形势时认清事情的本质，设定目标，然后力排众议，顽强坚决、不顾一切地追逐自己的目标。

在夏洛伊之战相逢之前，格兰特和谢尔曼的人生之路可谓曲折蜿蜒。两人都来自俄亥俄州，也都毕业于西点军校，只是毕业时间相差两年而已。但在此之前，两人从未谋面。谢尔曼比格兰特年长两岁，父亲是一位事业有成的律师，但他很早就失去了父亲。政治家托马斯·尤因是他父亲的朋友，后来尤因还担任了美国内政部长。在父亲去世后，谢尔曼得到尤因的关照并在其帮助下进入了西点军校学习。谢尔曼以优异的成绩毕业，然后进入军队从事行政管理工作，因此他从未参加过战斗。在军队服役结束后，他曾从事银行业，后又担任律师，但都业绩平平。最后他担任了路易斯安那州军事学院的领导。当路易斯安那州决定脱离联邦时，他放弃了领导职位。谢尔曼热爱南方，但他坚决反对分裂国家的行为。据说当他得知路易斯安那州要脱离联邦时，他如一个孩子般号啕大哭。

谢尔曼去了北方，在华盛顿，他遇见了刚进行完总统就职仪式的亚伯拉罕·林肯。谢尔曼提醒林肯，军队尚未做好战争准备。当南北开始交恶时，林肯宣布征召 75000 名志愿者入伍。谢尔曼称这一行动无异于“用一支儿童水枪来扑灭一座燃烧着的房屋的熊熊烈火”。在给他的义父尤因的信中，谢尔曼写道：“这将是一场漫长的战争，其漫长的程度远超每个政治家的想象。”谢尔曼报名参军，通过在华盛顿从政的兄弟的帮助，他获得了上校军衔。

在布尔朗地区进行的南北战争第一场重要战役时，谢尔曼担任了一个旅团的指挥，在战斗中这支旅团几乎全军覆没。后来在肯塔基州他又失去了另一支部队。他开始怀疑自己的军事能力，这种自我怀疑使他深受折磨。最后他给林肯写了一封信，请求不要再委任他更高的职位，因为自己力所不及，难以胜任。谢尔曼寝食难安，常常自言自语。根据他自己提出的请求，1861 年 11 月初，他的职位被撤销了。很快新闻媒体将谢尔曼疯掉了的消息四面传播开来，实际上他也的确深陷沮丧之中。他的夫人认为他中了邪，于是帮助他一起与心中的邪魔抗争。她精心照料他的起居，烹饪他所喜欢的菜肴，为他朗读所喜爱的书籍，特别是他所崇拜的莎士比亚的作品。慢慢地谢尔曼恢复了过来。军队再次任用了他，让他担任训练部队的指挥官。不久后又担任了格兰特部队的后勤部队指挥官。格兰特十分信任他，让他担任了那支尚无作战经验的师团指挥。在夏洛伊战役时，谢尔曼正统领着这支师团。

谢尔曼是在那个时代重要的政治圈子里成长发展起来的，与之不同，格兰特出生在一个十分平常的中产阶级家庭，他的父亲经营着一个生产马鞍的作坊。格兰特喜欢一个人沉思默想，对军事并没有多少兴趣，所以他在西点军校的学习也马马虎虎，成绩平平。不过他对马匹特别感兴趣，喜欢骑最狂野的马狂奔疾驰，这也是他多次身受重伤的原因。就在夏洛伊战役时，他还未能从一次骑马事故中恢复过来，只能拄着拐杖走路。

他以一个十分一般的成绩结束了在西点军校的学业，然后在遥远的西部服役。当他正在为即将完成服役离开军队而暗自高兴时，1846 年的美墨战争爆发了。在后来撰写的回忆录中，格兰特将这场战争称为"一场强国针对弱国、迄今为止最不公正的战争"。作为军需主管军官，他认真负责地完成了部队的供给任务，并在多次战斗中表现出色。战争结束后，他留在了军队并在几个月后结婚成家。不久他就因为与妻儿常常分离而倍感痛苦，有传言说他常常借酒浇愁。因为军饷微薄而家庭负担日重，他试图做点生意以改善收入，但未见起色。1854 年，他便离开了军队，据说他在这之前还受到了酗酒的指控。他曾做过农场主和其他的工作，但依然一事无成。最后他在其父亲的马鞍作坊里打工。就在此时，南北战争爆发了。他向政府提出入伍申请并在求职书中写道："我有能力指挥一个师团。"他并未得到答复。但随着大量志愿者入伍，政府急需有经验的军官，于是让他应征入伍，并授予上校的军衔。1862 年初，格兰特在贝尔蒙特发动进攻并取得了北方联盟的第一场真正意义上的胜利，后来在攻下亨利堡和多纳尔森堡后，他便跃升成为北方联盟的希望之星，林肯将他提升为将军。

现在，格兰特到了夏洛伊。在战役的第一个深夜里，天下着雨，四处一片漆黑。大量的士兵乘渡船渡过田纳西河前来增援。第二天一早他便发动了反攻。很快他向上级报告了取得的成功：“双方死伤严重，但完全击退了敌人的进攻。”第二天他再次报告前线战况：“敌人被击溃，四处逃散了。”

当最后的枪响停息下来后，呈现在人们眼前的是一幅令人震撼的场景。格兰特在回忆录中讲述了这一场景：尸横遍野，到处都铺满了尸体，甚至可以“脚不触地跑遍整个战场”。那些经历过这两天战斗的老兵，如果后来遇到什么惊人的事情，他们会说“这比夏洛伊还要可怕”。这场血流成河的战役在谢尔曼看来正好证实了他对这场惨烈战争的担忧。

对很多美国人而言，夏洛伊之战是一个转折点。他们曾以为这场战争就是一次充满骑士浪漫情怀的决斗，很快就会偃旗息鼓、放马南山。一年前双方在布尔朗河交战时，还有人当作出游，驾着马车，带着装满食品的野炊篮，专程前来观战看热闹。

技术的进步很快就让人们懂得了这场战争与以往有着多么大的差异。手枪和步枪的填弹可比从前快得多，双方交火带来了地狱般的恐怖。“大黄蜂巢”这一名字表达了在夏洛伊战役时，围绕一片森林的激烈战斗。新型的弹药、威力巨大的火炮和早期的机枪带来了巨大的伤亡。新型的望远镜、地雷和潜水艇在人类战争历史上第一次投入了使用。工业和运输通道获得了从未有过的重要性，铁路拥有了巨大意义。

谢尔曼早已预料到了这场战争会带来什么样的破坏。在战争爆发前他就警告过一个热情鼓吹南方分裂出去并煽动大家为之而战的教授：“你们南方人都不知道自己在做什么。这片土地将浸泡在鲜血之中。只有上帝才知道，这场战争会怎样结束。这一切都是反文明的癫狂、神经错乱和犯罪！你们如此轻率地谈论战争，你们都不知道自己在说什么。战争其实是可怕的事情！”

谢尔曼的话十分准确地表达了在民主社会里大多数人对战争的看法。战争与民主是相互矛盾、相互违背的。最为古老的民主原则如平衡、谈判和表决会在战争的状态下被弃之不顾。战争的唯一法则是胜者为王。民主就是通过尊敬别人和别人的诉求来解决冲突，通过多数人的决议来解决问题。而在战争中这一切都无人顾及。当每一项决定都意味着生死时，对对手权利的尊重早已变得不值一提。

然而，面对战争赤裸裸的暴力，一个民主政府又必须向自己的民众和自己秉承的民主理念做出辩解。美国内战时，南方和北方都是这样，尽管北方的民主标志比南方更为明显。不论是北方联盟的林肯总统还是他的对手南方联盟的杰弗逊·戴维斯，他们都不得不与自己阵营内的各种反对派力量周旋。这些反对派就自己这一派别为何如此劳顿、牺牲的问题一再提出质疑。在北方联盟内，一再进行的辩论使反对派人士相信，这场战争代价太高昂，不可能长久持续下去，应该停止战争。每个党派都有自己的诉求，都自称为一项正义的事业而斗争。他们也必须这样做，才能向朋友和敌人，也向自己辩解。美国内战清晰地表明，要把一场战争称为正义战争是多么困难。这也引发了另外一个问题：人是否能把别的人当作奴隶？

在那个时代，几乎全世界都认为奴隶制是非正义的，是不公正的。几乎每个国家都消除了奴隶制。但恰恰美利坚合众国这个世界上最大的民主国家，依然贴着奴隶制国家的标签。美国宪法起草者们曾经开会讨论取消奴隶制。北部的工业化各州取消了奴隶制，但在南部农村地区，白人主要靠种植棉花为生，通过 400 万黑奴的廉价劳动而赚取收入。这些黑奴的祖先在几百年之前被通过暴力手段从非洲运到美洲大陆。美国不断向西部扩张以获得更多的领土，同时华盛顿政府禁止在这些新征服的地区实施奴隶制，南部日益变得无足轻重。南方各州十分担心，一旦北方要求取消奴隶制，自己将无力抵挡。

1860 年的总统大选成为压垮骆驼的最后一根稻草。主张取消奴隶制的亚伯拉罕·林肯赢得了选举，这位新总统也代表着北方选民取消奴隶制的意愿。在林肯尚未就职之前，主张保留奴隶制的南方诸州就宣布退出美利坚合众国并组建美利坚联盟国。这个南方诸州的联盟声称要维护自己的主权和自身特有的生活方式。他们还宣布，维护奴隶制并非退出美利坚合众国的原因，但实际上这就是事情的核心。卡罗莱纳、田纳西、佐治亚、亚拉巴马、弗吉尼亚、得克萨斯、阿肯色、佛罗里达和密西西比州都意见一致，绝不放弃奴隶制。奴隶制不仅供养了富人，也供养了整个白人社会。甚至白人中的穷人也赞成奴隶制，因为就算自己一无所成、穷困潦倒，但在黑奴面前依然可以有高人一等的优越感。

对林肯而言，南方联盟的分裂行径是绝对不可接受的。这不仅事关宪法，而且还事关国家的存在。他认为，如果这个民主国家的某一部分因不愿遵从对一个人权基本问题的多数表决而擅自脱离这个国家，那么长远来看，这就威胁到了整个联盟体制，甚至民主国家体制的存在。因为对生活在北方的民众而言，取消奴隶制并非至关重要到要用一场战争来解决，所以林肯一开始宣告战争的目的并非要解放奴隶，而是要维护美利坚合众国的统一。“人民选出来的政府是为人民的，因此应该在这个地球上永世长存。”这句话他说到了点上。这也是他那篇著名演说的结束语。1863 年 11 月 19 日，林肯在葛底斯堡发表演讲，纪念葛底斯堡战役。在这场战役中，伤亡人数比夏洛伊战役还要惨重。

在夏洛伊战役后，谢尔曼成为北方公众眼中的英雄，受到热烈欢呼。但格兰特却感到自己受到了嘲讽和批评。人们指责他反应迟钝、疏忽大意，特别是在战役开始时，他竟然喝得酩酊大醉。很快他失去了指挥权，有人甚至要求将他开除出军队。深怀不满的林肯召见了格兰特，并对别人说：“我不会罢免这个人的，他至少一直在战斗。”

但格兰特深感受到了伤害并打算辞职归去。当他收拾行装准备离去时，谢尔曼出现了并说服他改变了主意。谢尔曼后来这样说道：“当我疯癫失常时，格兰特对我出手相助。当他归隐时，我对他出手相助。现在我们并肩作战。”

于是，格兰特回心转意，继续战斗下去。在后来的几个月里他取得了一系列的战绩，使林肯一如既往地对他保持着好感和关注。他与其他将领不同之处在于，他从不提任何要求，说干就干。林肯只是从书本上学到了一点军事知识，当北方联盟的军队表现出消极懈怠时，他想用这些知识作为理由来反对军事上的无所作为。现在他总算可以松一口气了，他说：“格兰特是我的人。我把今后的战事都交给他了。”格兰特在维克斯堡和查塔努加两场战役中都取得了胜利，于是林肯任命他为北方联盟军队的总司令，让他放手去干。

1864 年 3 月，格兰特与谢尔曼在辛辛那提市的旅馆里相会。在此之前，格兰特委任谢尔曼为西部部队的司令官。自夏伊洛战役后，伏尸千里、血流成河的两年又过去了。现在两人在旅馆客厅的桌子上铺开地图，在烟雾的缭绕中思考着如何彻底打败南方的军队。他们一致认为，必须战胜南方联盟的两支主力部队。格兰特将在东面与罗伯特·李以及北弗吉尼亚军交战，而谢尔曼则同约瑟夫·约翰斯顿的田纳西州军交手。

开始时，谢尔曼力图攻下亚特兰大这座重要的城市。他率部包围了这座城市并毫不留情地用火炮轰击。有人指责他给平民百姓带来了巨大的伤亡，对此他这样回应道：“这是战争，不是获取人们欢心的竞争。如果这些人想生活在和平的环境里，就应该自己和其他一起打仗的人放下武器，停止战斗。”

南方联盟很快就意识到，亚特兰大难以坚守下去了，于是开始撤退。在离开之前，南方联盟的军队炸毁了礼堂、工厂和仓库，将这些地方付之一炬。谢尔曼带着部队进入了这个火光冲天、四处燃烧的城市。在向这个地区继续推进时，他的部队不断受到小股敌对游击队的攻击，这让谢尔曼如芒刺在背，也牵制住了他的大量部队。每一块征服的地区他都得费力地加以守卫，这使他虽犹如一头强壮的熊，但却不得不持续不断地拍打一只只前来攻击他的蜜蜂。为摆脱身处的困境，谢尔曼可谓绞尽脑汁。他的解决方案也使格兰特和林肯犹豫不决，难以完全信服。

但谢尔曼对自己的事业充满了信心。11 月 19 日，他率部从亚特兰大出发，开始了“向大海进军”的军事行动。12 月 21 日，他不费一枪一弹地拿下了海滨城市萨凡纳。在发给林肯的电报中他将这一战果称为“圣诞节礼物”。谢尔曼“向大海进军”的军事行动作为一个象征被载入了战争史册。他有意计划让自己的部队穿过佐治亚州一块 400 千米长、90 千米宽的狭长地带。这是一片荒芜的地区。他深知北部长久以来那种消极厌战的情绪，这种情绪甚至会危害林肯的再次当选。他要祛除南部民众广为存在的好战情绪，其方法就是通过战争。在“向大海进军”之后的一封信中，他这样写道：“我们并非只和敌方军队打仗，我们也和充满敌意的民众打仗。我们要让所有的人，无论老少、无论穷富，都能和他们的军队一样亲身体验到战争残酷的一面。我知道，就这一意义上讲，我最近这次穿过佐治亚的进军会引起什么样的赞叹。”

如同在亚特兰大战场上一样，谢尔曼尽量避免直接交战，而是在具有绝对优势时才进行攻击。他指示他的部下，在横越敌方区域时，要尽量把那些地方洗劫一空，尽量破坏那里的物质财产。谢尔曼要通过这种办法来保障自己八万人部队的供给，同时削弱敌人，彰显自己的强势。他的士兵毁坏铁路，焚烧农场和庄园，把整个村庄都付之一炬。所有黑奴都按照他的命令获得自由。大量黑奴无人供养管理，为了有口饭吃，便也到处掠夺哄抢。谢尔曼对此听之任之。

美国内战是一次现代化战争，所要求的大量社会资源可谓史无前例。这场战争不仅在战场上进行，而且也给交战双方的社会撕开了一道深深的伤痕。谢尔曼和格兰特对此十分清楚。除了在战场与敌方交手外，谢尔曼还把战争引向了普通民众。在他看来，他们也是另外一种形式的战斗人员。他要敌方的民众丧失支持战争的意志。事实上在佐治亚的行动后果的确十分严重。民众丧失了道德准绳。很快谢尔曼率领部队向南卡罗莱纳州进军。那里是南方联盟脱离联邦的起始地，他将从背后袭击罗伯特·李。此时罗伯特·李正拼死抵抗格兰特的进攻。有人建议掠夺并摧毁南卡罗莱纳州，因为那里是南方联盟的发源地。这一建议让谢尔曼手下那些军人正中下怀，这正是他们想要做的事。

在东部，格兰特不断加强对罗伯特·李部的进攻，大有所向披靡之势。他的战略就是："发现敌人，尽可能快地发动攻击，并尽其所能地给予打击。要处于不断的运动之中。"与谢尔曼不同之处在于，格兰特不回避任何直接交战，也不在乎己方会有什么样的损失。他自己的人都称他为屠夫。但格兰特也很快转向了"焦土"战略。他给他的一位叫谢立丹的将军下令，彻底摧毁谢南多厄河谷，"一只飞越那里的乌鸦都得自带口粮才行"。

谢尔曼和格兰特主导的两次战役决定了南方联盟军事上和政治上的最终结局。1865 年 6 月 23 日，南方联盟的最后几个团体缴械投降。

美国内战刚好发生在一个人们越来越关注在战争中人所拥有的权利的时代。在欧洲，有人开始致力于制定一项普遍有效的战争国际法。1859 年，瑞士商人亨利·杜南在北意大利经历了索尔费里诺战役。他目睹了战争的残酷无情，这使他心潮澎湃、难以平静，随后他便投身于建立红十字会的事业之

▲ 美国白宫油画《缔造者》，谢尔曼、格兰特、林肯总统和戴维波特（从左至右）在船上讨论纳降条款

中。1864 年《日内瓦公约》问世，在随后的几十年里越来越多的国家接受了这一公约。林肯还在内战时期签署了《利伯守则》，这是历史上第一个书面的战争国际法守则。《利伯守则》是由一位出生于德国的法学家法兰西斯·利伯为北方联盟的部队所制定的。他的三个儿子都参加了这场南北战争，两个儿子为北方而战，一个儿子为南方而战。他那位为南方而战的儿子最后战死沙场。《利伯守则》为战争中正确的行为举止制定了具有约束性的规则，其目的在于尽可能避免不必要的痛苦。例如不能杀死投降了的敌人并且必须善待这些投降者。如果参战方民众的行动充满了敌意，在这种情况下才可以破坏其私有财产。

问题在于那些被称之为善良、同情和正义的东西，能够在战争中得以保存、得以维护吗？在战争中公正、正义可能吗？谢尔曼和格兰特用他们自己的行动给出了答案：这是十分困难的。就算一场战争的起因是正义的，但战争本身却难以是正义的。战争本身从来就没有正义过，将来也不会正义。战争如何结束，这都是由指挥官来决定的事情。

有关谢尔曼和格兰特针对敌方所有人那种无所顾忌的、强硬执行的毁灭战略是否符合伦理道德的争论，会无休止地进行下去。不过有一点是毫无疑问的，那就是这两位将军坚信自己的行动是为了正义的事业。他们相信自己是为一个遭受攻击的民主而战。他们也试图在保护己方军人和百姓的生命与对敌实施的暴力之间寻找一种平衡。格兰特将自己的士兵投入到激烈的交火之中，他希望这样可以缩短战争时间，避免将来更多的人员伤亡。当谢尔曼将敌方的村落、城市付之一炬时，他也怀有同样的目的。谢尔曼认为这样的战略远比一场接一场的战役所需要的代价要小得多。如果将伤亡数字加以比较，可以发现这样一个事实：谢尔曼率部所进行的数周战斗造成了 4000 人阵亡，这与仅进行了两天的夏伊洛战役的阵亡人数相当。从这种意义上说，谢尔曼的军事行动所带来的人员伤亡要少得多。

实际上，谢尔曼主要是针对敌方的物质财产实施了毁灭性打击。如果敌方停止战斗，他便停止一切暴力行动。他告知亚特兰大市的市长："只要缔结和平，请相信我，您可以得到您所需要的一切。我可以与您分享我的最后一块面包。"当约翰斯顿率部投降时，谢尔曼提出的投降条件可谓宽宏大量，以至于北方联盟的战争部立刻收回了这些条件。

不仅战争本身不会是公正的，而且就连那些拼命活下来的人也常常失去了正义感。哪怕战争已经结束了，非正义的邪恶也会如黑暗的阴影一样随之而来。内战使美国民众变得暴戾恣睢。当年的士兵组成团伙在从前的战区里四处掠抢、杀人放火。退役返乡的士兵使城市里的犯罪率高到了令人瞠目结舌的地步。

内战结束后的1869年，美国人将格兰特选上了总统的宝座。当时他喊出的一句口号是："让我们和平生活吧！"格兰特在接受南方联盟军队司令罗伯特·李的投降时，对他以礼相待，因而使格兰特在南方也获得了一定程度上的尊重。他任命谢尔曼为陆军总司令。随后几年在西部草原上与印第安人战争中，谢尔曼却被搞得焦头烂额。作为总统，格兰特十分同情印第安人并希望与印第安人达成妥协。但他的打算却因国会的反对而作罢。谢尔曼陷入了权力的三角斗争之中。华盛顿政府、负责印第安人事务的当局以及军事部门各自的决定使他左右为难。和格兰特一样，谢尔曼也为印第安人部落的落后而造成的贫困和苦难深感气愤。但同时他也毫不留情地镇压印第安人的反抗并在那里修筑铁路。在此谢尔曼表现出了他的双重面孔。他一方面试图与印第安部落达成协议，如与印第安的纳瓦霍人部落达成的协议就是一例。但凡是遇到印第安部落武力反抗，他会毫不犹豫地加以武力镇压。他又重施南北战争时期那种让敌人感到战争难以忍受的战略。美国军队在印第安战争中实施的屠杀虽然不能归罪于他，但他的确试图毫不留情地摧毁生活在草原上那些印第安人的生存基础，赞成消灭印第安人赖以生存的牛群。因对待印第安人的不同见解，格兰特与谢尔曼二人的关系日渐疏远。在两任总统任期后格兰特开始经商。但他的经商活动却因与一个坑蒙拐骗的合伙人的交往而告失败，最后陷入破产的困境。此后他每天要抽 20 支烟，导致病魔缠身，最后他死于喉癌。谢尔曼曾多次拜访他，格兰特说这些拜访比医生的诊治还要有用。马克·吐温建议格兰特将他的经历公之于世，还帮助格兰特撰写他的回忆录。1885 年，在辞世前一周，格兰特完成了他的回忆录。这部回忆录所取得的巨大成功为其家人提供了今后生活的经济保障。

格兰特去世六年后，谢尔曼也与世长辞了。对南北战争双方的那些老兵而言，战争中的可怕经历成为他们共同拥有的东西。在谢尔曼的悼念仪式上，那时已达 84 岁高龄的南方联盟的将军约翰斯顿也到场致哀。他也曾参加了格兰特的葬礼，向当年的敌人表达自己的敬意。他还亲自参加了肩负谢尔曼棺材的行列。这是阴雨二月的一天，约翰斯顿长时间地伫立在冷风之中，当有人提醒他戴上帽子以防寒冷时，他断然拒绝道："如果他处在我的位置，他是绝对不会这样做的。"约翰斯顿因此患上了感冒，并在几周之后因肺炎而去世了。

谢尔曼也撰写了自己的回忆录，他拒绝竞选总统的提名。"如果他们提名我为候选人，我绝不参加竞选。如果他们选我做总统，我绝不执政。"他如格兰特一样，总是持一种谨慎态度来谈论战争。他的所作所为，并非是出于个人意愿，而是不得已而为之。在一次讲话中，格兰特说："尽管我的职业是军人，但我从不喜欢战争，我也从不赞成进行战争，除非把战争当作取得和平的手段。"谢尔曼在一次讲话中强调了他对战争的厌恶："当今很多年轻人把战争只看作为一种荣誉。但是，年轻人，战争即地狱。你们可以把我这些警告的话传给下一代。我总是带着恐惧看待战争。”“战争即地狱”成了谢尔曼最为著名的格言。

这些话表达了格兰特和谢尔曼不得不面对的那不可调和的矛盾：一切试图给战争的开启和进行给予一个法律规范框架的国际法都仅仅是纸上谈兵而已。当战争爆发并涉及生死存亡时，无人会顾及这些框架规范。在战争这一地狱中，每个人都在做可怕的事情，没人会问自己的行动是否公正合法，唯一的事情就是尽快结束战争。而无论是对敌方还是对那些有幸隔岸观火的人而言，战争很少会以公正的方式结束。

第八章

俾斯麦与拉萨尔：

一个正确的国家是什么样的

我认为，国家的重大使命就是充分发挥人的潜能。

——斐迪南·拉萨尔（1825—1864）

他是我所交往的人中思想最为丰富、最值得尊敬的人。拉萨尔是一位充满活力、思想丰富的人，与他谈话总让人受益匪浅。我们曾有多次数小时之久的交谈。每当我们的谈话结束时，我总是对此深表遗憾。

——奥托·冯·俾斯麦（1815—1898）

乔治·冯·温克尔在1852年3月向奥托·冯·俾斯麦提出决斗，以此表明两人在世界观方面和私人之间积蓄数年的矛盾轰然爆发。两个敌对的政治家手持手枪，面对面地进行决斗。这两人都性情暴躁，但都是忠实于国王的乡村贵族。俾斯麦是个瘦削而筋骨强健的普鲁士人，为保守主义的事业而战，反对任何改变现行权力关系的事情。来自威斯特伐利亚的温克尔身强力壮、好斗成性。和俾斯麦相反，他是一个自由主义者，致力于通过建立一个民主的君主制而实现德意志的统一。两人在议会中多次唇枪舌剑，互相攻击。在一次议会交锋时，俾斯麦情不自禁地嘲笑了温克尔所拥有的良好教育。受到侮辱的温克尔提出决斗，两人于25日进行手枪决斗并向对方开枪射击，但都没有击中对方。一个见证人见状如释重负，流下了欣慰的泪水。

12年之后，在另外一个国度，两个决斗者又持枪相向了。1864年8月28日清晨，在瑞士日内瓦一片小森林里，拉萨尔出现在决斗场上。他提出了这次决斗，其原因在于他爱上了一个女子，而这个女子的父亲反对他们的恋情。拉萨尔认为，这位父亲要为这场破碎的爱情负责，于是提出了决斗。受到决斗挑战的一方将这件事转交给了这位女子从前、也是现在的未婚夫。这也很合拉萨尔的意愿。他只想让他那颗受到伤害的心得到补偿。枪声响起，拉萨尔中弹倒地，不久便气绝身亡。

无论是在政治上还是在私人生活中，决斗给俾斯麦和拉萨尔的生活都打上了深深的烙印。在很长一段时间里，他们把很多冲突都看作是针对个人的挑战，因而一再手持武器，走上决斗场。1863 年，两人第一次相会的起因竟然也是因为争斗的缘故。这次相会既充满了信任，又充满了相互间的试探之意。15 个月后拉萨尔便命丧黄泉。19 世纪下半叶，德国政治上的对立严峻到了人们难以想象的地步。但令人惊讶的是，代表着两大政治对立派别的俾斯麦和拉萨尔，他们个人之间却风平浪静。

一个共同的敌人使这两人走到了一起。1862 年秋天，俾斯麦走上了他的新职位，以便与这股势力一决高下。这股势力便是自由主义，俾斯麦决斗的对手温克尔也是这一运动的积极推动者。当俾斯麦受命担任首相一职时，多年以来自由主义者在普鲁士议会中一直占据着多数席位，他们反对为普鲁士皇帝威廉一世的陆军改革提供国家预算资金。其实这一危机的核心问题是谁拥有最后的决定权，是议会还是皇帝。当危机达到高潮时，威廉一世都有了退位的念头。在国王的陆军大臣阿尔布雷希特·冯·罗恩敦促下，威廉一世才放弃了这个念头。罗恩也给时任普鲁士驻法国大使的俾斯麦发去电报："拖延会带来危险！赶紧返回。"俾斯麦接到电报后立刻返回柏林，他乘坐火车 25 小时后到达了柏林火车站。在与普鲁士国王进行了一番谈话后，他允诺，把那些肆无忌惮的吠犬们交给他来处理，他将与"议会统治"做不懈的斗争以加强"王室的统治权"。他还告知这位君主，如果必要，不惜实施独裁专制统治。威廉一世前不久还声称俾斯麦让他心生反感，现在一改前见，打消了所有的顾虑，任命俾斯麦为普鲁士首相并赋予他很多特权，此外还让他兼任外相一职。

的确，俾斯麦是一个少见的天才。在青年时代他就有蔑视别人的习惯。在哥廷根读大学时，这个身材高大的年轻人就时常身带佩剑，大摇大摆地穿过这个城市并高高在上地打量别人，打量这个世界。后来在后波莫瑞省的庄园里他过着奇特的、放荡不羁的乡村贵族的生活。人们称他为“放纵的容克”。他沉溺于与女性的寻欢作乐之中，女性对他而言就是猎物。他向一个朋友这样坦白道：“我不停地陷入无节制的情爱之中，不停地更换我的情爱对象。”他也想出一些恶作剧并付诸实施。他承认，所有这些放荡无拘都源于“罪恶的幻想”和“狂野的心”。他 20 岁时便不再去教堂祷告。忽然有一天，他通过与一个虔诚派社团的交往而开始信仰上帝。他的妻子约翰娜·普特卡默也来自于这个虔诚派社团。她那虔诚的新教信仰使其生活充满了丰富的内涵。俾斯麦与妻子共同度过了 40 年之久的和谐婚姻生活。在 1848 年至 1849 年革命期间，学生和知识分子为建立一个民主的德意志而战斗，但俾斯麦却以反对革命的极端保守主义者的形象而崭露头角，引起了极大的关注。但在普鲁士军队镇压了革命后，在新的内阁中却没有俾斯麦的位置，因为对其他保守主义者而言，俾斯麦也过于极端了。国王弗列德里希·威廉四世曾在一封建议书空白处写下了这样一句话：“他散发出一种血腥的味道，只有当需要刺刀见血的时候再任用他。”于是年轻的俾斯麦作为普鲁士代表被派往法兰克福的德意志邦联议会。在那里他又以他那特有的好斗秉性而引人注目。后来他又受命前往圣彼得堡担任普鲁士驻俄大使。“在涅瓦河畔我被冷藏起来。”他这样痛苦地评价自己的仕途。后来他又转赴巴黎任职。恰恰在巴黎，他突然时来运转了。

作为首相，俾斯麦立刻投入到各种龙争虎斗之中。他总是身着戎装出现在议会之中。当他开始讲话时，别人会全神贯注地倾听。对此他从未有过怀疑。俾斯麦头发稀疏，其双眼总是发出令人不安的目光。他身材高大，仪表堂堂，但他的声音却与这一切不相匹配。俾斯麦的声音尖细如水倒入杯中。但一旦他开始发言，无人再关心他说话声音的大小尖细了。俾斯麦的冷嘲热讽、话语言辞的震撼以及挑衅攻击都让人不得不注意他。

为了摆脱史称“宪法争端”的普鲁士议会与政府之间的僵局，俾斯麦玩了一次所谓宪法疏漏的花招：他宣称，宪法没有就国王与议会意见不一致时应该如何处理这一情况给出方案，面对这一宪法疏漏，只有拥有军事决定权的人才能做出决定，而这个人就是国王。尽管国家预算没有获得国会表决通过，但俾斯麦仍然继续执政。

俾斯麦想拯救他所热爱的世界，他也带着这个没有说出来的意愿与拉萨尔相会。俾斯麦的世界就是普鲁士等级社会，在这个等级社会中军队、贵族和国王有着决定一切的权力。在这个世界里，庄园、狩猎、马车以及数代以来恒定不变的出身贵贱给社会生活打上了恒定不变的印记。特奥多·冯塔纳通过他的小说和游记为这样一个社会树立了纪念碑。在爱德华·冯·凯泽林的小说《波涛》里，这个社会令人伤感地随风而逝了。钢铁制造业集团的大烟囱、巨大的工厂厂房、飞速发展的铁路使一切旧有事物灰飞烟灭。带来巨大变革的经济发展使城市迅速扩大，市民阶级的自我意识更为强烈，工人阶级的队伍也迅速发展并逐渐意识到自己的权利和诉求。这一切都使几十年来一直平静无事的普鲁士深感威胁。自由主义者与其敌人的对立成为日常政治生活的组成部分。

在 1848—1849 年革命的废墟上，俾斯麦登台亮相了。这场革命也使普鲁士在支离破碎、一盘散沙的德意志邦联中作为最强大的邦国脱颖而出。分裂的德意志何去何从？德意志应该以何种国家形式统一？对此人们茫然无知。以民主国家的形式统一德意志的尝试已告失败，但这一理念依然存在。众多的自由主义者依然颇具影响力，他们与俾斯麦志道不合、不相为谋。在俾斯麦眼中，自由主义就是一个阴险狡诈的理念，而市民阶级想借用这一理念和连篇的废话来获取权力。自由主义者高谈阔论的自由，在俾斯麦看来，绝不是什么社会发展的机遇，而是没有文化的恣意妄为。

俾斯麦对社会和国家应该是什么样的，自有一套见解：每个人在这个社会和国家体系里都有一个不得随意脱离的固定位置。但自由主义者想要建立的不是一个恒定不变的静态社会，而是一个不断改变的、充满活力的社会。在这样一个社会里，人人机会均等，人人都有发表意见的权利和社会政治生活的参与权。在自由主义者力争建立的国家里，出现的问题都应该通过同意或反对的表决来解决。自由主义者设想的社会是一个不断变革和自我改善的社会。

俾斯麦却未能意识到这一点。在他看来，自由主义者为自由所做的辩护皆空洞无物，毫无原则可言。但俾斯麦没有看到，自由主义者恰恰体现着清晰的原则，他们要建立的社会是一个为更好的理念而奋斗的社会。在这样的社会里，国家的任务是制定规则并维护这些规则。但一旦涉及规则时，如政治上的运作，作为权贵的俾斯麦是最不讲原则的。他自己就说过，人们遵守原则是因为“不用检验这些原则，一旦要检验这些原则，人们就会对这些原则弃之不顾了”。

在这种意义上，俾斯麦还生活在马基雅维利时代。在任职后不久的一次讲演中，俾斯麦就把他的观点公告天下：“德意志并不在乎普鲁士的自由主义，而在乎普鲁士的强权。”他直言不讳地说：“时代的重大问题不是通过演讲和表决得以解决的，这正是1848年和1849年的错误，时代的重大问题只有通过铁和血才能解决。”他的话已预先指出了战争也是他达到目的的手段，时代也将证明这一点。

俾斯麦采用了把普鲁士君主制神圣化的手段来达到自己的目的。自由对他而言绝非目的。与之相反，在他看来，自由会葬送国家制度和社会秩序。但令人惊讶的是，俾斯麦对自由主义侧目而视，却在拉萨尔，这位与他的政治观点和世界观截然相反的人身上找到了志同道合的点。两人都一致认为，国家是一个加以约束的结构框架。一旦国家按照自身的理念构建后，便可以不需要改变和适应了。

比俾斯麦年轻 10 岁的拉萨尔非常聪明，浑身充满了激情活力，也很在乎自己的声誉。他出生于一个富有的犹太丝绸商人之家。在工人运动逐渐形成发展后，他成了这一运动的代言人。一头浓密的卷发环绕在他那长长的、神色坚定的脸庞，犹如一头雄狮头上的鬃毛。拉萨尔出生在布雷斯劳，在那里他进入大学学习哲学，并热衷于黑格尔哲学。很早他便在知识分子圈子里引起了轰动，在那个时代的大人物处他也赢得了钦佩。亚历山大・洪堡称他为“神童”。当海涅在巴黎与拉萨尔相遇时，这位诗人在他身上看到了一个杰出的思想家和实干家的影子，他“拥有广泛的知识，是我所见到的最具有洞察力的人”。同时，海涅也在拉萨尔这个年轻人身上看到了一种恣睢无忌的自我中心主义。海涅给了拉萨尔一封推荐信，而这封信为拉萨尔敲开了柏林上层社会沙龙的大门。1846 年，在柏林的沙龙里，时年 21 岁的他结识了比他年长一倍的女伯爵哈茨菲尔德。这位女伯爵想要结束她那不幸的、强迫性的婚姻，为此需要一位律师。她发现拉萨尔是合适的人选。于是拉萨尔迁居其委托人居住的杜塞尔多夫，并在那里开始深入地学习自己从未涉足的法律知识。在经过九年之久的法律诉讼后，这位女伯爵终于摆脱了不幸婚姻的束缚。出于感谢之情，这位女伯爵付给了拉萨尔一笔丰厚的酬金，这笔酬金可以使他终生不用为糊口而操劳了。

自此之后，拉萨尔通过努力而赢得了为弱者利益而战斗的律师美誉。在他看来，他所承担的毫无疑问是一个引领者的角色。他确信，没人比他更了解他为之奋斗的事业。1848 年革命时，他号召人民拿起武器进行武装斗争，因而他多次被逮捕入狱，但他甘冒牢狱之灾的风险而不放弃自己的目标。当俾斯麦在柏林与市民阶级的自由主义者纠缠不休时，在伦敦的马克思和恩格斯已为日渐壮大的工人阶级指明了未来的天堂，从而作为预言家登上了历史的舞台。拉萨尔充满热情地阅读了他们的著作，并与马克思和恩格斯建立了联系。但马克思、恩格斯对未来充满愿景的预言对拉萨尔来说是远远不够的。他并不赞成马克思、恩格斯提出的未来世界的远景。拉萨尔曾两次前往伦敦会见马克思，却未能达成意见一致。但马克思救了拉萨尔一命，不然他还会死得更早。拉萨尔曾与一个对手发生过斗殴并想与之决斗。1852 年在马克思的劝说下，拉萨尔放弃了与这个对手决斗的想法。

因为与马克思和恩格斯意见不合，于是拉萨尔决定另行其路。1862 年 4 月中旬，他对柏林的工人发表演讲，提出了建立一个工人政党的诉求。他并不想攻击普鲁士现有的君主制政体。拉萨尔的理想社会应该和现存的社会权利结构相适应，因此他反对罢工，工资多少应该通过国家议会来加以确定。拉萨尔理想国家的设想也使他与马克思、恩格斯分道扬镳。马克思、恩格斯的理想社会是建立在“无产阶级专政”基础之上的一个全新的、完满的社会。拉萨尔的“工人运动纲领”在莱比锡产生了巨大的影响，那里的工人们要求他担任新的工人运动的领袖。在与俾斯麦相会前几周的 3 月 1 日，他回应了要他担任领导角色的召唤。在“就莱比锡德国工人代表大会委任一事给中央委员会的公开信”中，拉萨尔再次表述了他的设想：他把争取平等普选权和建立国家支持的生产合作社作为奋斗的目标。

正当组建工人政党的准备工作紧锣密鼓地进行时，1863 年 5 月 12 日或 13 日，拉萨尔与俾斯麦进行了第一次会面。拉萨尔这位年轻的工人运动领袖确信自己不久将成为一场大规模群众运动的带头人。俾斯麦十分关注拉萨尔的崛起，并邀请他在首相府会面。俾斯麦这样解释要与拉萨尔会面的原因：他想从拉萨尔那里获得有关工人阶级状况的专业性的见解，但这只是借口而已。俾斯麦主要目的是想试探一下，是否可以赢得拉萨尔的支持以便对抗市民阶级的自由主义运动。俾斯麦的邀请使拉萨尔深感得意，一种势均力敌的感觉使他扬扬自得。在与俾斯麦相会时，他兴致高昂地表述了他建立一个更好的德意志国家的理念。

与俾斯麦会面不到两周后，拉萨尔在莱比锡当选为全德工人联合会主席。他立刻给俾斯麦送去了组织纲领。全德工人联合会是众多的工人组织中的一个，也正是从这些工人组织中产生了后来的社会民主党。在附上的信中，拉萨尔诙谐地称这份纲领为“我的帝国宪章”。此外，他用矫揉造作的话语告知俾斯麦，工人阶级“尽管存在着共和主义思想，但仍然倾向于把君主看作为对社会进行专制权威统治的自然承担者”。他强调，这种专制权威统治是“针对资产阶级自私自利的一个对抗物”。拉萨尔再次呼吁普选权，强调指出了间接税对穷人的不公平之处。他声明：“如果阁下确定好时间，本人愿再次前来拜会阁下。”

但拉萨尔并未得到任何答复。他也没有退让，在接下来的一封信中，他提请俾斯麦仔细考虑普选权的问题并再次提出与俾斯麦相会的事情：“一次无外界干扰和具有建设性的会谈在目前这种紧迫的形势下的确很有必要。”三天后，他又告知俾斯麦：“我并不想催促您，但外界的形势十分紧迫。”为了使俾斯麦对与他的再次会晤感兴趣，拉萨尔允诺他有“作用神奇的药方”，同时他还宣告要在周日晚上造访俾斯麦。

1863 年 9 月，在俾斯麦的首相府，二人再次相会。俾斯麦对拉萨尔的各种文章有着详尽的了解，这使拉萨尔万分吃惊。他新近完成的《致柏林工人！》小册子，刚一出版就被当局没收了。现在这本小册子也放在俾斯麦面前。但此时的俾斯麦早已没有再进行思想交流的兴趣了。拉萨尔也预料到这一点，于是他一再给俾斯麦写信，寻找新的理由来与俾斯麦见面。拉萨尔也试图让俾斯麦为自己的律师事务帮忙，为他向有关当局说话，开方便之门，但俾斯麦并没有理会他的要求。在工人运动内部，其他战友都对拉萨尔与普鲁士政府首脑之间这种暧昧关系深感不安。当威廉·李卜克内西警告拉萨尔不要违反规则时，他回答道："我与俾斯麦相处，他才知道我的厉害！"

1863 年 11 月底，拉萨尔在柏林一次工人集会上发表讲演后被逮捕了，当局指控他犯下了叛国罪。在次年的 3 月 12 日，他在自己的辩护词中强调了与保守主义者结成联盟对抗市民阶级的可能性。他说，不用一年俾斯麦就会引入普选法。拉萨尔被无罪释放了。没人知道，几周前他用一封带有侮辱言辞的信结束了与俾斯麦的交往。

在全德工人联合会主席的位子上，拉萨尔的行为举止一开始就犹如一个专横霸道的财主。在当选之前，他就公开宣布："谁当上了主席，就必须尽可能专制独裁地运用手中的权力，这样才能把事情推向前进。"他讽刺挖苦自由主义者："让资产阶级唠叨去吧。"拉萨尔认为工人们还处于浑然无知的状态，于是大声疾呼道："你们只想有一块劣质香肠和一杯啤酒，你们全然不知自己缺少什么！这一切都源于你们的无知无欲！"但工人们看着自己艰辛劳苦工作时干了又湿、湿了又干的衣衫，然后又打量着这个慷慨激昂的演说者，只见他身着上浆衣领，笔挺的衬衫，戴着领带，穿着皮鞋。此时，众人的目光充满了不解和迷惑。

此时工人运动发展迟缓，拉萨尔自己也深感精疲力竭。在身患疾病之后，他于 1864 年夏天前往瑞士疗养。一日，天降大雨，拉萨尔待在自己的房间里工作。这时一个农家小伙子前来告知，有位年轻的女士想和他谈话。两天后拉萨尔在写给女伯爵哈茨菲尔德的信中这样写道："赫琳娜，这匹粟毛马！”当赫琳娜得知拉萨尔在瑞士逗留的信息后，她便在两位妇女和一位男士的陪同下骑马前来与他相见。拉萨尔在柏林时认识了这位名叫赫琳娜·冯·邓尼格斯的姑娘，她年方19岁，是巴伐利亚驻瑞士公使的女儿。那时他们彼此就互有情深意长的好感。赫琳娜长相漂亮，讲究挑剔。她有受人引导的愿望，但也有反复无常的脾气。这位年轻美貌的姑娘总是在这二者间来回摇摆。有关她与拉萨尔之间在柏林的情爱关系，外界至今都知之甚少。后来她与罗马尼亚贵族吉安克·冯·拉科维查订了婚，但拉萨尔在她的头脑中总是挥之不去。在情感上十分软弱的拉萨尔彻底被赫琳娜征服，完完全全拜倒在她的石榴裙下。在给女伯爵哈茨菲尔德的信中，拉萨尔写道："我回不去了，汹涌的波涛将我席卷而去。"他深爱赫琳娜的美貌并相信对方是为他而生的。尽管他从前有甘冒风险的倾向，但这些风险都是短期的。这一次他却不顾一切地追求自己的爱情了。他向赫琳娜求婚，赫琳娜满腔热情地接受了他的请求。她很快便动身返回日内瓦的父母处，宣布要解除从前的订婚。对女儿的这一选择，她的父母十分震怒。他们已从报纸上了解到了拉萨尔是何许人也：一个好色之徒，煽动革命的人，骗子无赖，一个让正直的市民感到惊恐的人。

赫琳娜又重新赶到拉萨尔处，试图说服他一起逃亡。拉萨尔愤怒地拒绝了这一建议。他不愿被别人当作一个边缘人士，而是渴望得到社会的认可，他也认为他们的爱情关系应该得到赫琳娜父母的同意。于是他前往她的父母处，相信能够以自己的人格魅力和理由说服其父亲同意他们的婚事。赫琳娜的父亲邓尼格斯暗自咬牙切齿地接待了他，没有做任何让步。与之相反，在拉萨尔来访后，他给自己的女儿施加了巨大的压力，迫使她与拉萨尔绝交并重回原来那位订婚者的怀抱。深受打击的拉萨尔痛恨交加，他雇用间谍暗中监视赫琳娜父母的住处，极力使心上人回心转意。他认为，赫琳娜是被剥夺了自由婚姻权的牺牲者。拉萨尔甚至游说赫琳娜父亲在巴伐利亚的上司，这位上司果然要其与拉萨尔再次谈话，但赫琳娜的父亲绝不让步。最后，赫琳娜写了一封信给拉萨尔："我自愿并诚心诚意地向您声明，我们之间绝不会再有任何来往，我断绝与您的一切联系，并决定与我的未婚夫终生忠诚相爱。"

这封信让拉萨尔彻底崩溃了。他写信给赫琳娜的父亲和她的未婚夫，信中称赫琳娜是荒淫放荡的娼妇并提出与邓尼格斯决斗。但邓尼格斯认为身为犹太人的拉萨尔没有资格与自己决斗，于是让他所选定的未来女婿拉科维查代替他出场决斗。这样，在一个夏日的早晨，共同爱着赫琳娜的两个情敌便手持手枪面对面地站在了日内瓦的一处小树林里。拉科维查开枪并击中了拉萨尔，拉萨尔也开枪了，但却未能击中对手。子弹击中了他的私处，他倒地昏了过去。拉萨尔带来的决斗证人将他抬回了旅馆。在苏黎世和海德堡的外科医生获得了电报并立刻赶了来，但最后也无能为力。决斗三天后，拉萨尔于 1864 年 8 月 31 日因伤去世了。

在英国，恩格斯写信给马克思谈到这件事："这一切只能在拉萨尔身上发生。轻率孟浪与多愁善感，犹太人的特性与骑士的侠义在他身上奇特地交织在一起。一个从事政治的人怎么会去与别人决斗！"马克思在回信中表达了这件事带来的震撼："一个总是动静很大、行事莽撞的人就这样死了，就这样完全闭嘴沉默了。"但很快也出现了关于他的个人崇拜。拉萨尔的崇拜者们其实并不了解这场决斗的情爱背景以及与之有关的那种早已陈旧过时的荣誉观，或许他们根本就不想知道这一切。根据他们的世界观，这场决斗就是统治阶级的阴谋，通过强迫拉萨尔决斗而达到消灭他的目的。

拉萨尔死去一年后，俾斯麦表示，与拉萨尔这位他当年的对话者在解决个人冲突的方式真是太相似了。俾斯麦也曾于 1865 年向自由主义议员和著名医学教授鲁道夫·维丘夫提出决斗，但后者拒绝了他的挑战。他告知俾斯

▲ 海报版画《社会民主与人权斗士拉萨尔》，德国，约 1870 年

麦，决斗不再是这个时代解决矛盾冲突的方式。俾斯麦和拉萨尔都有甘冒生命风险通过决斗来解决冲突、消灭对手的倾向，但那个时代的社会已不再接受这样的问题解决方式，而是更多地通过利益的平衡来化解矛盾冲突。

在政治舞台上，俾斯麦以他的方式达到了自己的目的并在一段时间里赢得了上风。俾斯麦的帝国，从根本上讲还是按过去国家构建的设想来锻造的。他实施的政策总是严厉无情，任何提出异议者他都看作是敌人，这也使他四面树敌。他对德国的政治氛围深感厌恶，而他却是这种氛围的制造者。1866 年 5 月 7 日，一个年轻人试图用左轮手枪刺杀俾斯麦，但未能成功，最后这位年轻人以自杀的方式结束了自己的生命，很多人把他尊为殉道士。在这次暗杀事件几周后，普鲁士打败了奥地利，赢得了克尼格雷茨战役的胜利，公众对俾斯麦的态度才发生了有利的反转，他被看作为一个行动的巨人。

俾斯麦的政治斗争预演了 20 世纪和 21 世纪的现代社会在寻求国家构建时的矛盾冲突。在内政方面，他不得不纠缠于如下问题：议会在多大程度上有用？公民应在多大程度上参与国家政治生活？国家的权威性应该有多大？国家行为应该在多大程度上具有公益性？教会与国家如何分离？

俾斯麦的内政外交政策是 19 世纪末形成德意志民族国家这一历史进程的必然反映。在他尚未被任命为普鲁士首相前，他就早已认识到，他所热爱的老普鲁士必须加入统一了的德国并在统一进程中起主导作用，只有这样普鲁士这个国家才能得以拯救。为此他先后主导了对丹麦、奥地利和法国的战争。通过这三次战争，俾斯麦使德国成为一个帝国，他也成为这个德意志帝国的第一任首相。

在德国，俾斯麦这位“铁血首相”粉碎了自由主义。一部分自由主义者变成了俾斯麦的拥护者，不愿屈从的另外那部分人的势力则越来越弱。在赢得了与自由主义者的斗争后，俾斯麦很快又与天主教会和工人运动开始了新的对抗冲突。俾斯麦当年的对话者拉萨尔死后，德国工人运动并没有对俾斯麦的面包加皮鞭的政策屈服顺从。作为“白色革命者”的俾斯麦一方面用“反社会主义者法”来迫害工人运动的积极分子，另一方面又试图通过实施疾病保险、事故保险和养老保险这三大保险来消除工人阶层的反抗情绪。他宣称：“如果要革命，那么我们更应该去干革命而不是遭受革命。”尽管并非出于情愿，但俾斯麦还是用他的社会改良政策为后来的现代福利国家奠定了基础。

1878 年 9 月，在帝国议会里就“反社会主义者法”进行激辩时，威廉·李卜克内西提及了俾斯麦与拉萨尔的对话。俾斯麦反驳道，与拉萨尔谈话不是出于他的意愿，而是出于拉萨尔的愿望。他又补充道：“他是我所交往的人中思想最为丰富、最值得尊敬的人。拉萨尔是一位充满活力、思想丰富的人，与他谈话总让人受益匪浅。我们曾有多次数小时之久的交谈。每当我们的谈话结束时，我总是对此深感遗憾。”根据俾斯麦的说法，他们之间从未进行过谈判。那么那个“可怜的人”到底想和他干什么？俾斯麦争辩道，他与拉萨尔讨论了普选权问题，他还强调，他与这位工人运动领袖的见解相当接近。俾斯麦说，拉萨尔并非是一个共和主义者，而是一个越来越倾向于君权主义的人。他的话在议员中引起了哄堂大笑。

俾斯麦一生的政治事业到底有多少是按计划进行的，在这一过程中到底有多少随机应变的成分，要回答这一问题可谓困难重重。到底是那些伟大的男人们和女人们创造了历史，还是这些男人们和女人们只不过是历史时代的执行者和工具而已？面对这样的问题，同样难以给出答案。但无论怎样，俾斯麦缔造了一个统一的德意志国家。在这之前的几百年，甚至直到 19 世纪，德国的各小邦国只能在欧洲历史发展进程后面步履蹒跚地跛行。俾斯麦为一个繁荣的现代工业国家打下了基础，尽管他并非有意要这样做。对怎样才是一个最好的国家这一问题，俾斯麦用他自己的强硬、权威的人格特性给出了他的答案，同时他也表明了一个稳固、强大的国家机构对权力的分配和监控是多么重要。

俾斯麦捍卫并赋予了自己所效劳的君主的权力，但这最终也变成了他的灾难。那位年轻的皇帝威廉二世在其具有自由主义思想倾向、但却在位短暂的父亲弗里德里希三世之后登上了皇位，俾斯麦作为帝国首相的时间便屈指可数了。威廉二世和他的圈子如那个时代很多德国人一样热衷于对外扩张，俾斯麦的平衡战略被他们弃之不顾。他试图用挑起内政冲突这种屡试不爽的办法来表明自己的不可或缺，但威廉二世让他的算盘落空了。1890 年，75 岁的俾斯麦递交了自己的辞呈，心怀怨恨地隐退到了在弗列德里希鲁尔的庄园。如他坦率承认的那样，在那里他心怀愤怒、辗转难眠地度过了一夜又一夜。在其生命的最后四年里，俾斯麦开始撰写回忆录。在其中，他毫不留情地清算了所有对手。

在俾斯麦和拉萨尔的思想中，都有等级社会国家和平均主义国家的理念。前者由一个优秀社会阶层主导，后者则要承认日益发展的工人阶级的利益诉求。但无论是俾斯麦还是拉萨尔所设想的国家都是专制权威的。一个正确的国家到底应该是什么样的，两人并未给出答案。尽管不断有预言家宣称他们知道答案，但实际上可能这本身就是一个没有答案的问题。如果有答案，或许只是相近似。一个正确的国家在理想状况下总处于不断变化和发展之中，能够照顾到各方的利益。当俾斯麦和拉萨尔正琢磨着权威国家的观念时，1863 年 11 月 19 日，亚伯拉罕·林肯在为纪念葛底斯堡战役所做的著名讲演中，提出了这样一句名言："人民选出来的政府是为人民的。"在这种意义上而言，林肯的国家观念与自由主义者很相似，而这种国家观念却是俾斯麦和拉萨尔所坚决反对的。

一个好的国家并未按俾斯麦和拉萨尔的思路产生。但奇怪的是，一个好的国家都需要强有力的人物来治理，来解决各种问题并将社会上各种政治派别推动社会发展的积极正能量充分发挥出来。这一点却与俾斯麦和拉萨尔的国家观念不谋而合。

第九章

凡高与高更：

艺术真的是生活必需的吗

我们从何处来？我们是谁？我们向何处去？

——高更（1848—1903）为一幅画作的标题

我工作时甘愿拿生命去冒险，而我的智慧有一半也是在工作中油然而生的。

——文森特·威廉·凡高（1853—1890）

一大早，一个满头红发、胡子拉碴的男人便离开了家。他骨瘦如柴，双手抄在一件皱巴巴、脱了色的外套里，一条破旧的蓝色裤子套在腿上。他头戴草帽，脸庞隐藏在宽宽的帽檐投下的阴影中，难以辨认，只是一双蓝色的眼睛突出向外，十分显眼。在晨曦中，只见这个男人迈着大步沿街快速行走着。如果不是他背着装有速写纸和画架的背包，别人还真的会把他当作一个挣钱糊口的临时工。1888 年 7 月，凡高的作品《画家在去工作的路上》问世了。在画布上，凡高将深蓝色的阴影映照在耀眼黄色的筑路工人身上，从而使自己成为不朽的人物。这年的 2 月，气候不同寻常地寒冷。凡高来到了法国南部的阿尔勒。大自然的温暖绚丽将他吸引到了那里，也唤醒了他内心深处想要重新开始的愿望。凡高不知倦怠地穿梭于美丽的自然风光之中，飞速地完成了一幅又一幅作品。蓝色、黄色和橙色是如此让人困惑不解地闪耀在这些绘画作品中，犹如时刻都在喷发着神秘的力量。当地人对这个外来的奇怪人物窃窃私语，不久还发生了冲突。一些年轻人把凡高当作恶作剧的对象加以欺负。

实际上凡高是一个思绪混乱的人，一个总是笼罩在自己狂热情绪中的人。这种狂热情绪会使他滔滔不绝地讲个不停，也会使他面色冷峻、粗暴冷漠。他那双眼睛总是不安地打量、窥探着这个世界，僵硬的面部表情似乎已证明了一切试图控制自己内心那慌乱嘈杂的努力都是徒劳无益的。他从来不能将自己的感受平静地表达出来。他的兄弟在一封信中这样写道："要与文森特和平相处是不可能的，他对人对物从不体谅宽容。"所以凡高总是独来独往，一生都是这样。在阿尔勒，他会在夜里去那些狭窄小巷里的咖啡馆和小酒馆，但他依然是一个独来独往者。一周内他总去为他服务的妓女处寻找床笫之欢，而一个叫哈希尔的姑娘是他的最爱。凡高进出花街柳巷，并非是出于爱情、友谊或安全感，甚至都不是出于性欲，而是出于减轻内心的压力。

在那一年的夏天，凡高重新获得了信心，自己总是左右摇晃的生存境况也稳定下来了。现在他有了一个想法，打算邀请高更前来阿尔勒，以便与他共同建立一个画家协会。随着这一想法越来越具体化，凡高的思绪也插上了翅膀自由地翱翔起来。这或许仅是更多好事的开端。凡高还想把画家埃米尔·伯纳德也邀请到阿尔勒来。凡高在若干封信中与他的弟弟提奥多次商讨这件事。他们一起策划从事一个印象派绘画作品的买卖行当，但这些策划并没产生具体的结果。凡高的生活来源主要依靠提奥的经济资助。这两兄弟命运具有讽刺含义：他们的伯父留下的遗产构成了凡高和提奥的经济来源。伯父也叫文森特，但人们都称他为森特。和提奥一样，这位伯父也是一位从事艺术品买卖的商人。因与凡高有着不愉快的交往，这位伯父在遗嘱中特别写明，他的这位侄儿不得获得他的任何遗产。但提奥暗中用这笔遗产资助凡高，否则凡高是不能按他的选择来生活的：除了绘画还是绘画！绘画是凡高的生命仙丹和他的宿命。

在南方，凡高深刻地感受到了大自然的拥抱：苍穹、艳阳、赭石和绿色的柏树林。借助在他灵魂深处闪现的一道光线，他打开了一条通向幽暗的未知领域的通道。他深深地吸了一口气，便投入创作的狂热之中。这并不让人感到意外。他不知道什么叫中庸之道，而是全身心地投入他的事业之中，丝毫不顾及为此所要付出的代价。

在他的孩童时代，他就常常一个人孤独地在故乡津德尔特的田野中漫游、徘徊。他的父亲是一个小教堂的新教牧师，每日在红色砖墙的教堂里祈祷和布道。凡高有六个兄弟姐妹，但他的父母并不知道他们的这个长子会成为什么样的人。凡高性格孤僻执拗，与他的弟弟提奥友善开朗的性格正好相反。提奥幼年时与凡高同居一个房间，对他的这位哥哥敬佩有加，视若神明。

凡高一家中，出了好几位画家和艺术品商人。刚才提及的他的伯父森特就是通过艺术品买卖而发财致富的，他甚至成为巴黎当时最为著名的艺术品交易商古壁画行的商业伙伴。在伯父的海牙艺术品分店里，凡高曾干过学徒，但他很快便招来了别人的愤怒和不满。他执拗任性，面色冷凝，对待顾客总是态度生硬，横加教训。于是他又被派往伦敦的一家分店，后来又前往巴黎的分店，在那里他最终还是被解雇了。在经历这些之后，凡高开始阅读《圣经》，有了学习神学的打算。但很快他又改变了主意，认为神学传授的都是一些虚伪的东西。随后凡高作为一个传道士的助手前往比利时的博里纳日地区。在那里，他目睹了比利时煤矿地区工人们灰暗、可怜的生活境况。矿工家庭贫困悲惨的生存状况，深深地震撼了他的心灵。凡高也开始和这些矿工一起生活，热情地为他们祈祷、布道，并把他们那暗无天日、冰冷无望的日常生活绘制下来。教会的负责人满怀狐疑地看着这位年轻人的布道热情，最后决定不再延长他的助手职位。这时，时年 27 岁的凡高做出了成为一名画家的决定。

凡高的弟弟提奥也步入了其伯父的艺术品交易行当。他举止言谈得当、友善，体现了一种仔细可靠的性格。于是他便接手巴黎分店的管理工作。从此，提奥便为凡高提供经济支持，从而使凡高又充满热情地投入绘画和自学之中。凡高在他父母搬到的纽南小住过一段时间，然后他又去了安特卫普。每到一处，他总是着了魔似的绘画。最后他去了巴黎，在提奥处度过了两年时光。尽管两兄弟时有发生争执，但凡高的绘画给提奥留下了深刻的印象。在他们住处的墙上，挂满了凡高的画作。在提奥眼中，这些作品栩栩如生地表现了创作者的灵魂。

在巴黎，凡高看到了印象派的艺术作品，而印象派也对他的绘画风格产生了影响。此外，来自日本的浮世绘也使他激动万分。浮世绘中非同寻常的绘画空间、平面的色彩清晰区分、无阴影、用线条来突出轮廓的艺术手法给他留下了深刻的印象。这些在巴黎所看到的新的绘画风格很快便在凡高的绘画中以他特有的方式表现出来。在阿尔勒，凡高这一新的绘画风格日渐成熟。4 月时，凡高在拉马丁广场旁一个拐角处租下了一栋黄色房子中的一间房作为工作室，后来他又把这栋房子的右翼四间房全租下来了。他绘制图画来装饰房间，也住在那里，并在那里等待高更的到来。凡高为他客人的房间绘制了《向日葵》这幅画。对凡高而言，向日葵象征着生命、温暖、幸福和友情。在给提奥的信中，他写道："我充满狂热地绘画，犹如马赛人狂热地喝浓味鱼汤一样。""每天早上太阳升起时我便开始了工作，因为花儿凋谢得太快了。"

1886 年 11 月，凡高在巴黎结识了高更。此时，高更刚好从加勒比的旅行归来。加勒比的太阳晒黑了他的面庞。在印象派的那些年轻画家中，高更已经小有名气。实际上，他和他的那些同道一样并未获得多大成功。高更总是大言不惭，四处惹是生非，也总是处于经济拮据之中。和凡高一样，他也很晚才决定当画家。但他也同样带着巨大的热情全身心地投入了绘画创作之中。与凡高的不同之处在于，高更喜欢拳击和击剑，在画布前，他是一个斗士。他的每一幅画都是他战斗胜利的战利品，都是他内心深处的世界所带来的巨大宝藏。犹如一个凯旋的将领一般，他总是手势夸张地在他的作品上签上他的尊名大姓。

与高更相反，凡高总是尽其可能地接受这个世界，然后再通过绘画作品来表达自己对这个世界的感受。他以这种方式来摆脱尘世的束缚，以拥抱这个世界。当他用色彩和画布为实现自己的意愿而奋斗时，他的心灵和激情给他带来了巨大的鞭策和帮助，同时也给他带来了巨大的痛苦和折磨。以这样的内心世界来进行创作的画家，当他在自己的作品上签名时，绝不会有大师的感觉。凡高为艺术付出了一切，但对自己总是充满了不满和自责。他带着毫不遮掩的赤诚灵魂站立在自己的作品前，“凡高”这一签名几乎就是在对自己作品提出疑问。

高更比凡高年长五岁，就其出身而言，他正好是凡高这个喜好冥思苦想的西欧人的反面。高更的外婆名叫弗洛拉·特里斯坦，出身于一个家境富裕的秘鲁贵族家庭，是一位作家，也是一位女权主义者。在 1848 年革命失败后，高更从事记者职业的父亲不得不举家离开法国，搬迁到其夫人的故乡秘鲁，在航程中他不幸去世。高更在一家人即将离开巴黎前往秘鲁时降临到了这个世界。高更的母亲和孩子们在秘鲁逗留了几年，后来她又带着孩子们回到了法国。在法国，高更加入商船行业，后来又参加了海军，这一切都使他得以目睹世界上的各大海洋。当他的母亲病入膏肓时，为她的这个儿子的未来发展之路做出了意义重大的决定：她让富甲天下的银行家古斯塔夫·阿罗斯做高更的生活顾问。阿罗斯为高更在股票经纪人办事处谋得了一个职位。很快高更便大有所获，赚得盆满钵溢。高更与丹麦人梅特·索菲亚·咖德结为连理，并生下了五个孩子。正是在阿罗斯家中，高更目睹了他的这位生活顾问所拥有的德拉克洛瓦、库尔贝和柯罗的绘画作品，心灵受到极大的震撼。

他便开始学习绘画，参加印象派艺术家的画展，结识了毕沙罗、德加、雷诺阿和马奈这些印象主义艺术流派的重要人物，并开始收集这些艺术家的作品。

1870 年左右，印象主义作为一种新的艺术风格登上了历史舞台。印象主义画家们有意识地与传统艺术学院派画家划清界限。学院派画家总是以历史为题材的绘画奢侈豪华、富丽堂皇，所绘制的场景总是体现了一种令人喜悦或深感虔诚的想象力，表现了对浪漫主义和古典主义的美学理念的追随和效仿。而印象主义画家以截然不同的视角看待这个世界和绘画艺术。尽管他们对那些古代的绘画大师依然充满了崇敬，但走上了新的艺术之路。历史或神话不再是他们绘画的题材，他们将目光转向了日常生活、自然、城市和周边环境，并把这一切作为绘画题材表现出来。他们的绘画地点不再是自己的工作室，而是在与绘画题材相契合的自然环境里，大多数是在露天的环境中。小舟、火车头、赛马、酒吧、舞厅都成了绘画题材，乘船郊游、散步以及室内装潢这些小小的私人生活的宁静安逸，也都作为题材出现在印象派画家的作品之中。他们作画的速度极快，几乎是绘画速写。对他们而言，把握住那特定光线的一瞬间比精心绘制更为重要。在印象主义艺术家的绘画中，色彩拥有了特殊的含义，传统的绘画线条退居二线。

当涉及艺术史这一话题时，总是会遇到这样一个问题：照片在多大程度上促成了印象主义的产生？照相技术的产生给绘画艺术带来了巨大挑战，也对绘画艺术存在的意义提出了质疑。如果可以在一瞬间就能把一切都清晰地在一张纸片上展现出来，那么艺术家还能画什么呢？也正是这一质疑以及印象主义画家的回答，把绘画艺术从必须完全准确地再现目光所见的世界这一强制要求中解放了出来。表现主义画家眼中的景色是如此个性化，以至于没有一台照相机能够表现出这样的景色。印象主义画家们使绘画摆脱了过去那种对绘画艺术的狭隘理解，使绘画不再是一种用来使人产生崇高感、虔诚感的手艺，不再是一种生产装饰品的生意，而是把具有个性化感觉的人放到了核心位置上，也把这个人如何个性化地表达他的感受放到了核心位置上。这便涉及了绘画艺术的核心意义，涉及了为什么绘画艺术十分重要，甚至是关乎生命的问题。

印象主义艺术家们开启了一个新的艺术时代的大门。在这个新时代里，每个新的艺术理念都创造了新的准则和尺度。在这新的艺术时代的门槛后面，站立着凡高和高更。他们已经开始遥望未来的表现主义和现代派了。凡高把自己看作一个印象主义艺术家，实际上他已经走得更远了。此时，高更尚未确定自己的发展方向。1882 年股灾爆发，股市崩盘了，高更也失去了自己的职位。但他并不难过，反而认为这是使自己转而从事绘画艺术的一个绝好机会。时年 34 岁的他全身心地投入艺术创作之中。他的夫人对他能否靠艺术来养家糊口甚是怀疑，但高更对此信心满满。事实证明他错了。他几乎没能卖出一幅作品，只得靠朋友的帮助和干点临时工来维持一家人的生计。他那好斗的性格和自以为是的固执使他在寻找工作、财源和赞助者方面困难重重。与凡高的不同之处在于，高更从不为此而难过，从不质疑自己的行为，因而从不自我折磨。

高更与自己的家庭日渐疏远。他在布列塔尼绘画，去巴拿马和马提尼克岛旅行。在巴黎的艺术家圈子里，他结识了提奥。提奥很欣赏高更的绘画，并开始在经济上资助高更。到了 1888 年中，高更负债累累，就算有了提奥的支持也难以付清债务。这时提奥便心生一计，以便将高更置于自己的掌控之中。他向高更提出了这样一笔交易：每月付给高更 150 法郎，而高更则每月为他绘制一幅作品，此外他还应搬到阿尔勒与凡高一起居住。这也是凡高的想法。高更对此颇为犹豫，但为形势所迫，只得同意了这笔交易。

1888 年 10 月 23 日凌晨，高更在晨曦中赶到了法国南部的小城阿尔勒。

凡高早已为他的到来和有关计划而兴奋不已，数周以来一直辗转反侧、难以入眠。在拉马丁广场旁的住宅里，他专门为这位朋友布置了一个房间，墙上挂着他绘制的向日葵。当凡高打开房门迎接客人时，映入眼帘的是一位身强力壮、面色黝黑的男人。这使凡高多少有几分失望。在几次通信后，他以为来到这里的高更是一个病歪歪的家伙，这样他便可以照料他，从而使他难以离开自己和阿尔勒这个地方。

高更与凡高一见面就高谈阔论，大谈艺术。他们也去咖啡馆，在阿尔勒这个小城里四处漫步。不可否认的是，打一开始，两人间的气氛就充满了紧张。凡高曾期待这位画友的到来欣喜若狂数周之久，而现在高更使他这种一厢情愿的兴奋烟消云散。高更全然不想与凡高一起走向乡村进行绘画，而是声称自己先要适应一下这里的生活环境。他总是用猜忌的目光打量着阿尔勒的一切。凡高用尽全力，而高更态度审慎。不过在阿尔勒，高更立刻开始追逐女性。凡高总是在妓院花钱买欢，而高更不屑于此，他以赢得女性的欢心为目的，从而征服了一个又一个女性的芳心。

来到阿尔勒几天之后，提奥告诉高更，他的一幅绘画得以成功售出并获得了500法郎。凡高为他的这位画友感到高兴，但很快又陷入了自责之中。他深感自己是一个无用之人，在自己的兄弟面前愧疚不安。他写信给提奥，希望自己的绘画有一天也能卖得出去。这时高更总算开始绘画了，但他总是与凡高意见相左。凡高建议绘画题材在城市外面加以绘制，高更不愿采纳凡高的建议，他要在城市里面进行绘画。他不愿绘画，而只是素描。在绘画方式上他也与凡高相反，并强迫凡高接受他的方法。凡高总是直接在他的绘画题材前绘制图画，而高更更喜欢在家中绘画，用记忆中的图像来进行创作。凡高的绘画，笔画较粗，色彩浓烈，而高更更偏爱薄薄的色彩层面和温柔的色彩。两人间就用何种颜色绘画也争论不休。凡高喜爱黄色，认为黄色象征着欢愉。但高更并不喜欢黄色，他愤怒地吼道：“狗屎！狗屎！到处都是黄色！”两人绘画的方式也截然不同：凡高迅速地完成了一张又一张绘画，高更则在画布上一点一点地画着，十分缓慢。他提醒凡高，要谨慎仔细地绘画，要深思熟虑后再动笔。凡高想起提奥曾提醒他，在绘画时要更加细致周到才行。这都让他内心惴惴不安。

尽管这样，凡高还是听任自己在某一瞬间的感受和自己的本能，这也意味着他的绘画是快速的。他创作的绘画，无论是以自然风光、人物还是植物为题材，对他而言都是自己的真实感受。至于是否符合现实，对他而言并不重要。高更要求凡高改变绘画的基本方式，这对他而言无疑是对绘画艺术基本理解的改变，因而是不可接受的。

到了晚上，两人常常讨论艺术数小时之久。凡高谈起艺术时，没完没了，难以尽致，而高更永远对一切持批判否定的态度。对凡高所崇敬的每一位画家，高更都大加嘲讽，而对凡高所蔑视的画家则大加赞赏。如果两人碰巧对同一位画家都持赞赏态度，那也是各自出于不同的理由。凡高对伦勃朗绘画中的光线绘制赞赏有加，而高更更看重伦勃朗绘画的画面形式。很快高更对这些艺术理论的交流、争吵感到厌倦了。凡高这位一个屋檐下的同住者一谈艺术便滔滔不绝、没完没了，这也使他深感厌恶。

艺术只是这两人争执不休的一个方面而已。就是在日常生活中，两人对各种事情也都各执一端、互不相让。高更对凡高特地为他装饰的房间并不满意，他自行购买了生活用具，让人把他的床上用品、器皿和餐具从巴黎寄到阿尔勒。他也自己烹饪，因为两人对去哪家餐馆意见难以统一，凡高也做不出什么可口的饭菜。此外，高更也对凡高生活开销的方式极为不满，便各自负担自己的开销。凡高生活的混乱无序使高更深为反感。为了维持房内的整洁，高更甚至和他们所雇用的钟点女工一起打扫清洁。

凡高越来越感到忐忑不安。高更的自信和强势使他深感压抑。不久，凡高便显得准备顺从高更了。他开始接近高更的绘画方式和画面构思，甚至接受了高更的意见，不直接在绘画题材前作画。在一个阴雨连绵的一周里，他们都无法外出绘画。于是两人同时开始绘制葡萄园的景致。凡高重新采用速写的画法来绘制这件作品，于是他的《红色的葡萄园》和高更的《葡萄园收割》便悄然问世了。他们都没有料到，两人绘制同样题材的绘画后，便开始了竞争。由于凡高不再直接面对绘画题材作画，他便对高更的绘画原则针锋相对地提出了反对意见。

艺术就其最本质的意义上而言，绝不会构成任何竞争。但因为人们总是喜欢比较，喜欢把什么事情都比一个高下，所以艺术便被当作一种相互竞争、相互比拼的东西来看待了。甚至凡高和高更也会谈论一些画作的高下、优劣之分。但正如他们的葡萄园画作一样，如果用优、劣的概念来评价这些画作，只会把人们引入歧途。凡高和高更两人的每幅作品都是艺术这种另类语言的产物，都是对生命的另类感知的表达。凡高和高更用他们以葡萄园为主题的绘画证明了什么叫艺术：艺术赋予了每个艺术家一种特有的语言，用这种语言他可以把原本仅属于他自己的思想和感受表达出来。如果说凡高的绘画是色彩和弦的交响乐，那么高更的绘画则是精心谱写的充满象征和神话的乐曲。这两幅画都是大师之作，只是产生于不同的经验世界而已。

这年的 12 月中旬，高更写信告诉提奥，凡高和他格格不入，因此他要离开了。的确，他们两人早就无话可说，在一起时要么就是争吵，要么就各自在艺术创作中寻求规避和宁静。在巴黎，高更的绘画销路越来越好，提奥对他赞赏有加，特别是对他绘画中的象征含义更是拍案叫绝。自己兄弟对高更的赞赏，对凡高而言就是对他的抱怨。多年来提奥就告诫他要绘制卖得出去的绘画，迄今为止他依然一事无成。于是他也试图接近高更的绘画风格，寻找两人之间不同风格的妥协之处。但他也十分明白，艺术是没有妥协可言的。于是他的内心开始了反抗，把自己从高更的艺术语言的束缚中解脱出来。

凡高开始为邮局局长罗林一家绘制肖像图。总共六张，每天一张。随着画笔在画面上的舞动，凡高重新找回了自信。后来，他又绘制了《文森特的椅子和烟斗》和《保罗·高更的椅子》。凡高就把放在他面前的东西画了下来，不加任何自己的臆想，这与高更的绘画中所表现的世界截然不同。凡高的绘画主题就是他眼前的现实存在，但画面上表现的是他如何用自己的目光打量自己的现实存在。凡高的这些作品，鲜艳色彩、一笔一画和那来自灵魂深处的目光都在意味深长地倾诉着什么。凡高绘画中所表现的这两种椅子就已经把他和高更这两个男人的灵魂清晰地呈现在世界面前。

这些空椅子的绘画通过细节描绘，表现了凡高对高更想要离去的念头所进行的观察。凡高恳切地请他对自己要离开阿尔勒的想法三思。凡高还告诉高更，只有在阿尔勒和他在一起，才会有适合他艺术发展的环境。高更也的确认真思考了一番。有一个月的时间，两人的紧张关系有了一定的缓和，他们甚至相互交换各自的自画像。提奥也来信劝说他留下，高更便决定留下来了。但他十分担心凡高的精神状况，在给朋友们的信中，高更一再表达了他对凡高会精神崩溃的担心。在给提奥的信中，高更曾写道："您的哥哥的确有点精神错乱。"

12 月 23 日，凡高写信给提奥说："我相信，高更对阿尔勒这个美好的城市，对那个我们一起工作的黄房子，当然特别是对我已经感到十分厌倦了。"凡高早已预料到高更不愿继续待在阿尔勒，于是总是通过谈话来缓解他们之间的紧张关系。每当高更说要离开时，凡高便暗自对自己说，高更不过是在闹情绪，其实他需要这里，需要与他一起创作，只是有时他没有意识到这一点。在是否要离开阿尔勒这件事上，高更也的确犹豫再三。在写给朋友的一

▲ 电影《凡高传》(1956 年)，凡高与高更一起作画的场景

封信中，他表达了对提奥和凡高的谢意："尽管我们之间存在分歧，但我不会对这个好心肠的人发脾气的，他患有疾病，受着痛苦，还总是想和我谈话。"

不久，黑云压顶，圣诞节来临了。凡高在这段时间里感到自己极易受到伤害，同时他的头脑里也正在酝酿着风暴。此时他常常情不自禁地宣泄情绪，高更则试图通过沉默来化解和平息他那烦躁不安、动辄便火冒三丈的精神状态，但这于事无补。恰恰在圣诞夜前一天发生了一场灾难。1888 年 12 月 30 日，当地周报《共和论坛》在第三页上登载了一个报道："上周日，大约在 23 点 30 分时，一位来自荷兰名叫文森特·凡高的画家在'一号妓院'要求见到一位叫哈希尔的妓女，并把自己割下来的耳朵给了她。他还告诉这个妓女，要好好保护好这个东西，然后他便消失了。这种事件只能是一个可怜的精神病患者才做得出来。警方获得这件事的消息后在第二天早晨到该人的住处询问调查，发现他躺在床上，几乎没有了生命迹象。这个不幸的人被紧急送到医院接受治疗。"

12 月 24 日，在这一事件发生后第二天，高更便给提奥发去电报。获得消息后，提奥立刻登上开往阿尔勒的夜班火车。如同报道的那样，事件原委是这样的：凡高与高更发生了一次严重的冲突后，割下了自己的耳朵，或者至少是大半个耳朵。两人的争吵是这一事件的直接导火索。阿尔勒数天以来一直下着冰冷的大雨，两人困于这所黄色的房子之中，难于出门。深夜，躁动的凡高如游荡的鬼魂一般坐立不安地在各房间中穿来穿去。在傍晚他与高更又争吵了一番。高更最后走出家门前往城中。当他将身后的门关好拉紧时，突然听到后面急促的脚步声。凡高紧跟着他，然后便站立在他的前面问他是否要离开。高更回答："是的。"凡高便转过身去消失在黑暗中。几天后，高更把这件事的过程如实告知了埃米尔·伯纳德。

在大街上与高更短暂对话后，凡高彻底崩溃了。在他那混乱如麻的头脑里，高更真的要离他而去的想法使他恐惧万分。尤其是在几小时前他获悉他的弟弟提奥已订婚，这样他便永远不会如他一直所希望的那样，搬到阿尔勒来与他一起居住。糟糕的天气、贫穷、绝望压得他喘不过气来。在这个夜晚，他可能又要借酒浇愁了。他大口吞下的不是别的，而是那种极具破坏力的苦艾酒。借助酒力，那种对自己的愤恨在内心深处腾地升起。那种愤恨早已有之，并曾促使他去过清心寡欲的生活。最后，他站立在房中的镜子前，打量着自己，随后便拿起剃须刀。在愤恨中他割下了耳朵。他血流如注，匆忙包扎了一下伤口后便冲到了大街上。或许有另一种可能：他想把这只耳朵作为一个牺牲品交给高更。他在大街上寻找，猜想高更一定在妓院里，或许在他所喜欢的那位妓女哈希尔处。但妓院没让他进入，于是他便留下那装着他耳朵的小包裹，让人转交给高更。

提奥第二天赶到了阿尔勒，坐在哥哥的床前对他进行劝说。但凡高只能在短时间里保持清醒，然后又很快陷入癫狂之中。到了晚上，提奥乘车离开了，高更也和他一起离开了阿尔勒，这也意味着这两位画家的联系到此终结。

凡高和高更是艺术家，更是悲剧英雄。特别是凡高，他成了在世时“没有被认可的天才”的典型代表，也是承受着痛苦的现代艺术家的典型代表。尽管他有种种缺点，却依然让人着迷、让人感动。凡高把一生都献给了艺术，全然不顾这是否能保障他的生存。他用他那特殊的艺术语言述说着他的世界，于是赋予了这个世界一种新的声音。凡高充满绝望地努力着，尽力地想在短暂的一生中为这个世界留下点什么，在飞逝的时光中留下一点什么并使之永恒。

凡高和高更之后的绘画艺术便不再仅是一种描摹的技艺，也不再仅是服务于某种品位或某一时代风尚的东西。凡高和高更都深深地为艺术所吸引而甘愿放弃其他的一切。他们都较晚才决定走上艺术之路，一旦做出抉择，他们便全力以赴地从事艺术创作并准备为绘画艺术奉献自己的一生。因为在他们眼中，艺术不仅对他们而言，对世界而言也是至关重要的。

艺术对人类而言，一直是至关重要的。数万年前，当年轻的智人们在蜗牛和贝壳上钻孔以便把它们用绳索穿起来时，甚至在更早之前，当他们在岩石上刻凿线条时，艺术便诞生了。智人们这样做，就是为了理解、归纳这个世界，并充满意识地要使自己有限的生命存在变为永恒。不久，思想也开始用绘画的形式表现出来。

人们是否认为艺术十分重要是一回事，如果人们的确这样认为并付诸实践那又是另外一回事。艺术，特别是那种甘冒风险的艺术，对一个想要继续发展的社会而言是绝对必要的。艺术总是被迫不断寻找新的理解方式和表达方式。艺术存在于各种交往方式之中，而不仅仅以绘画的形式存在。艺术存在于声音之中，存在于文字之中，存在于姿态之中，存在于历史之中。艺术具有自生的动力，总是对自身的观点和视域提出疑问。无论如何，艺术都具有十分重要的意义，能更好地表达人所独有的情感经验，而这些人所独有的情感经验是无法通过逻辑、宗教、哲学和自然科学来加以理解和表达的。当然，艺术到底是否是生活必需的，迄今为止并无答案，这也是一个永恒的疑问。其原因在于每个人对艺术的影响和意义都有不同的认识。对很多人而言，艺术就是一种可感知的美丽装饰物，就是用来为闲暇时光制造亲切气氛的装饰品而已。

凡高为自己设定的使命是掌握、理解和塑造这个世界。在圣诞前夜的不幸事件后，艺术对他而言依然是完成这些使命的最佳途径。在生命的最后一年半里，凡高重新获得了清醒的头脑。但在这段时间里，疾病时常发作，臆想、间歇性的抑郁症越来越频繁地使他失去进行清醒思考的能力。1889 年 4

月，他自愿搬到阿尔勒附近的精神病疗养机构居住。他在那里获许使用画笔在画布上绘画。于是他便绘制了疗养院的花园，完成了著名的绘画《星空》。到了夏季，凡高的精神病再次发作，他吞下了有毒的颜料。他这样做或许是因为处于疯癫状态，或许是想自杀。他继续绘画，绘制了自画像、鸢尾花，复制他所赞叹的那些大师的作品。

第二年年初，凡高前往巴黎附近名为奥沃苏尔瓦兹的小镇。保罗・加切特这位热爱艺术的医生接待了他。凡高重新投入了艺术创作的狂热之中。他也在此期间拜访了提奥夫妇和他们新生的幼儿。但很快他们又发生了争吵，凡高便动身返回奥沃苏尔瓦兹。在三周后的 1890 年 7 月 27 日的傍晚，凡高跌跌撞撞地走出一片田野，把一颗子弹打进了自己的胸膛。当时他与一群当地的年轻人在地里工作，他带着一把手枪。到底出了什么事，自杀、呼救还是事故？直到今天人们对此也只有猜测，并无定论。7 月 29 日，在匆忙赶来的提奥面前，躺在床上的凡高呼出了胸中的最后一口气。提奥因此伤心欲绝，几个月后精神崩溃了。其时，他还患上了梅毒。1891 年 1 月 25 日，就在其长兄凡高去世六个月后，提奥的生命也走到了尽头，他被安葬在奥沃苏尔瓦兹小镇凡高的墓地旁。

高更在凡高处度过一段生活后，便常常来回奔走于巴黎和布列塔尼这两地之间并尽力地绘画。他所创作的一些最为重要的作品就是在这段时间里完成的。他一直渴望到南太平洋生活，1891 年 4 月 1 日这一天，他在马赛终于登上了驶向塔希提岛的海船。那里的法国总督准备将他引见给国王波玛莱五世。高更希望能从这位国王那里获得很多绘画订单。但国王在约定会见前几个小时突然去世，高更的希望落空了。

高更在南太平洋生活贫困，居住在茅草棚中，一个尚未成年的少女与他生活在一起。他患上了疾病，并于 1893 年返回了法国。后来他获得了一小笔遗产，使他能够于1895年秋季再次踏上重返塔希提岛的旅程。此时他已患上了梅毒，囊中羞涩的问题也一直缠绕着他。答应付给他的钱却一直没从法国寄来，他只能靠水和米来充饥。他又和一个尚未成年的塔希提岛的小姑娘同枕共眠，一起生活。后来她生下了一个女儿，但不久这个婴儿就夭折了。1897年从欧洲传来消息，他最喜爱的女儿恩莱去世了。这一打击使高更的身体健康日渐恶化。但尚未从心脏病中恢复过来，他便在那年年底投入自认为最重要的作品的创作之中。在一幅1.39米 ×3.74米的画布上，高更绘制了他那幅伟大的、具有深远意义的传世之作。在这幅绘画的左上方边缘，他用画笔写下了标题："我们从何处来？我们是谁？我们向何处去？"高更在邻居们的帮助下，亲手在塔希提搭建了面向大海的茅屋，也正是在这个茅屋里，他仅用四周时间就完成了这幅画作。高更把这幅画看作他的遗嘱，并打算在完成后自行结束自己的生命，但他通过服用砷来结束生命的企图最终未能成功。

1901年秋天，高更移居到马克萨斯群岛中的希瓦瓦岛。在那里他又搭建了茅屋并命名为"欢乐之家"。他与当地的教会和行政管理机构争吵不休，同时又与一个年仅14岁的小姑娘生活在一起。他绘制她的肖像，她生下他们的孩子。1903年5月8日，时年54岁的高更去世了。当地的主教在讣告中写下了毫无怜悯的字句："高更是一个值得蔑视的人，唯一值得一提的事是他死了。高更是一个享有巨大声誉的艺术家，但也是上帝的敌人。"

高更会回想起凡高吗？黄色就是他对凡高的回忆。在塔希提岛，高更在他的茅屋前种上了向日葵。所有人都说，向日葵在那里无法繁茂开花，但高更不为所动。很快这些向日葵生长起来了。凡高曾绘制了很多向日葵来装饰高更在阿尔勒的房间，以便使房间温馨美好。在南太平洋蔚蓝的天空下，高更用深色圆形花篮，用凡高所喜欢的色彩来怀念他们曾经拥有的友谊。

第 十 章

维特根斯坦与凯恩斯：

人的一生可以做什么

除了祝生活幸福这句话，人们好像再也说不出别的什么了！

——路德维希 · 维特根斯坦（1889—1951）

上帝降临。我在 5 点 15 分的火车上遇见他了。

——约翰 · 梅纳德 · 凯恩斯（1883—1946）

维特根斯坦与凯恩斯之间有着君子之交的情谊，而促成这一情谊的核心人物是伯特兰·罗素。作为20世纪最为杰出的思想家之一，罗素自己也没法确定，这两个年轻人谁更为卓越优秀。罗素称他所喜爱的学生维特根斯坦是“我所遇见的按传统意义上讲的一个天才的完美范例：充满激情，思想深沉，全神贯注，极具影响力”。同时，他也对助手凯恩斯同样赞不绝口，称凯恩斯是他所遇见的最聪慧的人。

1912年10月30日，剑桥的塔楼与城垛浸在渐浓的秋色中。炉中发出的煤烟与绿色大草坪上的空气混为一体，四处飘散。此时，两位年轻人在罗素家里相逢了。他们从前也曾彼此有所耳闻。凯恩斯一向关注校园里的各种消息，他曾暗忖，那个被大家称为“日耳曼人”的奥地利奇特青年到底有何能耐，据说他是一个有怪癖的天才。的确，维特根斯坦犹如一只怪鸟，一绺松散的头发垂在额前，用小心谨慎的目光打量着这个世界。维特根斯坦总是凝视、剖析自己的灵魂并审视、解析他所处的世界，他那狭窄面孔上的一对智慧之眼好像总是在这二者之间不断来回游移。自从上一年秋天他到达这里后，便与罗素教授如影随形，就逻辑学问题进行了一次又一次的讨论。他有时会突然陷入沉默之中，一言不发。凯恩斯的朋友利顿·斯特拉齐曾嘲讽他是一个静默的小个子男人。

现在，这个一脸严肃、身材矮小却腰背挺直的“日耳曼人”维特根斯坦与这位谦和有礼、身高近两米的凯恩斯面对面地站在一起了。凯恩斯的八字胡已长得如海象胡须一般，几乎成了他的标志。他总是身体前倾，给人一种友善的感觉。但这位身材高大、动作笨拙的巨人对自己精神上的出类拔萃充满了自信。人们最好不要愚弄他，如果他感觉受到了刺激，他的回击也同样是严厉和具有伤害性的。在与维特根斯坦初次见面后，凯恩斯便写信给他当时的同性恋情人邓肯·格兰特（从利顿·斯特拉齐处夺走了他）：“维特根斯坦拥有特别优秀的品质，人也特别亲切友善。我上次见到你时有关他的谈论，全是错的。我很想与他在一起。”

维特根斯坦和凯恩斯或许是人类历史上产生的最伟大的天才人物中的两个。维特根斯坦的思想给 20 世纪的哲学打上了深深的烙印，并且深深影响了其发展进程。凯恩斯用他的经济学理论起到了同样的作用。而且，这两人在各自的领域里所产生的影响至今都没有结束的迹象，都没有成为过时之物。当他们第一次相遇时，两人才刚入道，凯恩斯 29 岁，维特根斯坦 23 岁。在卓越人才云集的剑桥，他们的导师发现他们绝非寻常之辈，而是必将在各自领域产生重大影响的未来之星。但在当时，这两个年轻人还在考虑应该向哪个方向发展，应该在哪个领域里进行探究。凯恩斯很快便知道了自己的发展方向，但维特根斯坦却终生都未寻找到这一问题的正确答案。

在那些用浅色石灰岩所建造的哥特式建筑中，分布着剑桥大学的各个学院。多年前剑桥就已是凯恩斯的领地，他于 1883 年出生在那里。弗朗西斯·培根和艾萨克·牛顿在这里生活、工作过。剑桥大学到 21 世纪初时产生了 90 位诺贝尔奖获得者，世界上没有一所大学在这点上能与剑桥比肩。凯恩斯的祖先拥有诺曼底人的血统，他的家庭也一直与剑桥大学有着较为紧密的联系。他的父亲约翰·凯恩斯就在大学教授政治经济学，并发表了一些在这一领域颇有影响的著述。凯恩斯的母亲是一位积极参加社会活动的女士，也是凯恩斯“在这个世界上最伟大的朋友”，后来还当上了剑桥市的市长。其祖父从事大丽花买卖而发财致富，为家人留下了丰厚的遗产。凯恩斯一家生活富庶，雇用着好几个仆人，有时还出门远游。在愉快的家庭氛围中凯恩斯长大成人。除了朋友和亲戚，凯恩斯也与他父亲的同事多有往来，其中有当时就已经闻名于世的经济学家阿尔弗雷德·马歇尔和约翰逊。凯恩斯还有两个妹妹，她们也同样在温馨的家庭氛围中长大并得到了父母的很大帮助。凯恩斯幼年时身体羸弱，但很早人们就发现了他的早熟，却未加重视，而只是当作孩童的喋喋不休而已。还是一个年仅四岁的孩童时，凯恩斯便通过自己的思索了解到了利息的意义。他的一本传记书中曾这样写道：“六岁时他便问自己，他的大脑是如何运作的。七岁时他父亲便把他当作自己‘一个令人愉悦的陪伴者’。”凯恩斯身材瘦长，14 岁时便高过了他的父亲，成为精英学校伊顿公学的拔尖学生，参加俱乐部和社团，表演戏剧，领导多个委员会。他所到之处，总是颇受欢迎。早年在学校时，凯恩斯就有了同性恋的经历，后来与多个男性发生关系。但他后来还是结婚成家，过着幸福的婚姻生活。

在取得优异的中学毕业成绩之后，凯恩斯在剑桥大学获得了奖学金，开始了数学和古典哲学的学习。凯恩斯在学业开始时，对他父亲所从事的经济学专业毫无兴趣，而是被哲学所吸引。那时的他未曾想到，后来自己会在经济学领域引导一场革命性的变革。他阅读亚里士多德的著述，亚里士多德对智慧问题的研究赋予了重大意义，这一点凯恩斯完全赞同。在给利顿·斯特拉齐的信中，他提到还有更重要的事情：“爱情第一，哲学第二，诗歌第三，政治第四。”由于凯恩斯的毕业成绩“仅为”第二名，所以他未能获得他所期望的英国财政部的工作岗位，而是在印度办公室这一负责英国在印度殖民地事务的机构里获得了一个职位。在那里他深感无聊乏味，便开始研究和撰写他有关概率计算的博士论文。在获得数学奖学金的希望破灭后，凯恩斯父亲的老同事马歇尔给他提供了一个大学经济学专业教师的位子。他抓住这个机会，在 1908 年辞去了印度办公室的职位后重返剑桥大学，又开始耕耘他多年来疏于耕作的土地。

在当时，经济学还是一门年轻的学问。亚当·斯密、大卫·李嘉图和约翰·穆勒的著述一如既往地建构了这一专业的根基和来源。对凯恩斯给予赞助的马歇尔也加入了这一行列。他的经济学理论极大地扩展了这一专业的领域，导入了新的概念和观察方法，并使之成为一种专业标准。开始时，凯恩斯教授的是货币理论，但他很快便对经济活动参与者的动机和行为产生了极大的兴趣，在发表了一系列著述后迅速赢得了声誉。1911 年，他当选为具有广泛影响和威望的《经济学期刊》的主编。凯恩斯找到了自己的领域，并率先意识到这一领域对社会所具有的重大意义，尽管当时人们尚未意识到这些意义。社会经济构建的研究深深地吸引着他，他也把这一领域作为自己终身从事的工作。凯恩斯把自己定位为一个有影响力的经济专家，但他绝不想成为一个政治家。其原因在于当他越来越多地接触到政治的本质和各种奸诈后，这使他深感厌恶和反感。

从维特根斯坦身上，凯恩斯找到了对“生活到底是什么”这一问题完全不同的答案。在两人相遇的前一年，时年 22 岁的维特根斯坦到达了剑桥，他如从天而降一般突然出现在罗素面前。此时的罗素正与语言学家查尔斯·奥格顿一起喝茶聊天。维特根斯坦用结结巴巴的英语向毫无思想准备的罗素介绍自己。尽管罗素和奥格顿能够说非常流利的德语，但维特根斯坦坚定地拒绝说自己的母语。

维特根斯坦这个“日耳曼人”来自维也纳。他并非无名之辈，其父亲卡尔·维特根斯坦是奥地利现代炼钢工业的奠基者，也是这个多瑙河君主国最富有的人物之一。这是一个有着犹太血统的家族，其家族历史可以追溯到一个为塞恩·维特根斯坦·霍恩斯坦因侯爵当庄园管家的祖辈处，当他不再担任这一职务后，获准将姓名改为曾为之服务的庄园名和雇主的姓名。他的儿子，也即卡尔的父亲，改宗成了新教徒。卡尔·维特根斯坦自53岁后便靠在众多工业企业中的投资和股份过上了不用从事任何工作的舒适生活。他也是一个充满热情的小提琴手，资助了很多音乐家，在维也纳的豪华住宅里接待艺术名流，如古斯塔夫·马勒、布鲁诺·瓦尔特和约翰内斯·勃拉姆斯都是常来他家的座上宾。路德维希·维特根斯坦是卡尔的第五个儿子，也是家中八个孩子中最小的孩子。这些孩子中有几个在不同的音乐领域展现了各自的天赋。

还在幼年，路德维希就给他的父母带来了很大的忧虑，他到了四岁时才开始说话。但随着时间的推移，他所具有的天赋也开始展现出来。十岁时他便自己动手组装了一台缝纫机，并能够非常优雅地吹奏单簧管。他能用单簧管演奏交响曲，让听众听得如痴如醉。如此看来，维特根斯坦似乎也和凯恩斯一样，是一个上帝眷顾的幸运儿：智商极高，全然不用为生计发愁。然而事情并非如此。在他的生活中，全然没有自由可言。他的父亲早已做出决定，这五个儿子必须成为重要的企业家。为了让他们不要沾染上坏习惯，这位父亲不让他们上学，而是在家中接受家庭教师的教育，并且由这位父亲来决定，他们应该学什么。在他看来，孩子们必须取得最佳成绩，必须付出最大努力。他总认为这些孩子们不够好，因此常常折磨、羞辱他们。这位父亲也对这些孩子从母亲身上所继承的音乐天赋视而不见、听而不闻。

他的这些孩子中的大多数很早便因这种教育而身心俱毁。1902年，路德维希的哥哥汉斯从一条船上消失了，很可能跳水身亡。1904年，另外一个兄长在柏林的一个酒吧里喝下毒药自尽了。有猜测说，他爱上了别的男人，担心父亲会为此而大伤颜面，所以以这种饮鸩自尽的方式结束了自己年轻的生命。路德维希还有一个哥哥库特在第一次世界大战行将结束时轻生暴殒。当他看到他手下的部队抱头鼠窜、望风而逃时，深感羞辱，便举枪结束了自己的生命。路德维希·维特根斯坦也多次谈到，他为自己没有勇气自杀而深感羞愧。

在罗素那里，维特根斯坦找到了他要走的道路。在夏洛特堡技术大学学习工程技术毕业之后，他前往曼彻斯特大学作为研修生参加了对飞机发动机的研究工作，其研究成果还使他获得了一份飞机螺旋桨方面的专利。正是在研究过程中，维特根斯坦发现了他对数学的兴趣，便开始研究罗素的著作。很快，罗素关于将数学仅局限于纯粹的逻辑和较少公理的观念使维特根斯坦深感着迷。因为罗素在他的一本书中对戈特洛布·弗雷格大加赞赏，因此维特根斯坦便专程前往耶拿拜访在那里教学的弗雷格。和罗素一样，戈特洛布·弗雷格为逻辑学开辟了一条新的道路。而在这之前，自亚里士多德创立逻辑学以来，逻辑学就没有发生过任何改变。但在耶拿，维特根斯坦遇见的却是一个牢骚满腹、不甚友善的人。他因认为自己的成就未能获得世界足够的认可而愤愤不平。就这次会面，维特根斯坦这样写道，弗雷格与他一边交流思想，还一边拖着地板。弗雷格劝他前往剑桥，在罗素那里学习研究。

在罗素茶歇时第一次出现后，维特根斯坦在第二天便前往教室旁听了罗素的讲座。晚饭后他又找到罗素与他讨论报告的内容。他并不关心罗素是否还有别的事情要做。从此之后，维特根斯坦犹如一个纠缠不清的幽灵，老是缠着罗素，在大街上跟着他，坐在罗素的办公室里不走，也不管那里是否还有别的人。在写给自己情人的一封信里，罗素抱怨道：“我的德国朋友简直就要成为一场灾难了。”关于维特根斯坦的观点，罗素认为“真是固执扭曲，但我并不认为愚蠢”。

维特根斯坦严密细致、清晰明了的逻辑学展现了在这一领域新的发展方向，同时也向罗素提出了挑战。在大阶梯教室里，维特根斯坦曾说出了这样的见解：所有关于存在的见解都是毫无意义的。随后罗素要求他就其表述进行思考：“在这间教室里没有河马。”当维特根斯坦反驳说这句话的真实性不可证明时，罗素便在这间教室里四处搜寻并在每一张桌子下张望，但这还是不能说服维特根斯坦。

尽管维特根斯坦进行了积极思考，大量阅读和研究，但他还是不能确定应该选择哪一条最好的道路。他一生如此。他从来无法知道应该过一种什么样的生活。第一学期结束时，他到罗素处并问：“您觉得我是一个傻瓜？”

罗素反问道：“您为何想知道这个？”

“如果我是傻瓜，我就去当飞行员；如果不是，我就去做哲学家。”

罗素建议维特根斯坦在假期里将他的一些哲学思想写下来，这也是罗素自己要做的事情。当罗素读到维特根斯坦所完成的稿件中的第一句话时，他便确信这是一篇天才之作。他建议维特根斯坦研究哲学。

维特根斯坦和凯恩斯开始互相打探对方了。凯恩斯是最早开始关注带有神秘气息的维特根斯坦的。这时的维特根斯坦在剑桥大学不过是一个学生而已。但当他与凯恩斯相遇时，他已经开始了撰写哲学著述。在以后的几年里他都一直致力于写作这本著作，著作发表后在20世纪的哲学领域掀起了巨大的波澜。罗素早已充分认可了维特根斯坦的智力，同时也充分理解维特根斯坦那种近乎疯狂的精神状态。维特根斯坦自己有时也害怕，担心自己的精神和灵魂会被卷入疯狂之中。罗素坚信，维特根斯坦具有巨大的潜能。所以罗素决定不再从事哲学研究，而是等待维特根斯在哲学领域做出巨大的成就。他也向前来剑桥拜访的维特根斯坦的姐姐透露了他的这一想法。

1913 年，维特根斯坦那位严厉的父亲去世了。此时的维特根斯坦也中断了自己的学业，与他的同性恋情人大卫·平森特一起前往挪威。在一处海湾边的木房子里，他们过着与世隔绝的生活，维特根斯坦继续从事哲学著述的写作。他获得了一大笔遗产，但他先用这笔遗产来资助艺术家，付给了格奥尔格·特拉克尔和莱纳·里尔克大笔资助。他把遗产的其他部分赠送给了他的几个姐姐。当 1914 年第一次世界大战爆发时，维特根斯坦经历了一生中的一次激情爆发。尽管出于健康原因他可以不用参军，但他还是立刻报名，作为志愿兵加入了奥地利军队。开始时他被安排在办公室服役，但他要求上前线，并相信为祖国牺牲生命是自己的义务。尽管那些战友的行为举止粗俗鄙陋，让他苦不堪言，但在南蒂罗尔战区，他仍然继续他的哲学写作。

凯恩斯没有报名参军，他反对任何战争，但愿意为自己的祖国出一臂之力，愿意用自己的特长为祖国服务。战争爆发后，英国财政部就国民经济问题寻求他的意见。他立刻坐上一辆摩托车，从剑桥直奔伦敦并立刻投入到工作之中。自 1915 年起，他便正式在英国财政部工作并负责战时的军费开支事务。尽管维特根斯坦与凯恩斯处于各自敌对的阵营，但他们依然保持着联系。在前线打仗的维特根斯坦通过关系，绕道梵蒂冈，从而可以继续往英国写信，与凯恩斯交换信件。

1915 年 1 月 10 日，凯恩斯以暗示河马逸事的方式给维特根斯坦去了一封信："亲爱的维特根斯坦，收到你的信让我十分惊讶。这封信证明了当我收到这封信时你还活着。我想，应该是这样。我希望人们能把你安全地关押起来……你的凯恩斯。"后来凯恩斯心想事成，战争快结束时，已晋升为少尉的维特根斯坦成了意大利的战俘，被送进了在蒙特卡西诺的战俘营。1919 年

▲ 第一次世界大战（1914—1918）战场照片

6月12日，他在一封写给罗素的信中写道："几天前借助凯恩斯的大力帮助，我给您寄来了我的一份手稿。"正是凯恩斯通过英国外交部的关系，使得这份手稿得以从意大利送到了在英国的罗素手中。维特根斯坦也写信给凯恩斯询问道："您还在继续研究概率理论吗？我的手稿中也有几行相关内容。我相信，这些内容可以解决所有的疑问。"维特根斯坦一直在考虑哲学问题并相信可以为这些哲学问题寻到答案。当凯恩斯为维特根斯坦积极奔走时，罗素也阅读了维特根斯坦的手稿，手稿的内容使罗素备感振奋，他认为一定要让全世界了解到维特根斯坦的思想。

1919年，凡尔赛和平谈判开始了。凯恩斯成为英国代表团的成员。战胜国强加给德国的严酷条件使他感到愤怒，他预言德意志帝国经济上的崩溃将会给世界带来十分严重的后果。作为警告，他撰写了"和平的经济后果"一文，引起了巨大的关注。与之相反，战争经历给维特根斯坦的心灵带来了巨大的创伤。当兵戎生涯刚开始时，他在加里西亚一家简陋的书店里，在寥寥无几的书中看到了托尔斯泰的《对约翰福音的简短阐释》。这本书的内容使他深受感动，他甚至做出决定，他将来要给他的孩子们基督教教育。在奥地利，维特根斯坦接受了师范教育。如在写给罗素的信中所说的那样，他随后"在维也纳南边一小时车程的山区里，一个名叫塔藤巴赫德小村庄里当上了乡村教师"。维特根斯坦居住在一间简陋的房屋里，有时甚至在学校的厨房里过夜。他的教学方法也使学生和家长都备感困惑。例如他从不修改作业，只是点出错误之处，给出方法，而学生则必须自己去寻找正确的答案。他与同事们关系别扭，互不理解，因此维特根斯坦多次更换学校。

在罗素的倾力相助下，维特根斯坦的著作在1921年出版面世了，修改版也于1922年出版发行。这本著作名为《逻辑哲学论》，也是维特根斯坦在世时发表的唯一一本哲学著述。在前言中，维特根斯坦写道："我认为，我已经把最为根本的问题彻底解决了，如果我在此没有搞错的话。在另外一个层面上，这本著作的价值在于，它向人们展示了解决这些问题并不需要做很多事情。”

这本著作仅是一本薄薄的小书。维特根斯坦想用这本书将伦理学问题彻底脱离哲学领域。在他的头脑中，一股严谨而又复杂的思想风暴正来回激荡着，问题的核心是对人在自己的生活中能够做什么的追问。维特根斯坦对这一问题的回答其实是想消除对这一问题的争论——用清晰明了的词语和缜密的逻辑性。维特根斯坦要让哲学具有数学公式般的说服力和消除所有歧义的精确性。

在前言中维特根斯坦这样解释道：“可以言说之事，就应清晰地加以言说。”以此他用公认的基本原理和精辟的短语把语言的边界范围展现了出来。维特根斯坦用他的一句名言来结束他的著述：“对不可言说之事，人们必须保持沉默。”维特根斯坦把存在分为两个世界：一个是有着清晰逻辑的世界，如数学和自然科学；另一个是思辨的世界，如艺术、宗教和传统哲学。他后来解释道，这本薄薄的小书，并不以生命指涉什么为内容，生命所指涉的东西，恰恰不在这本书中。至于书中所阐释的逻辑之外的东西，读者只能自己去加以思索。用这样的方式，维特根斯坦使逻辑学与人的主观性分离开来，把这两个领域分别划归于两个严密的精神世界，而外行是很难进入他的这两个领域的。

而维特根斯坦与他的老师罗素之间的关系，在《逻辑哲学论》一书公之于世后便渐渐疏远起来。罗素的怀疑论和无神论者思想以及对性自由的观点使维特根斯坦对他越来越反感。此外，当时维特根斯坦越来越倾向于神秘主义，因而他认为罗素的哲学观点太数学化、太理性化。1923 年或 1924 年时，凯恩斯读到了维特根斯坦的《逻辑哲学论》。他与在奥地利乡村小学里任教的维特根斯坦之间的关系从未中断过。1924 年 3 月，凯恩斯把自己有关概率论的著述以及其他一些论述寄给了维特根斯坦，同时还询问维特根斯坦，是否有可能前来英国。凯恩斯表达了十分想与他谈话的愿望。凯恩斯写道："我将尽力减轻您的工作负担。"维特根斯坦并未立即回复凯恩斯的询问。四个月后，维特根斯坦回信："我们已经 11 年未曾谋面了。我不知道您在此期间是否已经发生了变化。但我肯定自己已判若两人。很遗憾我不得不说，我并没有比从前更好，已经变成了另外一个人。如果我们相会，或许您会发现，来访的那个人并不是您想邀请的那个人。"

凯恩斯于 1925 年与芭蕾舞明星莉迪娅·洛普科娃结为连理。8 月这对新婚夫妇在苏塞克斯共度蜜月时，维特根斯坦前来拜访。凯恩斯支付了他的旅行费用。维特根斯坦总是面色僵硬，沉默寡言，他在场总是使气氛压抑，因而成了一个令人讨厌的人物。一次莉迪娅在花园里与他在一起散步说："多漂亮的树！"维特根斯坦却生硬粗暴地问道："您这是什么意思？"莉迪娅一听，顿时生气地流下了眼泪。

维特根斯坦力图在自己混乱的思想中寻找清晰的思路。他那些同时代的人因其有限的能力难以理解他的思想，甚至常常干扰他对真理的苦苦寻求。如遇到别人与他意见相左时，他常常会怒不可遏。这也使他自己深感不安，从而促使他一再寻求过那种与世隔绝、离群索居的生活。

维特根斯坦回到奥地利乡村学校后，曾用力击打一个学生的脑门，这个学生当即晕倒在地。他不得不出席听证会并为自己的行为承担后果。维特根斯坦动手打人并非是他的个案。他曾多次探望学生们的家长，请求他们原谅他的行为。最后他主动辞职，前往一家修道院，他在那里当园丁，睡在工具仓库里。他请求修道院院长同意他成为修士。但在这位院长的劝说下，他打消了这个念头。

后来维特根斯坦在建筑学中找到了精神逃亡的避难所。20 世纪 20 年代，他与建筑学家保罗·恩格尔曼一起设计了一座在维也纳的豪华宅第，其简明、现代的形象体现了包豪斯建筑风格。维特根斯坦极其缜密地组织、安排了一切设计和施工工作。当这个名为维特根斯坦的建筑完工后，他的姐姐马加尔特入住了这所豪宅。维特根斯坦后来曾说，建筑设计和哲学相同，都需依靠人自己的思索。在他的故乡维也纳，通过在与一个有着共同兴趣的人组成的圈子里所进行的讨论，维特根斯坦又重新获得了对哲学的兴趣。1929 年 1 月，在罗素和凯恩斯的帮助下，维特根斯坦重返剑桥。第一次世界大战爆发时，他为了参军而中断了在那里的学业。维特根斯坦的再次到来，便产生了凯恩斯写给他夫人的那句话："上帝降临。我在 5 点 15 分的火车上遇见他了。"他还写道："我不会让他每天和我谈话超过两到三小时。"几个月后他给维特根斯坦的一封信中对此做出了解释："事实真相就是：我总是在对你的爱和欢乐以及由此而产生的精神崩溃之间来回晃荡。"

在剑桥，维特根斯坦将其《逻辑哲学论》作为博士论文进行了答辩。罗素和摩尔参加了答辩会。答辩却变成了与主题无关的唠叨，这时罗素要求主考官摩尔至少提出几个问题。最后，维特根斯坦从椅子上站了起来，他拍拍考官们的肩膀说："我知道，你们不懂我写的东西。"的确，摩尔不能确定自己是否真正懂得了《逻辑哲学论》一书。他写下了这样一句话："就算我彻底搞错了，这本书依然早已超过了博士头衔的水平。"

罗素为维特根斯坦争取到了奖学金，而此时凯恩斯继续为英国政府提供咨询，但他依然不愿担任任何政治职务。在这一时期，他对政治家这一职业持一种前所未有的蔑视态度。但也在这一时期，他用其才能为执政者提供了前所未有的帮助，而且他也发财致富了。根据他的说法，每天花半小时从事股市买卖，这为他带来了大笔财富。凯恩斯致力于一种新的经济学理论，而这个理论为他赢得了巨大的声誉。凯恩斯在1935年给乔治·伯纳德·肖的信中，提到正准备撰写一本会给经济学带来一场革命的著作，一年后这本名为《就业、利息和货币通论》的著作面世了。正如该书的作者所预言的那样，这本书引发了经济学领域的革命，一个新的经济学学派也随之问世了。凯恩斯用这本书颠覆了古典经济学理论。根据古典经济学理论，供给构成了消费的动力，而凯恩斯却针锋相对，把需求作为经济增长的核心动力。

传统经济学理论认为，必须促进企业投资的意愿，而凯恩斯则认为，必须促进民众的消费欲望。根据传统经济学理论，当社会消费出现问题时，在自由市场的条件下，经济迟早都能自动达到均衡。对此凯恩斯用他的一句名言来进行反驳："我们迟早都要死。"凯恩斯的信条为："当出现经济危机时，国家不应该实施节约的紧缩政策，而是必须大力刺激消费，为此国家甚至可以实施财政赤字政策。"他建议，在消费陷入低谷时，不是削减工资，而是要提高工资，并努力创造新的工作岗位。降低工资或减少工作岗位会降低社会的总体需求，而只有通过增加新的工作岗位才能促进消费需求的提高，才能重建企业家和投资者的信任。与传统经济学理论不同，凯恩斯让政府在国民经济中扮演一个重要角色。他认为政府通过积极干预才能使处于危机中的经济重新走上正轨。对他而言，国家就是对消费进行积极干预和引导的行动主体。他还认为，在经济危机时，国家投资振兴经济也意味着对在经济景气时所积累而成的缺陷进行修正，而这一点即便是凯恩斯的追随者也常常忽略掉了。

20世纪30年代，维特根斯坦在剑桥获得了一份教职，但他的内心依然动荡不安。上过他课的学生和一些同事都目睹了他是如何充满自我折磨地苦苦思索的。他会默默地站在那里，或用近乎疯狂的手势来表达对一些理念的探寻，或大声地强调每一个字。对他的崇拜者而言，他就是上帝。维特根斯坦过着严格禁欲主义者的生活，居住的房间里只有一张床，既无椅子也无台灯，可谓家徒四壁。在很长一段时间里维特根斯坦只吃面包和黄油。他做过很多旅行，还和他的同性恋情人弗兰西斯·斯金纳一同前往苏联。1939 年，维特根斯坦接替摩尔的教授职位。当希特勒的德国吞并奥地利后，他加入了英国国籍。不久他前往柏林，以便把他的姐姐们从纳粹对犹太人的迫害中拯救出来。他也达到了目的。维特根斯坦家族依然十分富有，他们用在瑞士的财产为姐姐买到了人身自由。当第二次世界大战爆发时，维特根斯坦又再次改变了自己的生活方式。他在一家医院当护理人员，后来还作为一个研究团队的成员成功设计了新型的医疗设备。

1944 年，凯恩斯作为英国首席谈判代表出席了在美国新罕布什尔州布雷顿森林召开的多国货币金融会议。这次会议上，以建立一个战后国际货币体系为目的，正式成立了国际货币基金组织和国际复兴开发银行（世界银行前身）。凯恩斯强有力地推进了这两个机构的成立，他还试图建立一个取代美元霸主地位的贸易结算体系。但在美国的反对下，只好作罢。此时的凯恩斯，健康状态日渐恶化，在随后的几年里他多次出现心梗。

1946 年 4 月，凯恩斯因心脏病发作而去世了。他的生命之路可谓顺当无比。与维特根斯坦不同，凯恩斯对人生可以完成什么的问题早已找到了答案。对这一问题的答案，凯恩斯并没有在自己的灵魂深处去寻找，也没有赋予自己的答案一个普世有效性。他生活的目的就是让自己过得更好，也让别人过得更好。凯恩斯知道自己的任务就是在日益全球化的时代建立一个公正的社会。以此为目的，他提出了自己的主张。此外，凯恩斯热爱生活，也懂得如何享受生活。一些艺术家和知识分子构成了他那著名的朋友圈。弗吉尼亚·伍尔芙和她的姐妹瓦内萨·贝尔、里顿·斯特拉奇，以及作家 E. M. 福斯特都是这个圈子里的朋友。凯恩斯的这个朋友圈对英国的现代文化艺术产生了巨大影响。对凯恩斯而言，艺术和书籍具有非同寻常的意义。他生前总是收集艺术品和书籍。维特根斯坦那种禁欲主义的思想情感，对凯恩斯而言难以理解。凯恩斯活在当下，也为当下的问题寻求解决之道。如果这些解决之道对今后有所帮助，那当然就更好。

和凯恩斯相反，维特根斯坦总是逃离当下而寄希望于未来，希望在未来可以抓住所有问题的核心并找到一个一劳永逸的解决方案。他观察、研究、思索生命的意义，观察生命存在的方方面面。

维特根斯坦的生命之旅总是在神秘的理念、逻辑的推导、禁欲的生活形态和与生俱来的技术能力之间穿行。1947 年他辞去了教职，离开了大学，全身心地投入到哲学研究之中。在《逻辑哲学论》中他已完整表述了自己的思想，现在他要探索的是语言中的词语是如何在使用时的关联中获得含义的。犹如那些游戏中的角色，只有在游戏的关联中，这些角色才会获得意义。语言被看作为一种话语的游戏，对表述内容可以进行分析和理解。维特根斯坦把他的哲学等同于弗洛伊德的心理分析：这两者都要使人意识到自己的无意识，并消除这种无意识可能造成的危害。

维特根斯坦在爱尔兰乡村里过着一种与世隔绝的生活。他的信件透露出了他的孤独和对好友的思念。但他想见到的，仅是笑容而已，他并不需要与人交流。1949 年，维特根斯坦被确诊患上了癌症。他再次前往挪威旅行，撰写有关色彩的见解。1951 年，他拒绝住院，而是在他的医生贝文斯家中度过了他的最后时光。一天，贝文斯的夫人告诉他，明天将有朋友来探访他。维特根斯坦说道：“请告诉他们，我度过了美好的一生。”当他的朋友们到达时，他已与世长辞了。

第十一章

爱因斯坦与玻尔：

世界是按计划运行的吗

上帝从不掷骰子。

——阿尔伯特·爱因斯坦（1879—1955）

在宇宙中一切皆有可能，更重要的是，宇宙绝非是理性的。

——尼尔斯·玻尔（1885—1962）

爱因斯坦和玻尔所做的一切，其实连他们自己都并不能完全理解。这两个人所从事的研究领域，处于人们智力的极限领域。他们性格迥异，但都高度评价对方，而且曾以一种并非情愿的方式成为科学史上一场著名辩论中的对手。

胡子拉碴，一头乱发，陷入沉思的目光，这一切塑造了爱因斯坦这位著名教授总是心不在焉的外在形象。媒体和广大群众都喜欢爱因斯坦，他常常挤眉弄眼，表现出一种调皮的神情。与爱因斯坦相反，玻尔给人的第一印象便是如同一位银行职员般乏味无聊。他身材高大瘦长，平时总是西装革履，浓密的黑发十分整齐地梳向后面。玻尔长脸宽嘴，下颌突出，行动看上去迟钝缓慢，事实并非如此。爱因斯坦在儿童时代对体育竞技无任何兴趣，他喜欢划船，但却不会游泳。与爱因斯坦形成鲜明对比的是，玻尔热爱体育运动，喜欢打球，还是一名优秀的足球守门员。后来他还在他的工作室里架起了一个乒乓球桌，无人赢得了他。爱因斯坦的谈话精确简要、生动活泼，让人心情愉快。而玻尔在讲话时声音细弱，嗫嚅的嘴唇让人难以听清他到底在说什么。他说话时还常常做长时间的停顿，以便找到准确的表达词语。这些词语有时听起来十分离奇古怪，所以与玻尔谈话常常让听者精疲力竭。玻尔也喜欢与同事们一起去看西部牛仔片以便放松一下身心。但他常常看着看着就走神了，在电影还在放映时就开始没完没了地问问题。

爱因斯坦喜欢书面写作，而对玻尔而言，完成文字工作简直就是一种折磨。如他的谈话一样，玻尔的很多原稿都显得十分奇特。爱因斯坦讨人喜欢，他也按自己的意愿来安排生活。他的婚姻和爱情一再引起外界的喧嚣。与爱因斯坦相反，玻尔是一个喜欢团队工作和热爱家庭生活的男人。他有着持续到他生命尽头的幸福婚姻。爱因斯坦几乎不举办讲座，也避免与学生有较密切的联系。玻尔在其一生中都指导着所在学院的大量学生，促进他们的学业发展。他的学生中有不少物理学方面的重要人物，他们一生都与自己的老师紧密地联系在一起。

1927 年，爱因斯坦与玻尔之间的辩论开始了，而这一辩论也把这两位物理学界的重要人物置于全社会关注的焦点之中。此时的古典物理学已被新的物理学所取代，爱因斯坦对此功不可没。1879 年，爱因斯坦出生在德国的乌尔姆，不久全家搬迁到慕尼黑，他的父亲在那里建立了一家从事电气产品的工厂。爱因斯坦后来到苏黎世学习，并获得了物理和数学专业的教师资格证。由于他未能在苏黎世的大学找到工作，于是他在伯尔尼的专利局找了一份工作。在业余时间，爱因斯坦在他的科学领域潜心研究并获得了新的见解。他用这些见解为物理学领域带来了革命性的变革。1905 年，爱因斯坦发表了他的一篇论文，阐述了他的相对论，并对牛顿的宇宙机械运动模式提出了质疑。爱因斯坦对存在的广阔领域进行了深入的探索并得出了这样的结论：空间、时间和物质处于相互作用之中，这三者并非如牛顿所说的那样是处于一种绝对化的关系之中，而是处于一种相互影响、相互作用的关系之中。

爱因斯坦也对人们知之甚少的微观领域提出了自己的见解。自19世纪以来，在探索组成物质最小的基本粒子方面，科学界逐渐取得了进展。科学家不断探索比原子还要小的物质组成部分。在这之前的几百年里，原子一直被看作物质最小的、不可再分的成分。但人们也发现，随着对物质更为深入的探索，便出现了种种前所未闻的现象，而对这些现象的解释也变得十分困难，特别是当涉及微粒子和波时，更是如此。

1888年海因里希·赫兹证实了电磁波的存在，1895年威廉·康拉德·伦琴发现了后来以他的名字命名的伦琴射线，1896年安东尼·亨利·贝克勒尔发现了放射性现象。人们逐渐认识到，粒子和波之间存在着相互作用的关系。1899年到1900年间，马克斯·普朗克用热辐射公式对此给出了答案，白炽灯也会产生热辐射。他认为，物质辐射只能这样来解释：物质辐射能量不是连续地，而是一份一份地进行的。正如白炽灯一样，也是一份一份间歇性地，而不是连续不断地发出光线。普朗克把能量的这一最小单位称为量子。用“能量子”这一单位概念，普朗克确定了频率与能量之间的关系，从而使波与粒子的特性相互联系在一起。随着量子概念的产生以及对粒子和波的进一步探索，普朗克不仅奠定了量子物理学，还和爱因斯坦一起引发了相对论的革命。相对论克服了古典物理学的不足，推动物理学发展到一个新的高度。

在普朗克的探索发现后，爱因斯坦是那些提出必须重新建构物理学的科学家之一，但他自己也为物理学在如此大的程度上被改变而深感吃惊。开始时，一切都挺正常，但当他深入研究光电效应和探索最小粒子的秘密时，他发现粒子不仅如普朗克所确定的那样一份一份地发出能量，也同样一份一份地接受能量，而且光波也是这样发射的。爱因斯坦光量子的概念，就是这一探索的成果。爱因斯坦还证实了普朗克的发现，粒子状态可在瞬间发生变化。普朗克也对自己的这一发现深感吃惊。他自己信奉古典物理学的观念，自然处于一个永不停息的变化之中，但这些变化是可以探测预知的。

1921 年，爱因斯坦因他的量子光学而获得了诺贝尔奖，而闻名于世的相对论却不是他获奖的原因。爱因斯坦后来曾说，他并未花很多时间去思考相对论，而是更多地思考原子的内在结构。爱因斯坦对光的特性所做的思索不仅为基于量子理论的现代数字技术，也为量子力学开辟了发展之路。当然，爱因斯坦本人并未意识到这一点。

爱因斯坦相信，量子已是一个无可置疑的存在，但他也开始思索对量子的认识会导向何方。毫无疑问，量子与牛顿的理论难以契合，二者并无关联。1911 年时，新西兰物理学家欧内斯特 · 卢瑟福设定了原子结构模型，从而为这一领域的研究指出了新的方向。在世纪之交时的一次实验中，他发现氦粒子可以穿透薄金箔，只有几个粒子会反弹回去。这便引起了这样的猜测，原子核之间有相对较大的空间。他认为，每个原子都有一个极小的核，这个核几乎集中了原子的全部质量，并带有正电荷，原子核外面有带负电荷的电子绕核旋转，所以一般情况下，原子显中性。这样，如一个小太阳系的原子模型便产生了。

尼尔斯·玻尔也进入了这个物理学家的圈子。1885 年，在丹麦哥本哈根，他来到了这个世界。他的父亲是一位著名的医学学者，血红蛋白的玻尔效应就是以他父亲的名字命名的。年轻的玻尔很早就表现出了对物理学的巨大兴趣，他在丹麦攻读物理学专业并获得了博士学位。1911 年，他前往剑桥大学的卡文迪许实验室进行研究工作。几个月后玻尔又前往曼彻斯特大学的欧内斯特 · 卢瑟福处从事研究工作。这时卢瑟福的原子结构模型已得到广泛的认可，但依然存在一些问题。根据詹姆斯 · 克拉克 · 麦克斯韦的经典理论，电子释放电磁波，也会因此而失去能量。但这一猜测与卢瑟福的原子结构模型并不一致，也和实际情况不一致。玻尔认识到了这一点并在卢瑟福处获得了一个极具天才的灵感，用以探索原子的构造和原子的运行规则。

1912 年，玻尔回到丹麦并研究出一个新的原子结构模型理论。1913 年，他发表了自己的理论模型。玻尔的原子模型理论将普朗克、卢瑟福和爱因斯坦的思想融为一体，包含了理论物理有关原子内部结构和运行这一物理学研究新领域的各种概念和原理。

根据玻尔的理论模型，电子拥有不同的能量并根据其能量大小按不同的运行轨道围绕着原子核旋转。能量最小的电子在最里面的轨道上运转。如果给电子新的能量，电子就会在更高的轨道上运行。如果电子失去了能量，就会从高一级的轨道下降到低级的轨道上运行。电子获得或失去的能量都是“量子化的”、一批一批发生的。如果一个电子更换轨道，它便进行了量子跳跃。后来人们不再用“跳跃”这个词，而是改用“跃迁”一词。

随着玻尔的理论与化学元素周期律相结合，其影响范围得到了进一步扩大。他认为，化学元素的特性来源于在围绕原子核轨道上运行的电子的数量和分布状况。这样，玻尔便开始推测生命体系的奥秘了。

玻尔认为，电子并非像地球围绕太阳那样，按一条清晰可辨的轨道围绕原子核运行的，而是不断变换运行轨道。开始时爱因斯坦对玻尔的这一思想持怀疑态度，但后来他也点头称是说：“这是一个最为重要的发现。”玻尔成功地将原子加上了物理学的解释，他的伟大功绩在于扩大了科学研究的视野，正如爱因斯坦用自己的科学思想所证明的那样，人类不仅可以通过思想发现科学的规律，还可以通过思想创新性地改变这些规律。尽管玻尔曾受到别人的质疑，但他依然不断努力寻找自己理论的坚实基础并取得了成功，因此他成为仅次于爱因斯坦的伟大物理学家。

爱因斯坦的声誉自 1919 年后便一下达到了别人难以企及的高度。天体物理学家亚瑟·斯坦利·爱丁顿在一次日食时证明，根据广义相对论，太阳的重力会使光线弯曲，太阳附近的星球视位置会变化。爱丁顿的观测证实了爱因斯坦的理论。这使爱因斯坦一下全球闻名，他的头像刊载在各大报刊显眼的位置上。实际上，人们并不了解爱因斯坦到底做了什么。1920 年初，爱因斯坦与玻尔第一次相会。这两个男人立刻成了朋友并马上开始讨论他们的理论。量子物理的新发展是否对自然界的所有因果关系都提出了质疑？这一思想一直困扰着爱因斯坦，相对论的结论也让他头疼。宇宙到底是在膨胀还是在萎缩？这些问题与他静态宇宙的设想不相吻合。他试图对宇宙静态说进行一些修补，但后来称这是他一生中“最大的蠢事”。

到了 1922 年，爱因斯坦和玻尔都获得了诺贝尔奖的荣誉。在一封信中，玻尔向爱因斯坦表达祝贺，并说自己还不配获得这样的荣誉。爱因斯坦深受感动，在回信中他对玻尔的研究成果大加赞赏：“这些研究成果在旅行中总是伴陪着我。”但两人间的这种亲密关系很快就受到了干扰。就在获得诺贝尔奖的那一年，玻尔结识了刚年满 20 岁的沃纳·卡尔·海森堡，一个带着淘气面孔、一头深色乱发的小伙子。他曾在慕尼黑学习，然后又前往哥廷根听取玻尔有关原子理论的系列讲座。玻尔半开玩笑、半感荣誉地称自己的讲座为“玻尔节日戏剧”。玻尔谦逊的举止和深思熟虑给海森堡留下了深刻的印象。玻尔公开承认自己的理论充满了矛盾，强调需要用新的概念和方法来解决自己的理论以及这些理论在古典物理学中发现的问题。玻尔想重新弥合因量子力学理论而产生的物理学领域的裂痕。当海森堡就量子学理论某一点提出反对意见时，玻尔邀请他一起去散步。从此，海森堡开始了自己的“科学研究发展之路”。

物理学很快又取得了新的进展：1924 年法国物理学家路易·德布罗意将波与粒子相分离，提出了实物粒子也有波粒二象性，认为“一切物质”和光一样都具有波粒二象性。根据这一假说，在“一切物质”的范围之内的电子也会具有干涉和衍射等波动现象。1924 年 4 月底，爱因斯坦在写给同事马克斯·玻恩的信中说，他对电子可以自由选择自己方向的见解难以接受。如果是这样的话，他“宁可去当鞋匠，甚至当赌场雇员而不是做物理学家”。德国物理学家阿诺德·索末菲尔德在 1916 年通过电子围绕原子核的椭圆形轨道的发现，进一步细化了玻尔的原子模型。但波粒二象性超越了玻尔的原子模型。

海森堡制订了探索粒子与波之间关系的研究计划。他与马克斯·玻恩和帕斯库阿·约当一起制定的矩阵力学，在 1925 年成功地开创了量子力学，通过复杂的矩阵运算得以发现原子微观结构的自然规律。埃尔温·薛定谔于 1926 年 1 月发表了他在一个月前的一次滑雪休假时拟定的“薛定谔方程”。他也可通过另外的方法达到同样的结果。他采用微分的计算方法发现，电子是三维的物质波。薛定谔和海森堡分析问题的出发点为建立原子运行轨道模型提供了基本思路，同时也取代了玻尔的原子模型。玻尔的原子模型以电子围绕原子核旋转的轨道为出发点，而新的原子模型则表现了电子围绕原子核运行时的可能所在的位置。

薛定谔希望通过“薛定谔方程”来正确地解释这个世界。出乎他的意料，马克斯·玻恩得出结论，薛定谔方程的波动力学仅仅是对电子在何处停留的概率运算的一种推测。物质最小粒子的运行轨迹到底能否预先确定或者根本就没法确定，这一疑虑依然存在。古典物理学认为可以通过研究、思索或者描述便可以解释自然运行的规则，这是理所当然的事。但这一理所当然陷入动摇之中。

在此期间玻尔认识到，他以前不愿承认的物质波粒二象性的确存在。但光到底是粒子还是波的问题，并没有得到解决。在哥本哈根，他与海森堡就这一问题深入交换了意见，海森堡在 1926 年搬到了这里。为了节约时间，他就住在玻尔的研究所里。与玻尔和海森堡同样优秀卓越的奥地利物理学家沃尔夫冈·泡利也参与到他们的研究之中。但他并不急于发表他的探索成果。他说："我可以做到不受他人指使。" 1926 年 9 月，玻尔邀请薛定谔前往哥本哈根。薛定谔对量子力学的发展方向持不赞成态度并希望能够结束这一方向的发展。在玻尔前来迎接他的火车站，两人便开始讨论起来。当薛定谔生病时，玻尔也会在床边谈他的想法。

尽管还有很多不清晰之处，但量子力学还是逐渐成形了，爱因斯坦对此却并不满意。薛定谔称量子力学为"该死的量子跳跃"，特别使爱因斯坦难以接受的是那些不确定性。在他的思想中，自然界的一切过程都必须是按"原因—作用"这一原则展开的。最小微粒子的量子力学中那种偶然性原则对爱因斯坦而言是难以接受的。在有关上帝存在的问题上，爱因斯坦持斯宾诺莎的观点，即上帝并不关心单个个体生命的命运，但用清晰可辨的"原因—作用"关联创造了一切事物运动的轨迹，从而预先决定了自然中一切事物的最终命运。正是出于这一原因，爱因斯坦相信一定有一个放之四海而皆准的公式，并且人类总有一天会发现这个公式。因此在爱因斯坦的脑海中，概率计算所描述的带有不确定的随机性是不存在的。爱因斯坦相信，以尼尔斯·玻尔为首的量子力学家们犯下了错误。1926 年 12 月 4 日，在写给马克斯·玻恩的信中，爱因斯坦充满好斗精神地写道："这个理论带来了很多东西，但它并没有让我们更接近那个老者的秘密。无论如何我相信，那个老者绝不会掷骰子。" 爱因斯坦用"老者"来意指上帝。玻恩力图使爱因斯坦平静下来并解释道，概率论与爱因斯坦所坚定捍卫的因果论并不矛盾，但爱因斯坦并没有被说服。

1926 年冬天，因研究工作而精疲力竭的玻尔前往挪威滑雪度假。他在挪威逗留了四周时间，但他每天都在思考量子力学的问题。他回到哥本哈根之后，找到了一个解决方案：波和粒子产生于不同的观察方式。这犹如当人们观察一幅图画时，不可能同时去观察另外一幅图画。这就意味着：如果测量粒子，就不可能同时测量波，但这二者的确存在着。玻尔认为，波与粒子是一种互补关系，它们相互补充，犹如同一真理的两个表现形式。这样，玻尔著名的“互补原理”便诞生了。

当玻尔不在丹麦时，海森堡也找到了量子力学问题的解决方案并就此撰写了一篇论文。这篇论文提出了“矩阵”的概念，从而也使他闻名于世。这篇论文的内容海森堡在发表前就事先公之于众了。他曾担心这篇论文会引起激烈的讨论，而他事先又没有给玻尔看一下论文的内容。海森堡的解决方案是：粒子波是相互重叠的，所以无法测量，也永远无法测量。对粒子的观察，必然要对粒子产生影响。正如可借用伦琴射线的帮助来观察粒子，但伦琴射线也一定会对观察对象产生影响。准确说，就是可以观察粒子的位置，但其速度是无法测量的。玻尔和海森堡各自找到了对这一问题的解决方案并各自发表，他们的方案有着相互关联并作为哥本哈根学派对量子物理学有代表性的阐释而被载入了物理学的史册。海森堡在 1955 年时才正式启用哥本哈根学派这一概念。

玻尔和海森堡的有关量子物理学的观念却破坏了爱因斯坦关于世界上一切事物皆按清晰的轨迹运行的观点，也推翻了他的决定论理念。如果粒子的位置和速度不能同时加以确定的话，那就永远无法预测粒子在某一时间点上的存在，也无法对其加以测量。这也意味着，人类将无法从整体上把握决定未来的事物，也无法预测这些事物。与爱因斯坦有关未来的理念不同，量子力学对这个世界的未来是怎么样的问题，并未给出答案。

这一切便成为后来爱因斯坦与玻尔之间那场辩论的核心要点，而那场辩论也举世闻名，载入了史册。这场辩论同时也指涉了人类的自我理解和认知能力的问题。此时，对事物的观察方式已拥有了十分重要的意义，所以人类不得不面临这样一个问题：如果作为观察者的人，尽管用尽全力，最终却无法深入事物内部并把握事物的内在联系，那么是否人的大脑已经达到了其能力的极限？这一疑问也使人联想到康德的论断：人只能在自己有限的感知和思想能力范围内来认识这个世界。在对存在的认知方面，人或许如同一只狗一样。狗可以感知到一张报纸的存在，但从来就不会理解报纸的内容和用处。

1927 年 9 月，在科莫举行的会议上玻尔阐释了他的互补原理，并称这一原理是对爱因斯坦坚定捍卫的因果论原则的扩展。这样，两人间的对决便不可避免了。时间和地点分别为 1927 年 10 月在布鲁塞尔召开的第五届索尔维会议。1910 年时，德国的物理学家和化学家瓦尔特·能斯特说服工业家恩内斯特·索尔维组织举办了分别由当时最为著名的物理学家和最为著名的化学家参加的两个国际系列会议。1911 年，第一次以其倡导者命名的索尔维物理国际大会在布鲁塞尔召开了，这一领域的著名人物如普朗克、爱因斯坦、卢瑟福和玛丽·居里出席了会议，数学家亨利·庞加莱也参加了这次会议，而玻尔未能参加。第一次会议就取得了巨大的成功。那时已经就古典物理学的两种不同的观察分析方法展开了讨论。爱因斯坦在那些持怀疑态度的同仁面前就自己的观点做了辩护。1913 年举办了第二次会议。在第一次世界大战时大会无法进行，战后才又重新举办。

1927 年 10 月 24 日至 29 日，第五届索尔维大会召开了。这是一次具有何等意义的大会啊！在黑水鸡和绿翅鸭四处漫游的利奥波德公园里，会议厅前与会者排成三列，拍下了集体照，后人称之为这个世界最具智慧者的集体照。照片中 29 位与会者中，有 17 位已经或将会获得诺贝尔奖。与会者作为证人或作为参与者将见证爱因斯坦和玻尔之间的决斗。照片中的他们与爱因斯坦、玻尔、薛定谔、海森堡、普朗克一起注视着照相机。

▲ 1927 年索尔维会议合影，前排右五是爱因斯坦，中排右一为玻尔

玻尔做了有关“光子与电子”的报告，并阐释了有关量子力学的理论。这一量子理论超越了物理学对有关问题的经典阐释。玻尔和海森堡认为，物理领域的革命已经完成，不需要再做进一步的表述了。爱因斯坦深感震惊，他不愿接受玻尔和海森堡的理论。爱因斯坦力图证明，海森堡的矩阵理论不完备，量子力学理论充满了错误。事实上，爱因斯坦对量子力学的批评导致了人们的误解，以为他拒绝量子力学。其实他只是认为量子力学的思考不彻底、不完备，爱因斯坦寻求清晰关系的地方，量子力学只是说有可能性，这对他而言正好证明了这种关系并没有被发现、探索出来。

在这次索尔维物理国际大会上，产生了一个罕见的现象：爱因斯坦在他的报告中表达了他的思想并思索如何建立一个新的模型来证明他所认为的海森堡的错误。玻尔则与海森堡、沃尔夫冈·泡利一起彻夜讨论，以便在第二天证明爱因斯坦在何处搞错了或忽略了什么。当爱因斯坦又开始谈起上帝时，玻尔反驳道：“请您别再对上帝下令，让他干这干那！”

这场争辩在接下来的几年里依然难以停息并作为“玻尔—爱因斯坦辩论”而被载入科学历史发展的史册。爱因斯坦这位物理学的革命者日渐陷入边缘化，变成了一个不愿接受思想变化的老人。他离不开他的陈词滥调，攻击他所认为的那些“小男孩物理”，不断给他的朋友马克斯·玻恩写信，并总是谈及上帝与掷骰子的话题。爱因斯坦相当蔑视上帝会掷骰子的观念。他逐渐避免与玻尔继续辩论下去，但他依然寻求进行对话。然而爱因斯坦有关上帝不掷骰子的说法却也给玻尔带来了困扰。他曾回信给爱因斯坦说，就连上帝也不知道，“骰子这个词在这样的关联中具有何种含义”。

爱因斯坦与玻尔之间的辩论甚至延续到了 1930 年第六届索尔维物理国际大会上。在这次大会上，爱因斯坦再次试图用其思想实验的结果来证明量子力学理论的缺陷，发表了他的“光子天平”思想实验。他说，可以设想一个内有若干光子的箱子，上面开一个小孔，并用一个快门来控制小孔的开闭，控制小孔的开闭频率，使得箱子开启的时间足够小，却因为是可控制的，因而也是可确定的，可以使得从箱子内只能逸出一个光子。逸出的光子的质量可以用放置箱子的一架理想天平精确地通过测量光子逸出前后箱子的质量差测出，从而可以精确地算出逸出光子的能量。那么，海森堡的“矩阵”理论也就不成立，所以整个量子论是有缺陷的！爱因斯坦的思想实验给玻尔带来了一个不眠之夜，但他终于找到了答案，一个天才般的答案。他用爱因斯坦自己发明的相对论反击爱因斯坦。玻尔解释道，根据爱因斯坦的广义相对论，引力场会产生红移效应，物质处于引力场中会产生与狭义相对论类似的时钟变慢现象，当改变箱子的质量时，也即改变引力场的质量时，时间的长度会发生改变，这时就不再能测准了，海森堡的“矩阵”正好符合这种因时间长度的改变而产生的不准确性。为了测量光子，需要时间，而时间越长，变化就越大，因为测量的时钟是在地球重力场之中运行的。能量和时间都处于不确定性之中。爱因斯坦无言以对，海森堡和玻尔的解释不可辩驳。

在20世纪的日常生活当中，量子力学高歌猛进。激光技术和数码电器如磁盘光碟都是建立在量子力学基础之上的，而在对宇宙起源的探索中，量子力学也起到了关键作用。建立在海森堡矩阵理论基础之上的量子波动现象为这一研究提供了根据和出发点。量子波动论认为粒子和反粒子可以从无中产生。在这一演化过程中，借助于分散在空间中各地的波动物质便开始形成了，通过万有引力最终产生了行星和银河系。

能否可以找到一个可统摄宇宙一切现象和进程的理论，今天的物理学界还在探讨，同时也对是否有这样的理论大加怀疑。量子重力学、弦理论、多宇宙论等体现了理论物理高度复杂的思维模式，而欧洲核子研究组织寻找至今仍然藏而不露的微粒子的努力则体现了实验物理的种种规划和方案。当代物理学界正是按爱因斯坦和玻尔的精神，在创造性的思想引导和实践性的实验之间前行。无可置疑的是，量子力学、重力学和相对论这些玻尔和爱因斯坦的研究领域其实都是相互融会贯通的。到底宇宙中的一切是基于因果关系原则还是基于偶然原则，至今依然是一个有待解释的问题。但是否有一个最终的答案，依然是一个未知数。

人类关于最小粒子的知识在这次值得纪念的1927年索尔维物理国际大会后又开辟了新的方向。1935年爱因斯坦与他的美国同事波多尔斯基和罗森发表了有关量子远距离关系的思想实验的结论，这也被称为“爱因斯坦—波多尔斯基—罗森悖论”。这也是爱因斯坦最后一篇重大科学论文。用这篇论文的观点，爱因斯坦在20世纪30年代对量子力学进行了最后一次批评，以论证量子力学的不完备性。爱因斯坦认为，量子力学未能确定粒子的隐性变量，所以量子力学的理论是不完备的。1964年，爱尔兰物理学家约翰·贝尔用他的贝尔不等式批驳了爱因斯坦的观点。1982年的一次实验证明了爱因斯坦的粒子隐性变量是不存在的。

从20世纪30年代开始，人们关心的焦点转向了原子核裂变所产生的巨大能量以及如何利用这一能量。物理学的新思路有了两个方向：一条道路是和平利用核能，另一条道路则是制造原子弹，其巨大破坏力可谓前所未有。后一条道路随着第二次世界大战而成为关注的焦点。1939年，爱因斯坦就纳粹德国有可能制造原子弹一事发出过警告，这激发了美国总统罗斯福发展自己核武器的意愿。1941年秋，在被纳粹德国占领的丹麦，一个占领国的代表前来拜访玻尔。这位代表不是别人，就是他的老友海森堡。海森堡参与了德国原子弹项目。在谈话过程中，玻尔对海森堡拜访的目的产生了怀疑，认为他可能想从自己那里获得一些帮助和启示。

第二次世界大战结束后，爱因斯坦和玻尔都积极投入和平运动之中，警告核武器军事运用所带来的可怕后果。1955 年，爱因斯坦在普林斯顿与世长辞，而七年之后玻尔也在哥本哈根离开了这个世界。就在他辞世前的一个夜晚，他依然在回顾与爱因斯坦那场早已过去的辩论。在一块工作室的黑板上，他绘制了一幅箱子中的粒子草图。或许因为他的理论获胜了，因而他知道，关于存在的理解以及是否一切皆按计划运行的问题，将永远都是未知数，没有最终的答案。

第十二章

丘吉尔与卓别林：

如何战胜邪恶

在邪恶的世界里没有什么可以长久，我们的困难也同样不会穷年累世地持续下去。

——查理·卓别林（1889—1977）

除了喜欢他，你不可能做别的事。

——丘吉尔（1874—1965）

在写给夫人的信中提及初遇卓别林的印象

这是一栋宏伟壮丽的楼宅，面对不断拍打着圣莫尼卡沙滩的浪涛，它依然闪烁着熠熠的光彩。这里让人想起南部英国海滨浴场旁的豪华宾馆。在这里放眼望去，只见太平洋上海天一色，天光水影，交相辉映，景色是如此令人陶醉。查理·卓别林曾说，这座楼宅的圆柱比支撑最高法院那所建筑的圆柱还多。的确如此。十八根圆柱支撑着两层楼的建筑以及面对大海的宽大观景台，圆柱前的楼梯通向宽大的平台，在那里有一个长达 40 米的泳池。客人可以自行选择，既可立刻跳入恒温的泳池中，也可走向沙滩，在那里鱼跃般跳入凉爽的海水之中。当人浮出水面回望，等待下一波海浪时，便可乘机数一数沙滩后那成排的椰子树有多少棵。

丘吉尔称这座楼宅为“海滨宫殿”，而它的主人却谦逊地称它为“海滨别墅”。许多人都把这个拥有 100 间房间和 35 间卧室的豪宅称为“好莱坞的凡尔赛”。在一个夜晚，悦耳的音乐在空中回荡，四处觥筹交错，欢声笑语。两个网球场上来回的击球声也不时传到来客耳中。他们海阔天空地闲聊着，处于一种纸醉金迷的氛围之中。夕阳西下，最后一抹红色的残阳温柔地抚摸着那一根根高大的圆柱，然后便沉睡在蔚蓝的大海后面。在这一刻大家会忘却这个豪宅主人的金钱和权势，好像进入人间天堂一般。

电影明星玛丽恩·戴维斯是这座豪宅的主人。她面带迷人的笑容周旋于客人之间，每个人在这里都应该感到愉快。玛丽恩·戴维斯就住在这个豪宅里，但一切费用皆出自他的情人、媒体大亨威廉·伦道夫·赫斯特，他是这个国家最富有和最有权势的人物之一，很多报纸、电台和电影公司都在他的掌控之下。青年演员奥逊·威尔斯后来在其电影《公民凯恩》中展现了这位追逐权力的媒体大亨的形象。

玛丽恩·戴维斯向这些客人们表达了欢迎之意，但实际上他们都是被精挑细选出来的，他们为能在这里享受这一时刻而兴高采烈。此时在这里嬉闹玩耍的来客有演员、政治家、企业主、时髦的绅士和年轻的女明星。在不少人眼中，这里可是人人向往之地。在这里，所有的客人可长时间沉浸在欢乐之中，似乎远离了这个世界的所有忧伤和邪恶。如果邪恶在不远处潜伏窥探，那么这里的气氛可以一举驱散，让邪恶顷刻无踪无影。

但在这所海滨别墅里的逗留绝非仅是参加一次欢乐聚会那样简单。这里的聚会者为了获取名誉和权势而相互试探、彼此摸底。权势在这里毫不忌讳地发出耀眼的光芒，而不会如赫斯特掌控下的那些报纸，总是阴森黑暗，把一些半真半假地、耸人听闻的消息传向四面八方，攻击美国的少数族裔，还发起一场运动来推动美国针对墨西哥的战争。1929 年秋天的这个傍晚，随着夕阳西下，黄金年代的最后时光也慢慢到来了。弗朗西斯·斯科特·基·菲茨杰拉德在他的世纪之作《了不起的盖茨比》中，通过对美国上流社会的描述为这个时代立下了一块纪念碑。几十个客人在悠闲地漫步或站立在游泳池边闲聊，其他的客人则分散在各个客房里度过一个惬意的晚上，也有不少客人坐在客厅里啜着开胃酒。温斯顿·丘吉尔和查理·卓别林也参加了这场在

1929年9月21日举办的聚会。

此时的丘吉尔可谓忧心忡忡。他的政治生涯落入了低谷。在5月下院的大选中，他所在的保守党失去了多数党席位，他曾担任过几乎所有内阁大臣的职位，但这次失去了财政大臣这一重要职位。丘吉尔时年54岁，现在仅是一位议员而已。他不愿瞭望遥远的未来，他将面对的是一段长达10年的漫长岁月。在这一时期里，丘吉尔变成了无足轻重的人物，因此他后来把这一时期称为“荒漠岁月”。

甚至对丘吉尔的政治追随者而言，他的名声也颇为暧昧，其原因在于他与那些声誉可疑的人有着友好情谊，与赫斯特的关系就是一例。现在他已在赫斯特处做客多日。在选举失利后，丘吉尔在儿子伦道夫和侄子约翰尼的陪同下，开启了北美之旅。他想亲眼看一下美国和加拿大并听取这些国家的领导人对世界发展前景的见解。在给一位朋友的信中他写道:“我没有任何政治使命，也不用磨刀霍霍。”他也告诉赫斯特:“就算我们没法对世界的未来做出决定，我们也必须为之交换意见。”丘吉尔与赫斯特夫妇一起在圣西蒙度过了几天时光。赫斯特带他参观了好莱坞的各个摄影棚，并请他把想认识的名人写下来。赫斯特允诺道，他将尽可能地让这些名人与丘吉尔在他的情人玛丽恩·戴维斯居住的“海滨别墅”会面，于是丘吉尔写下了一份名单。

在那个晚上，果然名单上所有的名人都在“海滨别墅”里悉数到场。华莱士·比里、波拉·尼格丽和哈罗德·劳埃德到来了，只有葛丽泰·嘉宝没来。在他的好友玛丽恩·戴维斯一再请求下，查理·卓别林也出席了这次聚会。小胡子、圆礼帽、紧身的燕尾服、大鞋子、拐杖，用爱心和玩笑面对一切困难，卓别林电影中所创造的这个小个子流浪汉形象，也使卓别林成为世界闻名的演员，丘吉尔也是他的拥趸。

丘吉尔在用意大利大理石修建的浴池中沐浴后，便身穿正装前往晚宴的餐厅，在那里他看到了社交晚会的场景。此时，卓别林正与一群客人漫步闲聊。他注意到丘吉尔站立在社交晚会的边缘，注视着一对对舞伴跳舞，还如拿破仑一样把手插在西装里。赫斯特发现这位来自英国的客人颇为失落地冷眼旁观时，便向卓别林挥手，让他过来。然后两人一起走到丘吉尔身边，进行了一场慢条斯理的谈话。卓别林试图让丘吉尔走出他的矜持和沉默，于是便说道："我不能理解的是，在英国，一个社会主义的政府赢得选举并执政，但不能改变一个国王的地位。"

"毫无疑问，他们不会这样做。"丘吉尔低声含混地回答道。

卓别林继续说道："我想，社会主义者是反对君主制的。"

丘吉尔回答道："如果您在英国，我们会因为这样的见解剁下您的头。"说完，他哈哈大笑，于是坚冰融化了。

晚上，玛丽恩·戴维斯和卓别林一起上演模仿名人的滑稽戏来供客人们消遣。卓别林模仿拿破仑的表演使丘吉尔格外兴奋。直到凌晨三点两人还坐在一起谈天说地，彼此都留下了深刻的印象。丘吉尔写信给自己的夫人说："除了喜欢他，你不可能做别的事。"卓别林也发现了丘吉尔所具有的"执行力"。丘吉尔在谈话时总能想出一句接一句充满智慧的话语，这也给卓别林留下了深刻的印象。

丘吉尔与卓别林打量这个社会的目光是截然不同的，但这并不奇怪。丘吉尔出生于高级贵族家庭，在一个仅次于皇宫的宫殿中他降临到这个世界上。他的父亲曾担任财政大臣一职，而他的祖父则是著名的马尔堡公爵约翰·丘吉尔。与之相反，卓别林出身低贱，是一对演员夫妻的儿子。这对夫妻在伦敦的歌舞杂耍剧院里演出，终日为糊口而操劳。就在卓别林出生后，这对夫妻却劳燕分飞了。卓别林的父亲最终酗酒而死，其母亲也因忧伤抑郁而放弃了自己的工作。卓别林与哥哥和母亲生活在一起。家境贫穷，他们只能在贫民窟里度日如年。

当丘吉尔逗留在洛杉矶时，这两个男人还曾多次会面。卓别林邀请丘吉尔和他的旅行同伴们参观他的摄影棚，一起在观影室里观看他的军事讽刺电影《从军记》以及正在拍摄的另外一部电影《城市之光》的片段。在一部记录下这一天几个片段的私人电影中可以看到，丘吉尔与他的陪同者带有几分尴尬地站在那里看卓别林如何在摄影机前做鬼脸和怪样的。丘吉尔身体强健，在人们的记忆之中他是一个高大威猛的巨人。实际上，他并不比柔弱纤细的卓别林高多少。在这一天里，他们两人谈起了正在兴起的有声电影。卓别林说，他认为无声电影才真正体现了电影艺术的精华。丘吉尔表示赞同他的观点并指出，他在《城市之光》这一影片中看到的一切，证明了这一点。丘吉尔在后来撰写的有关有声电影和无声电影相比较的长篇论文中，以卓别林为例再次强调了无声电影的优势。

有声电影的崛起并非是这些年代里唯一震撼人心的事情。就在丘吉尔和卓别林在好莱坞相聚一个月之后，另外一件更为骇目惊心的事件发生了：1929年10月24日，在被称为黑色星期四的一天，华尔街股市崩盘了。很快可怕的经济危机席卷全球，这也导致了在接下来动荡不安的几年中，越来越多的欧洲人投入法西斯的怀抱。在德国，阿道夫·希特勒引起了越来越多的关注，这个具有特定风格的纳粹党魁在很多人眼中成了德国的救星。纳粹体现了由希特勒制定的特别凶残的行为规则，而在外表状态上，希特勒则极力效仿自1923年起便在意大利实施法西斯统治的墨索里尼。

在这一时代，笔墨难以形容的邪恶以不同的形态登场了。在人际关系上，在社会利益方面，存在着将那些异己分子排斥甚至是加以消灭的愿望。希特勒就是想消灭一切异己者，无论是人还是思想，只要不符合他的世界观，他便统统将之从这个世界上剔除掉。当时没有人会料到，希特勒和他的追随者一旦上台，会以何等残暴的方式和以何等可怕的后果把世界置于邪恶之中，也无人会料到，这一邪恶将远远越过德国的疆界。

为了有一天能独揽大权，希特勒还得拼搏一番。他精心研究讲演内容和讲演时的手势表情，从安静的站立到施展魔法般的手臂舞动，从轻言细语开始转向肆无忌惮的咆哮，用这些伎俩希特勒唤起了听众的热情和那些低劣的本能，也越来越吸引公众的目光。甚至在英国和美国，希特勒也开始受人关注了，只是对他的看法还处于一种不确定之中，并没有引起担忧。但丘吉尔却就希特勒这个人可能带来的危险开始向大家发出了警告。

丘吉尔与卓别林在 1931 年 2 月时又在英国相会了。此时希特勒作为一个异类还没有成为他们的话题。卓别林为了给自己的电影《城市之光》做宣传而开启了这次欧洲之旅。丘吉尔邀请卓别林前往伦敦南面的查特韦尔，在他的庄园里两人再次见面。如卓别林后来所说的那样，在查特韦尔的庄园里，他真正了解了丘吉尔。庄园地处肯特一处山冈上，紧挨着如公园般的一处花园，宽大的房屋都用红色的砖瓦砌成。在购得这所庄园后丘吉尔进行了彻底改建，他甚至还亲自动手参与改建工作。庄园里建筑设施的简约和美观、浓郁的家庭氛围以及大量的书籍给卓别林留下了深刻的印象。庄园主人此时在政治上无所建树，但他开始成为一个颇有创造性的作家。写作历史和传记书籍所得到的稿费便可支付他的很大一部分生活开支了。

在查特韦尔的庄园里，丘吉尔与卓别林谈及了拍摄一部关于拿破仑的电影的话题。卓别林在最近几年里零零星星地做了一些有关工作。丘吉尔对拍摄这部电影的想法十分感兴趣，他愿亲自为这部电影撰写剧本。

“您一定要拍这部电影。”丘吉尔这样敦促卓别林，“您可设想这样一个滑稽场面：拿破仑躺在浴缸里，正和他那爱虚荣的兄弟争吵。他的这位兄弟身披金银丝带，暗自为拿破仑所处的不利位子高兴。然而拿破仑生气地把洗澡水泼到这位身着华丽军服的兄弟身上，他只得屈辱地转身离开。这不仅是一种聪明的心理学，也有很多电影动作和滑稽场面。”

在访问了查特韦尔的庄园后，卓别林从伦敦出发开始他的欧洲大陆之旅。他也到达了德国，在那里希特勒的党徒们用仇恨迎接了他的到来，身着军服的冲锋队打手多次干扰卓别林电影的放映。

这一年的 9 月中旬，卓别林又一次在查特韦尔做客，并在那里度过了一个愉快的周末。丘吉尔所绘制的大量油画让卓别林赞不绝口。丘吉尔在卓别林来访时依然在从事手工劳动，并教会了卓别林如何砌墙。丘吉尔在家中喜欢自言自语，其家人也似乎完全容忍了他的这一习惯。但卓别林确信，丘吉尔完全能接受不同的意见。在一次聚餐时，丘吉尔表现了他所拥有的快速反应能力和幽默感。他想知道，卓别林愿意扮演哪一种最亲切的人。卓别林回答:“耶稣基督。”丘吉尔便反问道:“您已经为此搞清法律了？”

在这次愉快、和谐的周末后，丘吉尔与卓别林告别了，他们又沿各自的道路走了下去。他们保持着通信，但在四年后他们才再次重逢。

在接下来的 1932 年中发生的种种事件，预示着随后几年世界会发生重大的变化。丘吉尔的儿子伦道夫前往德国并跟踪希特勒的各种竞选活动。希特勒在此时的欧洲已大有名气了，而全世界也怀着一种既感其魅力又心怀憎恶的复杂心态目睹他的崛起。希特勒那种尚武狂热、纳粹军服、一切军事化以及他那种特有的咆哮如雷都使很多人感到诧异不已和迷惑不解。另外一些人欢迎这种强势人物的登台亮相，希望他能够重建秩序。还有人欢迎希特勒，把他看作是反对共产国际的平衡力量。此外，在第一次世界大战后很多人对那种软弱无能、漫无目的的民主制度感到厌倦，墨索里尼、希特勒和斯大林的专制强势风格对他们颇有吸引力。在他们眼中，其他的政治家只会口若悬

▲ 1931 年卓别林与丘吉尔及其家人在查特韦尔庄园合影，右一为卓别林，左二为丘吉尔

河地夸夸其谈，而这几个人是实干家。但他们并未认识到，邪恶常常伪装成一种既简单而又行之有效的解决办法。

在英国，丘吉尔与自己的政党渐行渐远，也越来越孤立。他的雄辩与幽默不复存在，只是不停地与人争辩、笔战。他反对关税法，反对甘地的印度独立运动，他也警告人们不要对希特勒的崛起掉以轻心。丘吉尔也曾对之抱有一种理解的态度，在一篇杂志文章中他写道："尽管我站在战胜国一边，但我还是敬佩那些为自己战败的祖国而尽力工作的男人们。"他还写道，希特勒"做一个爱国者并没有错"。但在1932年，那时希特勒还没有上台，丘吉尔就允许德国重新武装起来的想法提出了警告。有一些国会议员认为可以讨论此事，于是丘吉尔便直截了当地问他们："诸位想打仗了？"

1932年秋天，丘吉尔前往欧洲大陆做一次调查旅行。在这次旅行中，丘吉尔差点与希特勒见上一面。那时丘吉尔正撰写一本有关其祖父、那位著名的马尔堡公爵的书籍。丘吉尔前往其祖父曾征战的战场，其中包括曾取得巨大胜利的乌尔姆附近的赫希斯泰德战场，然后前往慕尼黑。希特勒核心圈子中的人物恩斯特·汉夫施丹格尔在丘吉尔的儿子伦道夫的协助下，准备安排丘吉尔与希特勒见面交谈。在宾馆大厅里，丘吉尔与汉夫施丹格尔相会并愉快交谈。谈话结束时，丘吉尔提出了几个问题："为何您的元首如此仇恨犹太人？因为一个人的出生地便对他进行攻击，其意义何在？一个人如何能决定在何处来到这个世界？"于是与希特勒会谈的事便不了了之了。

回到英国后，丘吉尔继续就希特勒和纳粹的危险性发出警告。他呼吁道，数百年的历史已经表明，大英帝国必须与一切想独霸欧洲的势力做坚决的斗争，与西班牙、法国、德国的战争皆源于此。许多议员在丘吉尔发言时，离开了议会大厅。

尽管之后没有再见面，丘吉尔与卓别林的关系却一直保持了下去。1935

年，伦道夫拜访了好莱坞的这位著名演员。在与卓别林一同饮茶聊天时，伦道夫获得许可，允许对外公布卓别林行将举行婚礼的消息。全世界各大报刊皆引用了伦道夫这一消息来源，使他的婚礼成为家喻户晓的事情。在德国，希特勒已上台两年了，他用冷酷无情和血腥暴力的手段将德国变成了一个独裁专制的国家。政治上的反对者遭到迫害，犹太公民的个人财产和参加社会生活的权利被剥夺了。后来丘吉尔在回忆录中写道："我曾想，他是个疯子！因为当爱因斯坦和托马斯·曼都被迫离开德国时，希特勒的面孔就不再是滑稽的了，而是狰狞可怕的了。"1936 年，西班牙内战爆发，希特勒和墨索里尼公开向政变将军弗朗哥提供军事援助，以支持他进行内战。

1937 年，电影制片人亚历山大·科达给卓别林提出了一部电影的思路：影片的核心主题是卓别林式的流浪汉与希特勒进行一番人物交换，因为二者都有极为相似的小胡子。卓别林为这一创意拍手叫好。他生动地设想出了如何扮演那个挥动手臂、叫嚷咆哮的演讲者希特勒，同时又表现出一个流浪汉安静、幽默的举止。这一念头在他的脑海中一直挥之不去，但也突然获得了一个悲哀的消息。希特勒就在那一年开始威胁捷克斯洛伐克，而欧洲各大国不仅袖手旁观，接受这一现实，甚至还同意德意志帝国瓜分捷克斯洛伐克的领土。德国军队后来又占领了捷克其余的领土，而伦敦和巴黎却没有提出任何值得一提的反对意见。这时，丘吉尔极力敦促实施反对希特勒的对应措施，但却无人听取他的意见。这些人没能认清希特勒邪恶的真面目，被他的诱惑力所迷惑。1939 年，美国的纳粹分子还在麦迪逊广场花园进行了列队仪式。

1939 年 4 月 21 日，英国杂志《观众》就卓别林和希特勒 50 岁生日发表了一篇文章。文章指出了历史的幽默之处：希特勒不仅和卓别林一样留着那种举世闻名的上嘴唇小胡子，而且也几乎和这位世界著名的喜剧演员同年同月同日生，实际上，卓别林仅比希特勒早四天来到这个世界。这位匿名作者写道："毫无疑问，这两人都是天才，他们都再现了小人物在现代社会中所处的困境这一现实。他们如同哈哈镜中的人物，不过一个是善良者，另一个则是用语言难以描述的邪恶者。"

卓别林早就开始创作这部以流浪汉和独裁者为主题的电影脚本。在他的从业生涯里，这是他第一次如此精心地创作电影脚本。9 月 3 日影片脚本终于完成了，而两天前希特勒的军队入侵了波兰。影片情节是这样的：一个小个子的犹太理发师查理曾在战争中为自己的祖国英勇战斗，但后来被独裁者兴凯尔的冲锋队迫害并被赶进了犹太隔离区受尽苦难。这位查理与独裁者兴凯尔长得很相似。独裁者兴凯尔计划与他的朋友、同为独裁者的本齐诺·拿破诺利发动对别国的侵略，以便为征服世界铺平道路。当那个独裁者被捕入狱时，这位理发师阴差阳错地扮演起了独裁者兴凯尔的角色，并发表了一番号召发扬人性和善良的演讲。

9 月 9 日，影片的拍摄工作开始了。在这一过程中，卓别林担任了各种各样不同的角色。他集编剧、影片主角、导演和制片人于一身。特别对独裁者这一角色的扮演，卓别林做了大量的精心准备工作。他研究了纳粹每周新闻纪录片中希特勒出场时的言谈举止，并和其他团队成员一起发现了希特勒身上的奇异之处。卓别林相信："这家伙是我见过的最会演戏的演员。"于是，穿上兴凯尔军服的卓别林便在影片中表现得旁人难以接近，举止生硬粗暴，思想上顽固不化。

当影片拍摄到一半时，美国的电影检查处告知卓别林，这部影片不可能通过检查。也有人告诉他，这部影片也不可能在英国放映。反共情绪充斥着美国各社会阶层，而希特勒因其坚定的反共态度在美国颇得人心。民调显示，90% 的美国民众反对参加战争。但卓别林不为所动，坚定地执行自己的拍摄计划，甚至自己出钱来完成这部影片的拍摄。他不仅要质疑和反对希特勒及其追随者的世界观，还要把他们的所谓“纯正血统种族”的愚蠢观念变成嘲弄的对象。

当卓别林还在忙于他的拍摄工作时，他并不知道纳粹已经开始对数以百万计的犹太人、同性恋者、精神病患者和所有被认为不应该生存的人进行了有组织的大屠杀，那时奥斯维辛集中营还未建成。后来卓别林说：“如果我那时知道纳粹集中营是如此让人毛骨悚然，我绝对不会拍摄《大独裁者》这部电影，我绝不会把纳粹屠杀的疯狂当作滑稽戏的题材。”

在英国，经历了几年的淡出之后，65岁的丘吉尔一下子又成为关注的焦点。首相张伯伦在战争开始后又委任他担任25年前一战时曾担任过的职位：海军大臣。于是英国皇家海军的舰队又发出信号：“温斯顿又回来了！”当丘吉尔从前担任海军和战争大臣以及其他内阁成员时，完成或推进了很多事项，而这些对英国抵抗德国的军事行动起到了决定性的作用。例如丘吉尔大力支持发展新型坦克，推进空军建设和海军的现代化建设，积极发展用于制空的雷达技术，此外他还进一步扩展了海外情报收集的谍报系统。

战争如燎原之火席卷了欧洲。1940年4月，德军突袭了丹麦和挪威，希特勒的军队大有势不可当之势。3月时，卓别林在好莱坞刚好拍摄完成了《大独裁者》这部影片。几周后的5月，张伯伦辞去首相职位，英王任命丘吉尔为首相，而就在几个月前，首相这一职位似乎还离他很遥远。1937年英国记者威克姆·斯蒂德就曾经预言过：“如果他能正确把握局势，他将成为我们拥有过的最伟大的首相。”这一预言后来成为现实。丘吉尔把他的政坛成功归功于邪恶的崛起。当自己还处于“荒漠岁月”时，他就对这一邪恶势力的危害一再发出过警告。事实果然如此。德国很快就开始进攻法国了。

1940年10月15日，影片《大独裁者》在纽约首映。一位剧本作家说服了卓别林，在那段著名的影片结束语中，不要指名道姓地攻击斯大林。在卓别林眼中，斯大林也是一个邪恶的化身，一个为了意识形态而不惜牺牲所有人性的独裁者。卓别林为德国与苏联所建立的瓜分波兰的联盟而深感愤怒。后来这些结束语包含了这样的口号："打倒压迫、仇恨和偏狭苛刻！""没有人性和仁爱我们的生命就没有意义！"等等。其中的一句话也暗示了丘吉尔的名言："就算要流血流泪，但为了自由，一切牺牲都在所不惜。"

1940年5月10日，丘吉尔上任了。他向英国人民允诺奉献"热血、辛劳、眼泪和汗水"。他还补充说："我们绝不投降。"就在他上任几天之后，德军的坦克便势不可当地向法兰西的领土碾轧过去。1940年圣诞节后，英国便是抵抗纳粹德国侵略的欧洲唯一大国了。围绕英国上空的空战也激烈展开，其结果便是希特勒放弃了入侵英伦三岛的计划。但戈林领导的德国空军依然对英国城市发起了一轮又一轮的轰炸空袭，首先就是伦敦。在法国投降后，似乎现在轮到英国屈服了。

1940年12月14日，丘吉尔搬进了名为迪奇雷的乡村别墅里，一位议员为他提供了这个地方。这一别墅在战争期间比其他的疏散地更好，因为此地不在德国轰炸机飞往伦敦的线路上。在一个晚上，丘吉尔与他在迪奇雷乡村别墅的家人和顾问们一起观看了卓别林的《大独裁者》，这部影片很快就要在英国上映了。这成了令丘吉尔感到开心的消遣，特别是拿破诺利和兴凯尔互相投掷食品的场景让丘吉尔笑得前仰后合。

和用武器与邪恶斗争的丘吉尔不同，卓别林是用幽默在战斗。邪恶仇恨幽默和自嘲，笑声使人产生距离感，减轻了恐惧感，而嘲讽总是与怀疑和质疑息息相关。所以漫画和嘲讽是邪恶不共戴天的敌人，邪恶对此必欲除之而后快。卓别林用他的幽默将独裁者的丑态公之于众，他用笑声的力量来反击独裁者们为自己设定的形象和压迫别人的规则。卓别林有意识地把一位毫不起眼的、矮小的犹太理发师塑造成独裁者的反面形象。正因如此，多年来纳粹的宣传机器一直宣称卓别林是犹太人。后来卓别林对此曾这样说："我从未试图对此加以否认，但我的确不是犹太人。所有伟大天才的血管里都有犹太人的血液。不，我不是犹太人，但在我的血液里一定有一滴犹太血液。至少我希望如此。"

无论是丘吉尔的武器还是卓别林的幽默，都成为抗击邪恶的工具。一个共同的目标成为他们抗击邪恶的前提。他们是为人道主义而战，每个人都有生存的权利，每个人都有自由发展的权利，每一种观念都有权得以传播，只要这一观念不损害别人的权利和生活方式。这就是丘吉尔和卓别林战斗的共同目标。不论丘吉尔多么严厉、多么好战、多么具有攻击性，但他尊重人，仇恨对他而言是一个陌生的东西。他曾说："我只恨希特勒。""这是出于特殊的原因。"尽管丘吉尔和卓别林在政治上并没有一致性，但这并没有阻碍他们之间的友谊。丘吉尔认为："如果两个人总是想法一致，那么必然有一个人就是多余的了。"尽管丘吉尔是一个根深蒂固的君主主义者，同时他也是民主的坚定捍卫者："言论自由有其缺点，人们可以说愚蠢、丑恶和恶毒的话。但无论怎样，我们都愿意容忍言论自由，而不是取消言论自由。"

虽然丘吉尔和卓别林有着不同的政治见解，但在热爱人的多样性方面，两人却极为相似。别人的成就都能使这两人深感振奋和激动。丘吉尔总是对那些杰出人物深感着迷，以至于有时都不能保持一种冷静的距离感和用一种批判的眼光来看待他所喜爱的人物。与丘吉尔不同，那些小人物的奋斗总是让卓别林激动不已，也成为他艺术灵感的来源。尽管都是万人瞩目的人物，丘吉尔与卓别林都有自我嘲讽的能耐，这也是两人的相似之处。卓别林的滑稽表演总是与对自己的嘲笑联系在一起，而丘吉尔对凡是涉及自己个人形象的事情，眼角都不会眨一下。正如在私人拍摄的影片中所能看到的那样，他如同一只懒散的海豹从滑梯上滑进游泳池。与之相比较，希特勒总是一脸冷峻地出现在画面上，表现希特勒轻松愉快和滑稽可笑的画面是难以想象的。

在美国，卓别林的《大独裁者》遭到了失败。特别值得一提的是，当年接待丘吉尔的赫斯特是一位希特勒的同情者，因此他手下的众多报纸对这部影片大加抨击，但在英国这部影片受到了热烈欢迎。当 1945 年德国即将失败时，希特勒曾对其亲信斯佩尔说，《大独裁者》是“第三帝国最好的纪录片”。

就在战争后期丘吉尔离任不久后，卓别林的“荒漠岁月”也开始了。美国人对《大独裁者》所持的拒绝态度使他深受打击，他与宝莲·高黛的婚姻也将很快走到尽头。1947 年，在《大独裁者》上映多年后，卓别林才又一次拍摄了《凡尔杜先生》这一影片。媒体对卓别林充满了敌意，对卓别林的私生活和政治立场大加抨击。在日渐强烈的压制、打击左派知识分子的风潮中，持自由主义立场的卓别林便陷入了监控“非美行为”委员会的陷阱。这一委员会通过煽动对持不同政见者的诋毁来毒化美国社会风气。这表明了对邪恶的恐惧自身也可以变成邪恶。

于是卓别林便在 1952 年登上了开往伦敦的海船，他又作为一个被迫害者回到了欧洲。在伦敦，卓别林首次公映了他的最新影片《舞台生涯》。美国政府禁止他再次入境。在这些困难的岁月里，他终于在私人生活中找到了幸福。1943 年，他与剧作家尤金·奥尼尔的女儿、年仅 18 岁的姑娘乌娜·奥尼尔相识，并在她生日的那一天结婚了。这对夫妻终生相伴并有了八个孩子。

1956 年，在伦敦的萨沃伊格瑞餐厅，丘吉尔与卓别林最后一次见面了。此时的丘吉尔已 82 岁高龄，一年前他在下议院做了最后一次议会发言，然后便回归自己的私生活之中。在战争中战胜邪恶之后，丘吉尔却在选举中落败，到了 1951 年才再次当选英国首相并任职四年。被美国驱赶出境的卓别林此时也在瑞士的沃韦定居下来。当他们再次相会时，卓别林向丘吉尔道歉，因为他未回复丘吉尔两年前写给他的信，信中对《舞台生涯》的上映表示祝贺。卓别林说，他曾想丘吉尔那封充满魅力的信无须回复。丘吉尔微笑着答道："我总是对您的影片万分欣赏。"

第十三章

米勒与梦露：

我非得完美无缺吗

工作就是提出问题，永远是这样，我竭尽全力做到这一点，但也多少感到有些沮丧，因为我不得不面对没有正确答案这一现实。

——阿瑟·米勒（1915—2005）

我就想成为一个充满了神奇和美妙的人。

——玛丽莲·梦露（1926—1962）

银幕上，四个人站立在内华达州广袤的荒原上，三男一女。孤寂的机械师圭多、年纪较大的牛仔盖伊尔和无家可归的竞技骑手佩尔西，他们打算捕捉野马，这可让他们打发时光，还能赚点小钱，或许这还能给那位叫罗斯琳的年轻貌美的姑娘留下好印象。这三个男人在自己的生活中都颇为失败，但都十分渴望得到这位美丽姑娘的青睐。罗斯琳在面对他们的炽热情感时，不知所措。她那受过伤的心，如同一缕熠熠生辉的光线，在这三个充满渴望的男人心中闪烁跳动着。而她渴望有所依靠，能获得安全感，但恰恰是她的美貌给她带来了麻烦。

影片《不合时宜的人》讲述了这四个失败者让人深感压抑的故事。英语中的“不合时宜”也意味着社会的“边缘人物”和“怪癖之人”。阿瑟·米勒为这部影片撰写了剧本，同时也为自己确立了一个目标：他要治愈妻子玛丽莲·梦露的灵魂。玛丽莲·梦露在影片中不仅扮演罗斯琳，她自己也就是罗斯琳。米勒的影片情节按这一设计发展，而这正是他的错误。1960 年开始拍摄这部影片时，梦露已是全世界最著名的演员。在许多人眼里，她也是全世界最美丽的女人，是无数男人梦寐以求的对象。梦露也料到了米勒在关注什么：她那迷人的身躯漫步在沙滩上，在沙地上留下一列整齐的脚印。梦露有着让人难以忘怀的美貌，扮演着值得追求的邻家金发女孩的角色。她的性格谦逊平和，从无妒忌、奸诈之心。对每个男人而言，她给人的印象永远是清纯无邪，是微笑和亲切的代言人。

梦露作为电影明星，可谓完美无缺地扮演了她的角色，一张张公之于众的照片也表现了她的完美形象，但这些完美最终变成了灾难，因为她在看上去的完美无缺中总是难以找到自己的位置。她既是一个天真的小孩，又是一个成熟的妇人。她的心灵总是被不安全感和孤独感所缠扰。梦露渴望有安全感，因此她一再在男人那里寻求庇护。心灵深处的迷惘，使她常常把男人的欲望和钦佩与爱情混淆起来。她的不安全感却也颇具魔力，使她成为一名成功的电影明星。她唤醒了男人心中的保护意识，因而好莱坞总是让她在影片中扮演“傻丫头”或无助的可怜人一类的角色。一天，一位记者与梦露私下交谈了几句话，他惊讶地发现她非常有才智和见解。这位记者曾认为，在面对媒体时，好莱坞的新闻部门肯定提示过她要如何说，而她自己无任何主见。

她的丈夫阿瑟·米勒多年来一直是一位成功的戏剧作家。他身材高大，容貌英俊，爱好体力劳动。他特别喜欢干木工活，这使他肌肉发达，没有赘肉，皮肤黝黑。在很多人眼中，特别是在梦露眼中，米勒的角边眼镜完美体现了一个颇具魅力的知识分子的理想形象。当梦露与米勒步入婚姻殿堂时，他们都暗想，两人的对立之处或许正好能弥补各自的缺点。事实正好相反，他们取得巨大成就的现实世界以及他们截然不同的内心世界很快便使他们之间的爱情烟消云散。当全世界的媒体还在大肆报道他们之间的暧昧关系时，米勒便多次被问到是否会专门为梦露编撰一个角色。他回答希望如此，实际上，他不会为一个特定的演员撰写一个特定的角色。而当他们的爱情日渐褪色时，他却尝试为自己的妻子编撰一个角色。他不知道是否用一个剧本就能解决他们之间成堆的问题。但他相信，一切皆有可能，他会取得成功。很多年以来，米勒的作品不断取得成功，他用这些作品深入美国人的灵魂深处，探寻着美国梦破碎的原因。很多美国人用社会成功的标准来衡量自己的一切，为努力实现飞黄腾达和自我实现的梦想而比别人更为努力地奋斗着。米勒完全理解他们，因为美国就是一个绝不接受随遇而安、无所作为的社会，而是一个永无止境地寻求完美的社会。这种对完美的追求常常扭曲了人的善良本质，破坏了原本美好的事物。

阿瑟·米勒擅长描写这样一些人的所想所感：他们自身并不完美，尽管十分努力却在生活中依然失败。他自己在年轻时也经历了这一切，所以他对自己在写什么了然于心。他的父亲从未上过学，却成为一家拥有 400 名员工的服装厂的老板，为此他得意扬扬。他在股市里买卖股票，但在 1929 年的股市灾难中失去了全家人赖以生存的全部财产。米勒一家只得放弃住宅、汽车和司机，搬进了布鲁克林区狭小的公寓里居住，以躲避债权人的追债。阿瑟·米勒不得不去送报纸，以改善家庭的经济状况。后来他又努力工作，以便能解决在密歇根大学的学费问题。他开始时学的是经济和历史，后来又转为英国语言文学并专攻文学和戏剧。他开始写作并在 1940 年 25 岁时完成了第一部作品，但未取得成功。米勒仍然坚持不懈，第二部作品总算获得了一定程度上的成功。1947 年，他创作了剧本《我的儿子们》，伊利亚·卡赞导演了这部话剧，并在百老汇剧院上演后获得了巨大的成功。剧本主题表现的是一个人如何在这个追求完美的世界中走向灭亡的。主角乔·凯勒隐瞒了自己公司制造的飞机发动机存在的设计错误，而这最终导致了好几个飞行员殒命。他知道，这些丧生的飞行员也可能是自己的孩子，但为了让职业声誉和家庭幸福不受危害，他还是把一切责任推到了自己商业合伙人的头上。

完成《我的儿子们》两年后的 1949 年，米勒以剧本《推销员之死》赢得了普利策奖。在康涅狄格州罗克斯伯里的一块私人土地上，米勒亲手搭建了一间茅屋。在这里，他满怀创作的激情沉浸在这部作品之中，竟然在一天之内完成了全剧的第一幕。米勒用他的作品对信奉“只要努力，就会有收获”的美国梦奏响了令人怅惘的哀歌，这也构成了全剧的主题。戏剧主角威利·罗曼是一位日渐老去的推销员，为了自己的梦想而竭尽全力地奋斗着。无论是他自己还是他所寄希望的儿子们，都未能实现他的梦想。他越来越狂躁，陷入自言自语的臆想之中。罗曼不断提到自己过去的工作能力、旺盛的精力和取得的成就，但不愿面对这样的现实：外界环境早已发生变化，对此他无能为力，这也决定了他的失败和衰亡，最终他走上了自我毁灭之路。

1951 年 4 月的一天，米勒与伊利亚 · 卡赞在纽约登上了开往洛杉矶的火车。此时的米勒尽管已功成名就，但生活却一团乱麻。他的妻子是大学同学玛丽 · 格蕾丝 · 斯莱特里，两人育有两个孩子，他们的婚姻陷入了危机。恰好在这时，米勒获得了前往好莱坞帮助拍摄一部影片的机会。4 月 23 日，他在福克斯电影公司的摄影棚与卡赞一起参加了影片《豆蔻年华》的拍摄工作，就是在那里米勒第一次见到了当时尚默默无闻的梦露。如同在《豆蔻年华》里一样，此时的梦露仅在一些影片中扮演一些配角，为一个夜总会场景她身穿一件黑色的、有很多网眼的服装。在拍摄休息时，梦露与卡赞交谈，两人与米勒相距仅有几步之遥。当时梦露多年来的保护人和经纪人约翰尼·海德刚刚去世了，她十分伤心，说着说着就流下了眼泪。米勒立刻迷上了这位伤心的美丽姑娘，他后来这样写道：“任何眼睛都无法在她的身体构造上找到哪怕是最小的瑕疵，她的完美好像就是要让别人妒忌到痛苦。”在接下来的几天里，卡赞、梦露和米勒一起待在洛杉矶并度过了十分愉悦的时光。他们去参加聚会，沿着沙滩漫步，还参加了一次工作会议。这期间他们频开玩笑，让梦露充当助手，而梦露也十分高兴地扮演了这一角色。后来米勒匆匆忙忙地离开了洛杉矶，对此他写道："我太想得到这个女子了！所以我决定当天晚上就启程回家，不然的话我就彻底完了。"

米勒与梦露从此保持着联系，互通信件或电话交谈。梦露也开始扮演米勒戏剧中的角色。米勒给梦露留下了良好的印象，也似乎成了她最为理想的男人：一位身材高大、英俊的知识分子，能扩展她的视野，并承诺保护她、支持她。在一封信中，梦露承认道："我需要一个让我赞叹的人。"

无条件的爱会使生活春和贻荡，但梦露从未经历过无条件的爱。她出生证的故事就已经表明了她是如何降临到这个充满敌意的世界上来的。她的母亲格拉迪斯对她感情冷漠，1926 年生下她后，为她取名为诺尔玛・珍妮・莫特森。这位母亲在为女儿做出生登记时写的名字为梦露，后来在洗礼证明书上将女儿的姓改成了贝克，即当时自己丈夫的姓。到底谁是梦露真正的父亲一直是一个历史之谜。格拉迪斯从未给自己的女儿一个安全温馨的家庭，女儿甚至都不知道自己的故乡在哪里。这位母亲自己也没有一个温馨安全的家，并总认为女儿的降临干扰了她的计划，实际上，她也说不清自己的计划到底是什么。格拉迪斯总是让女儿在一些临时居住地来回搬迁，要么待在救济所，要么待在寄宿家庭。她也因为心理问题常常被送进医院治疗，一旦病情好转，便又带着女儿四处游荡，寻找住处。只有寻找到新的寄宿家庭后，这位幼小的姑娘才会结束这样的流浪。

渐渐长大的梦露很早便察觉到男人的目光总是盯着自己不放。她意识到自己的妍姿艳质，对此怡然自得。她把这些目光看作爱意的表现，而爱意正是她渴望却又缺失的。梦露的母亲有一位叫格瑞斯的好友收留了这位姑娘，并大力支持她实现成为电影明星的梦想，于是梦露的生活迎来了转折点。梦露的母亲和格瑞斯都喜欢沉溺于好莱坞耀眼的光环之中，做着自己的白日梦。

格瑞斯总对梦露说，她一定会在银幕上名扬四海。后来格瑞斯成了梦露的监护人和养母。但很快格瑞斯结婚了，她的丈夫不愿看到梦露总在他们身边，于是年仅16岁的梦露便和一个年轻的邻居结婚了。这场婚姻可以使梦露免于去寻找新居住处的窘境。梦露的生母格拉迪斯对这场婚姻起到了穿针引线的作用。

梦露没有放弃自己的梦想，18岁时她当上了模特儿。很快那些摄影师和经纪人就发现，照片上的梦露拥有光彩夺目的魅力。后来梦露与福克斯电影公司签订了一份演员的合同。很快她便与丈夫分道扬镳了。离婚后她改名为玛丽莲·梦露，把自己的棕色头发染成了金色。开始时，她在质量低劣的B级影片中扮演一些小角色。影片中她总是扮演年轻貌美、充满诱惑的女子，但并没有多少台词。1950年在影片《柏油丛林》和《彗星美人》中，她给观众留下的就是这种印象。梦露在其职业生涯一开始时便处于对自己不够完美的担心之中。1952年时，她在影片《无须敲门》中第一次扮演了较为重要的角色。在拍摄过程中，每当出镜前，她都会因过度紧张而呕吐。

1953年，梦露在影片《飞瀑欲潮》饰演了一个重要女性配角，其娉婷袅娜的魅力使她一举成名，全世界都在盛赞她的表演才艺。在影片中，梦露身着线条毕露的紧身衣婀娜妩媚地沿街而行，将其女性魅力尽现观众眼前。但梦露妩媚动人的形象使她的演技不再受人关注，人们目光关注的仅是她作为女性的魅力，而不是作为演员的艺术魅力。不久，梦露与比自己大12岁棒球运动员乔·迪马乔结婚，在这位丈夫身上，她又看到了她所缺失的父亲的身影。这一婚姻引起了巨大的轰动，每周梦露都会收到上千封影迷发来的贺信。美国大兵把她的照片贴在军营里的柜子上。当梦露前往前线劳军并在冷风中衣着暴露地出现在上千美国大兵面前时，她听到的是震耳欲聋的欢呼声，士兵们的目光几乎要吞噬了她。后来，她对自己的医生拉尔夫·格林森说，这一刻也是她一生中最幸福的时刻之一。

随着她声名鹊起，梦露内心深处的忐忑不安也与日俱增。每次拍摄电影时她都会感到难以忍受的怯场，总是担心自己的形象不够完美，看上去不够漂亮。在家庭生活中，她的丈夫也很难适应这种处于自己妻子阴影之中的角色，他对梦露的明星声誉感到妒忌，也为自己妻子的种种绯闻而深感痛苦。他们争吵不休，梦露还被殴打过。1954 年，在结婚九个月之后，梦露提出了离婚并前往纽约。她说："如果我离开好莱坞并去纽约，我相信，我会取得更大的成功。"她还说："如果我不能成为我想成为的人而成为另外一个人，这有什么用处？"

在纽约，梦露寻找新的职业发展空间。她与摄影师米尔顿·格林一起组建了梦露电影制片厂。梦露在李·斯特拉斯伯格处听取演员课程并听从他的要求接受心理咨询。她去剧院，逛书店，常常穿上厚厚的衣服，戴着帽子，在纽约的大街上闲逛，没人会把她认出来。在作家诺曼·罗斯登和他的妻子的帮助下，梦露在 1955 年又和米勒相见了。梦露自从上次与米勒相识后，米勒的形象总是萦怀于心、难以忘却。米勒分别在 1953 年完成了《萨勒姆的女巫》，在 1955 年完成了《桥头眺望》两部著名戏剧作品。通过这两部作品的人物形象折射出了他与梦露的爱恋与矛盾。《萨勒姆的女巫》是关于当时美国对共产党人进行迫害的作品，而《桥头眺望》则以外来移民如何在美国安身立命为题材。但这两部作品都贯穿着爱情主题，讲述了一个已婚男人与一个极具诱惑力的青年女子的爱情故事。米勒发现自己也真正陷入了他所创作的故事情节之中。

在纽约，米勒和梦露变成了一对情人。梦露在米勒身上获得了一种安全感，并希望米勒能使她成为另外一个人。米勒决定结束自己的婚姻："我深陷席卷一切的洪流之中而不能自拔。"他离开了他的妻子和孩子，还为了能早点完成离婚手续而搬到荒凉的内华达州。此时，米勒几乎无心工作，突然有了写一篇短篇故事的念头。后来，他将这篇短篇故事改写成为电影剧本《不合时宜的人》。

在此期间，梦露十分积极努力地接受电影演员的教育培训，她甚至住进了斯特拉斯伯格家。斯特拉斯伯格的夫人成了梦露的助手，她努力帮助梦露克服一切惶恐不安的心情。梦露后来前往亚利桑那州拍摄电影《巴士站》，很多人认为这是她最好的电影之一。一位名叫艾多·吉鲁的电影评论家曾就梦露的表演这样评论道："必须是非常有智慧的人才能扮演傻孩子。"在拍摄《巴士站》这部影片时，梦露再次陷入担心遭受失败的恐惧之中。她给在内华达的米勒打电话。此时，米勒居住在一个偏僻的住宅里，他的邻居需开 20 分钟的车才能把他送到一个电话亭里打电话。在电话中梦露哭泣着，称米勒为父亲，倾诉她内心对被人拒绝和不被理解的痛苦感受。

米勒选择了自我流亡。一天他接到了"非美行动委员会"要他出席听证会的传令。美国议会的这个委员会体现了第二次世界大战后害怕共产党要暗中破坏、颠覆美国社会的臆想。在一种歇斯底里的气氛中，这个委员会与其他一些委员会一起获得了巨大的权力，破坏、毁灭了很多知识分子和电影制片人的前程。这一时期作为麦卡锡时代而载入了史册。麦卡锡当时是参议院议员，也是 20 世纪 50 年代初这一政治迫害运动的重要推手，因而这一运动被冠名为麦卡锡运动。此时"非美行动委员会"已风光不再，因此寄希望于对米勒的听证会又能引起公众的关注而重振雄风。如伊利亚·卡赞一样，米勒被要求放弃与共产党人的关系并说出他们的名字。但米勒立场坚定，没有屈从。在这之前他就因卡赞在这一委员会上的陈述，果断抛弃了他们之间的友谊。

米勒又回到了纽约，并和梦露一起居住在萨顿广场旁的公寓里。从那里米勒前往听证会并就自己的政治立场做了辩护："每个人都应该有权以任何一种方式就任何一个题目写作诗歌或作品。”米勒没有说出任何共产党人的名字，并要求获得护照。在电视摄像机前他告诉一位记者，他想与梦露结婚并且与她一起前往英国拍摄她的新影片《王子和他的女舞伴》。梦露在电视上目睹了这一切，就此表达了意见：“他把计划告诉我，他真是太好了。”

1956 年，在纽约的怀特普莱恩斯，时年 41 岁的米勒与 30 岁的梦露结婚了。他们的婚礼仅进行了四分钟。两天后他们又举办了一次犹太教婚礼，梦露因她的丈夫而皈依了犹太教。在他们的结婚戒指上刻有一句话：“此时将成永恒。”两周之后他们飞到伦敦拍摄影片。在这段时间里，梦露发现了米勒所写的一本日记，读到日记中米勒对自己十分冷静的判断。米勒日渐发现梦露沉溺于酒精和药物之中而无法自拔，觉得早知这样就不应该与她结婚。她其实是一个难以自控的天真妇人，内心迷茫却又自私自利。米勒相信，心理医生对此也无能为力。

在回到美国后，这对夫妻又在一个夏日开车去海边沙滩度假。在那天晚上，梦露腹中胎儿流产了。在闪光灯中，米勒陪同她离开了医院。她面带微笑，但却掩盖不住内心的悲伤。接下来的夏天里，梦露再次流产。米勒曾和他的第一任夫人居住在罗克斯堡的住宅里。现在米勒和梦露买下了这所住宅并居住于此。但他们之间的爱情却日渐冰冷，生活变得乏味和痛苦。梦露曾写道：“如果一个人想独处，如我的爱人阿瑟所暗示的那样，那么别人最好就回避他。”“我想，在人可承受的范围内勇敢地去爱和接受爱是最好的事情。”

1958 年 8 月初，梦露又开始了影片《热情似火》的拍摄工作，此时她又怀孕了。编剧兼导演比利·怀尔德后来曾就他为何让梦露扮演苏珈这一角色这样解释道：“这是一个最软弱的角色，理应让最优秀的演员来扮演。”在拍摄过程中，梦露一再忘记台词，说一句话都需要重拍无数次镜头。梦露在镜头前从无慌乱之感，她喜欢照相机，那些照片上的脸就已经表达了一切。她甚至可以

▲ 20 世纪 50 年代米勒与梦露的合影

毫无羞涩地裸露在镜头前。一旦需要在镜头前开口说话，梦露便感到害怕和难受。正因如此，她总是避免扮演那些需要说很多话的角色。

米勒对比利·怀尔德在拍摄过程中对梦露毫不关心的态度深感愤怒。比利·怀尔德并不知道梦露怀孕一事，并说他只是导演，而不是来照料梦露的护士。在这部影片拍摄结束几周后，梦露第三次流产了。不久梦露试图自杀，在最后时刻米勒拯救了她，这已不是她第一次尝试自杀了。在她的第一次婚姻期间和得知他的保护人约翰尼·海德死讯时，梦露就曾试图以自杀来结束自己的生命。

1960 年，梦露开始在心理治疗师拉尔夫·格林森处进行咨询和接受治疗，同时她又参加了《让我们相爱吧》的影片拍摄，伊夫·蒙当是她的搭档。在若干个著名演员被回绝后，米勒推荐他担任这一角色。此时的梦露开始吸毒并大量饮酒。格林森注意到，梦露一旦感觉没人注意到她，便立刻脸部皮肤松弛，尽显疲态。

在拍摄《让我们相爱吧》时，梦露与米勒搬到了洛杉矶贝弗利山庄的宾馆里。此时的梦露便与蒙当有了婚外情的绯闻。她也每天去格林森处进行治疗。梦露已成家喻户晓的人物，但其不守时的恶习也使她声名受损。甚至在进行心理治疗和咨询时，她也经常迟到。当格林森向她指出，不守时表现了一种价值观的缺陷时，梦露反驳道："如果您等待我，说明您爱我。只有爱人才会等待他的心上人。"但自此之后，梦露进行心理治疗和咨询时再也没有迟到过。

《让我们相爱吧》的拍摄工作持续了很长一段时间。当这一影片的拍摄事项终于完成后，在北部的内华达州，影片《不合时宜的人》又开始拍摄了。7 月时在这一地区气温高达 42℃。米勒精心编写了影片的台词和场景，并希望借助这些台词和场景可以帮助梦露产生正确的自我认识，从而找到一条治愈心理疾病的道路。但事与愿违，米勒并没能达到自己的目的。当影片《不合时宜的人》拍摄结束时，他们的婚姻也走到了尽头。梦露作为一个正常人的状态也不复存在了。影片的正义与邪恶的巨大反差使梦露内心崩溃了。她后来曾谈到那些使她心如刀绞、肝肠寸断的场景：在影片中她扮演了罗斯琳这一角色，与圭多、佩尔西和盖伊尔来到内华达的荒漠之中。这三个男人想捕捉野马。当罗斯琳了解到他们捕捉野马是为了喂狗时，她勃然大怒。梦露不仅丝丝入扣地表演了这一愤怒，她内心里也经历着这一愤怒。在影片中，她孤独地在荒漠中奔跑，将自己的感受和人性的冷漠尽显在镜头前。她伫立在一望无际的荒原中，对着那三个男人，也对着镜头和观众大声疾呼："你们这些谋杀犯！"

格林森曾对梦露说，在影片《不合时宜的人》中梦露扮演的其实就是她自己。梦露也曾说："当我和米勒结婚时，我曾梦想过不再是玛丽莲·梦露了。而现在我不得不从头开始再来一遍。我想摆脱这一切！"梦露向他的心理医生所说的话都录制在磁带上了，她的声音明亮清晰，有着一种动人的低沉，让人感到其间既有孩童宛若黄莺的悦耳，又有成熟女性的万般风情。梦露语调娓娓动听，带着某种沉思和成熟，闪烁着青春的鲜活。的确，无论梦露的话是多么坚定、多么友善，但都让人感受到人生犹如在悬崖边前行，必须小心翼翼。她对格林森说："我成为一个成功者唯一的机会就在于我变为另外一个人。"她还说："我暗中总觉得自己是一个赝品。"最后她还说道："我不愿成为银幕上的春药。"在过去一段时间里，梦露的确如银幕上的春药，但现在一切都结束了。

在拍摄完《不合时宜的人》之后，梦露与米勒就离婚达成了一致。1961年，他们的婚姻结束了。几周后梦露在注射了满满一针镇静剂后，被送进了纽约一家治疗心理疾病的医院。她处于一种完全混乱的精神状态，以致都想不起来自己是如何在住院单上签的名。后来在另外一家医院里，她有一段时间身体和精神都有所康复。于是梦露写了好几页的信给格林森，其中有这样一句话："我知道，我再也不会感到幸福了，但我可以感到高兴。"她还写道："我们本来可以改变我们自己，但我们并没有这样做，这其实是《不合时宜的人》这一影片最根本的主题。部分原因或许在于剧本的改动和导演的一些改编……"梦露把下半句撕了下来。在同一封信中还有这样几句话："有时我问自己，深夜的时光到底有何用处？对我而言实际上就没有深夜——有的就是那长无止境的可怕白日。"

1962 年初，梦露买下了位于洛杉矶布伦特伍德城区一处住房，并一个人入住了她的新居。在那里她常常通宵达旦地打电话。1962 年 8 月 4 日到 5 日的深夜，梦露在她自己的住宅里撒手人寰。就其死因外界有着各种猜测。梦露在夜里常常陷入忧郁沮丧之中，于是便大量摄入药物和饮酒，这可能构成了其死亡的直接原因。乔·迪马乔在梦露生命的最后时光里又成为她的好朋友，并在梦露去世后料理她的后事。此时，米勒正在东海岸坐在书桌前为他的新作品《堕落之后》写上最后几句话，这部作品涉及他与梦露的故事。他后来曾说，当梦露的死讯传来时，他数周之后都不能理解，这样鲜活的美貌佳人怎么会突然就香消玉殒了？当一位记者在电话中问他是否会出席梦露的葬礼时，米勒回答道："我不会来。"米勒没有参加葬礼，而是待在了纽约。

米勒的新作品《堕落之后》变成了一个丑闻。公众认为这部作品品位低下，有露阴癖的倾向。但对米勒而言，写这部作品正当其时。欧内斯特·米勒·海明威曾说，每个人都应该把自己的命运写成文学作品。米勒正是这样做的。在他的每一部作品中，批评家或许都能找到他与梦露关系的蛛丝马迹。在这部作品中米勒公开了这一点，或许这正是这部作品的完美之处。

米勒后来很快又结婚了。在拍摄《不合时宜的人》这部影片时，他结识了摄影师英奇·莫拉特并与之结为夫妻。这场婚姻持续了40年直到莫拉特于2002年逝世。他们生下了三个孩子，其中一个男孩患有唐氏综合征，米勒从未在公众场合提起过这个儿子。2005年，米勒在罗克斯堡的住宅中与世长辞了。在这一住宅里他度过了生命的大部分时光，他也曾和梦露一同居住在这里。在他最后一部剧本《完成影片》中，米勒再次将这一悲剧展现在观众面前：一位形象上并不讨人喜欢的年轻作家被一个心理上处于崩溃状态的女演员搞得精疲力竭、无所适从。其中有一句台词为："她一定要摔碎一个杯子后才肯离开。"

米勒和梦露都想完美无缺。他们在各自的领域里都达到了令人艳羡的高度，被欢呼，受拥戴。但力争完美又与患得患失如影随形。两人都知道，没人能够完美无缺，世事无常，皆会时过境迁、物是人非。梦露被错当作完美女性，当她满怀疑虑地在镜子前打量自己脸上的皱纹时，她自己并不想永远当梦露。"只有当人们不属于任何人和物时，才不会变成众人追逐的对象。"或许也只有这样她才能是完美的。梦露不得不为众人心目中的形象而奋斗，也不得不为自己所设定的形象而奋斗，直到她难以为继的那一天，因为她对完美的渴望和追求从来就没有得以实现的可能。

米勒对完美的追求建立在完全不同的前提条件下，有着完全不同的方向。米勒对自己的能力充满了信心，有时甚至是过度自信。尽管有时这些取得的成就使他烦恼，但总体而言，他对自己的出类拔萃还是心满意足的。后来他也承认，因为这些成就，使内心变得日益贪婪，而这种贪婪也激起了他占有梦露的欲望。他曾相信，只要是自己追求的东西，最终都可以收入囊中。但后来他真的爱上了梦露，这对夫妻的很多朋友和熟人都证实了这一点。

米勒作品中的题材、情节和人物尽管有所差异，但都向读者和观众表明，人其实并不能主导自己的命运，仅靠努力并不一定就会成功。这样总结米勒触及到了一个超越时代的话题。《推销员之死》的主角威利·洛曼不断努力以确保自己的安全，并确信只要努力奋斗就会取得成果。其实每个人身上都有这个拼死奋斗的推销员威利·洛曼的影子。在一个完全以经济利益为核心的社会，每个人都是推销员。当米勒自己的生命之旅走向终结时，他发现自己的茔苑与他亲手搭建的茅屋不过就几百米之遥。正是在这所茅屋里他创作了《推销员之死》这部举世闻名的作品。

或许人所力求的完美无缺就是对不完美、忧愁、悔恨和矛盾的宽容。恰恰是因为弱点才使人真实生动。这一点似乎人人都同意，但在现实生活中，当成功好像已唾手可得时，人们便不断制定更为高远的目标并力图尽快达到。在这一追求完美的过程中，人的不完美性这一现实便被忘却在九霄云外了。

在梦露最为成功的影片《热情似火》中的结束语本可以让我们每一个人都能更为从容淡定地面对这个世界，但不仅是梦露、米勒，也几乎我们每个人都一再忘记了那句话：“尘世无完人！”

第十四章

约翰·列侬与小野洋子：

我能拯救这个世界吗

想象一下，所有的人都生活在和平之中。

——约翰·列侬（1940—1980）

你一个人做梦，那只是一个梦而已。你与别人有着共同的梦想，那将成为现实。

——小野洋子（1933—　）

1966年11月初秋的一天，约翰·列侬与小野洋子在一个名为紫薇的画廊里相遇了。这家画廊地处伦敦市中心的一个后院里，窗口临街。一位司机驾驶一辆小轿车送列侬到达这里。画廊里大家正为第二天就要开幕的一次展览做着紧张的准备工作，小野洋子也正为艺术展览做最后的筹备。这时只见列侬并未自报姓名便大大咧咧地走了进来，他发出的吵闹声和笑声立刻引起了别人的注意。小野洋子没有认出这个身着西装、皮肤被太阳晒得黑黑的家伙是谁。他看上去如一个衣着讲究的时髦绅士，但说起话来如同一个码头搬运工。小野洋子感到很生气，她不打算再看这个不速之客一眼。但画廊的拥有者约翰·邓巴这时走了过来，请小野洋子去招呼一下这个小伙子，因为此人十分重要。于是小野洋子只好十分不情愿地向列侬走去。

小野洋子后来对此讲述说，此时的列侬看上去颇有风度、时髦。与之不同，列侬后来回忆说，他那时已有三天未曾合眼了。在过去一段时间以来，他不加选择地吸毒，吸食了大量的大麻、各种片剂的迷幻药物，以至于都不知道现在是何年何月。就在他去画廊的这一天，他也吸了毒，只是不知道自己吸的是什么毒。他觉得自己已无法正常生活。

列侬在享有公众知名度上，无人能出其右。全世界每个人都知道他是披头士乐队成员，也是乐队的两个灵魂人物之一。如果把披头士称为世界上最出名的乐队，实际上是在贬低他们。自从 1963 年一举成名后，这四个来自利物浦的年轻人用他们的音乐、服装、发型、电影和玩笑不断使全世界欣喜若狂。他们在文化上的影响力可谓史无前例。1966 年，披头士又用他们的歌曲和表演给世界带来了新的理念。然而，巨大的名声也给披头士乐队的每一个成员带来了沉重的负担。但他们都没有像列侬那样深陷内心的孤独和迷惘之中。列侬在乐队组建之初便和自己青少年时代的恋人辛西娅结婚成家，但他在公众面前对此三缄其口。而现在，日常生活的家庭琐事也使这段婚缘进入了死胡同。列侬几乎从未关心、照料过自己的小儿子朱利安。

在最近的几个月里，披头士似乎已走到穷途末路了。他们不再举办音乐会，乐队成员似乎都已筋疲力尽，但在音乐艺术上他们依然在力求创新。披头士的音乐早已变得太过复杂，以至在舞台上都难以演奏。他们听从了音乐制作人乔治·马丁的建议："多想想交响乐！"在此之后，披头士的乐曲虽然前卫，但雅俗共赏，获得了无论是古典音乐家还是广大普通听众的欢心。他们打算将来只在录音棚里录制音乐。当年披头士乐队在旧金山烛台公园球场举办了最后一场音乐会，然后便销声匿迹了。披头士乐队的每一个成员都在想，经历了这些年的奋斗和成功之后，可以开始做自己喜欢的事，可以获得一些安宁，也可以寻找新的理念和新的目标了。但这样的寻求之旅会走向何方，他们也心中没底。

列侬在理查德·莱斯特导演的反战影片《我如何赢得战争》中扮演了一个角色。他前往汉诺威附近的一处军事基地，后来又前往西班牙参加了这部影片的拍摄。当他在紫薇画廊见到小野洋子时，他刚回来两天。为了拍电影，他把头发剪成了短发，披头士乐队的蘑菇发型已不复存在。列侬是深度近视眼，为了拍摄电影而戴上的角边眼镜后来居然成了他著名的标志。

小野洋子只是最近三个月才逗留在伦敦。公众并不认识这个娇小雅致的女性。她总是披着长长的头发，面无表情，但她那不加修饰而又意味深长的行为艺术给一些到场的参观者留下了深刻的印象。小野洋子的艺术就是用一种出乎人们意料的方式来传递信息。在小野洋子的艺术中，意念和意念的表达比一个令人赞叹的手工艺术品更为重要。这让很多人深感迷惑不解，但很多人也为此激动万分。无论怎样，小野洋子的艺术没有人能漠然视之。紫薇画廊的拥有者约翰·邓巴自己也是一个艺术家，并娶了歌唱家玛丽安妮·费思富尔为妻，他对小野洋子的艺术情有独钟。邓巴和他的朋友巴里·迈尔斯一同筹建了紫薇画廊。保罗·麦卡特尼的女朋友杰恩是一位著名的演员，她的兄弟彼得·阿舍也给了两人以经济上的资助以便筹建画廊。保罗·麦卡特尼亲自参与了画廊的建设工作。当邓巴听说小野洋子在伦敦后，他便立刻邀请她在画廊里举办展览。邓巴相信，他的朋友列侬一定会对这位满脑子涌动着近乎疯狂念头的青年女性产生极大的兴趣。邓巴发给了列侬一份邀请信，而列侬也真的来了。后来列侬在一次采访中谈到了他为何前往画廊的原因，邀请信上写道，一位来自纽约的日本姑娘将爬进一个口袋来展示她的行为艺术。列侬想，这听起来相当性感，于是便应邀来到了画廊。

如同列侬一样，小野洋子也面临着如何取得突破的挑战。她与制片人安东尼·考克斯的婚姻已深陷危机。她觉得自己在担任他们的女儿京子的母亲这一角色方面相当无能，但艺术细胞是她与生俱来的，她也有将艺术表达出来的冲动。小野洋子姓名中的洋子二字意味着大海之子。这位大海之子总是长发齐腰，如云飘逸，一张温柔的脸庞上镶嵌着一对杏仁般的黑色大眼睛和秀气的嘴唇。在那摇滚的20世纪60年代，人们追求时髦而身穿五颜六色，而她总是身着黑色服装，如一个萨满教的神女。在画廊里，她向列侬迎面走去。列侬询问她如何用口袋展示她的行为艺术。小野洋子轻声回答道，这次不举行这一行为艺术了，取而代之的是，她把一张卡片递给了列侬，并说这就是今天的行为艺术。卡片上写着“呼吸”。列侬露齿冷笑，弯腰并大声呼吸。小野洋子立刻感觉列侬像是在和自己调情。

列侬与小野洋子来自完全不同的世界。1940 年，在雾气笼罩的利物浦，列侬来到了这个世界，小野洋子则在七年半之前出生于喧闹的东京。列侬的父亲在商船上当水手并最后对这个家弃置不顾、远走高飞了。列侬从未见过这位父亲。列侬的母亲是一个颇有艺术天赋的女性。当列侬五岁时，她便把列侬交给没有孩子的妹妹米莉和她的丈夫照料。而小野洋子的家庭，则是另外一幅景象。小野洋子的父亲是一个银行家，也是一个擅长演奏古典音乐的钢琴手，他的家族有着古老的贵族武士血统。母亲的外祖父组建了集银行与保险业于一体的安田集团。列侬在学校时是一个叛逆的学生，成绩很差。他那时开始吹口琴和弹吉他，并组建了他的第一支乐队。后来，他开始在利物浦艺术学院学习艺术。小野洋子十分投入地学习弹钢琴，就读于日本和美国的音乐学院，也学习作曲，在她 23 岁时与日本的一位作曲家结婚成家。作为披头士乐队成员列侬年少成名，在 21 岁时便与他的青少年时代的恋人辛西娅完婚成家，此时她已怀上了他们的儿子朱利安。小野洋子后来来到纽约，开始从事音乐艺术的工作，不久她与丈夫劳燕分飞后又返回日本。之后她与安东尼·考克斯结婚，生下了京子。此后她便重返纽约，在那里用其引人注目的行为艺术逐渐声名鹊起。

和其他人一样，列侬在紫薇画廊第一次见识了小野洋子的行为艺术，感觉自己被捉弄了。在一个小桌子上放着一个苹果，一张放在旁边的小牌子上写着这块艺术品的名称：苹果。列侬便拿起这个苹果咬了一口。当他发现小野洋子对此十分生气时，他便把这个苹果放了回去。然而另外一件艺术品引起了列侬的注意。这件艺术品名为“钉钉子”。一些钉子已经放在那里了。列侬想按要求开始把这些钉子钉进去。但小野洋子不允许他这样做，因为展览会还没有开始。在邓巴的请求下，小野洋子让步了，允许列侬作为一个例外先钉这些钉子。她对列侬说：“好吧，钉一个钉子付五先令。”列侬回答道：“我给您虚构的五先令，然后我再钉一个虚构的钉子进去。”

谈及列侬和小野洋子第一次相遇的话题，就必然会提到小野洋子摆设的那架白色梯子。只要一步一步踩着梯子的横木爬上去，就可通过那里的一只望远镜看见在屋顶下由几个很小的字母写成的“是”字。列侬后来说，如果他爬上去，那里就或许会写着“不”字。

苹果、钉子和梯子，在列侬和小野洋子以及其他在场者后来的描述中都提到了这些物件。此后到底发生了什么、何时发生的以及怎样发生的，对此众说纷纭。其原因在于，很多在场者不停地吸食毒品而变得神志模糊。在这次相遇之后，两年充满喧嚣的时光过去了。列侬和小野洋子决定要拯救这个世界，随后两个月里，有关这两人相互接近的传闻在坊间不胫而走。有一点是确凿无误的，那就是小野洋子送给了列侬一本她所写作的名为《葡萄柚》的书，还寄给他许多明信片，其中一张上写着《舞蹈》，另外一张上写着“观看那所有的光亮直到暮色降临”。

1967 年的前几个月，列侬一直在忙于录制、发行披头士乐队的《佩珀中士的寂寞之心俱乐部乐队》专辑。此时小野洋子给居住在萨里地区宽大豪宅里的列侬发来了大量的明信片。根据辛西娅的话，他和列侬都拿小野洋子的举止来开玩笑。列侬总是对这个“几近疯狂的女艺术家”摇头叹息。据一些知情者说，小野洋子曾混在列侬的歌迷之中，数小时之久地站立在他的住宅前目不转睛地盯着那里看，但小野洋子说这都是杜撰出来的谣言。还有一种说法是，她趁列侬的妻子不在时，借口要打电话而进入到列侬的家中，并故意留下一枚戒指，以便能再次受到邀请。无论这些传说是真是假，总之小野洋子都紧紧地追着列侬不放。

1968年，披头士乐队成员与他们的妻子一起飞往印度，去见印度瑜伽大师玛哈瑞诗·玛哈士。此时，小野洋子已在列侬的头脑中挥之不去了。他悄悄地让小野洋子把邮件发给他的一个助手，这位助手再把邮件转给他。在返回英国的飞行途中，列侬向自己的妻子坦白了近几年来他的一系列出轨行为，但他并没有告知他对小野洋子的感情。列侬的坦白让辛西娅深感震惊，同时也感到深深的伤害。她希望列侬的坦白和忏悔会给他们的婚姻带来一个新的开始。实际上，这是一连串不幸的开始，而这些不幸最终结束了他们的婚姻。

在那一年的秋天，列侬说服妻子与她的朋友们一起去度假，而他却留在家中。他与他少年时代的朋友皮特·肖顿一起整日沉溺于吸毒后的迷幻之中。就在辛西娅返回的前一天晚上，列侬突然告诉皮特·肖顿，他想邀请小野洋子与他们一起过夜。于是小野洋子乘着出租车来了。如同平时那样，她依然身着黑色的服装。在接下来的几个小时里，他们坐在客厅里谈话，大家都带有几分尴尬，但同时也相当的亢奋。列侬谈起了作为披头士乐队成员的压力，小野洋子也谈到作为艺术家所承受的担心和害怕。列侬带她到自己屋顶角楼中的小工作室里，在那里他谱写了几首最为重要的歌曲。这两人立刻开始排演。列侬将各种音调组合起来，小野洋子则配上自己的声音。两人尽情释放自己的激情，狂吼乱叫一番后，便第一次同枕共眠了。

第二天一早，列侬告诉皮特·肖顿，他终于找到自己倾心的人了，为了她，自己甘愿放弃一切，他要很快离婚，去寻找一个新的住房并过一种以小野洋子为中心的生活。至于披头士乐队今后何去何从，他都无所谓。皮特·肖顿听后，目瞪口呆。下午辛西娅回来了，当她进入住宅时，看到温室花园里列侬与一个身材娇小的女人坐在一起，这个女人身上还穿着自己的睡袍。辛西娅立刻认出了这个身披长发的娇小女子就是小野洋子，并颇为尴尬地打了一声招呼。但对方并未给予回答，而是沉默不语。

这一天之后的半年时间里，列侬完成了离婚，九个月后小野洋子也与其丈夫解除婚约。他们一同出现在公众面前，他们的着装色调也协调一致，要么是白色，要么是黑色。列侬开始留长发，和小野洋子一样也把头发梳成两半，两人之间的差异好像日渐消失了。

1968 年 5 月底，列侬离婚后不久，便与小野洋子一起来到他的工作室开始录制他们共同创作的歌曲《两个处子》，并作为《白金唱片》专辑中的一首歌而载入摇滚乐的史册。小野洋子已不再是来访者，而是列侬工作生活的一部分，总是出入于列侬的左右。5 月 30 日，披头士乐队开始录制《白金唱片》，第一首歌名为《革命》，歌词也反映了那个时代的种种重大事件。1968 年离我们并不遥远，但那时世界各地都充满了造反的情绪。1967 年还是一个祥和之年，披头士乐队推出了《爱之夏季》歌曲。但突然一下局势发生了翻转，全世界的反战运动和和平抗议活动都不得不屈从于暴力：1 月时越南战争的“春节攻势”达到了规模空前的地步；在伦敦，反对战争的抗议游行演变成严重的骚乱；在捷克斯洛伐克，人民群众要求实施“有人性的社会主义”；在孟菲斯，人权运动领袖马丁·路德·金被刺身亡，而这一刺杀引发了严重的骚乱；在巴黎，爆发了学生运动……受到这一时期各种动乱思潮的影响，列侬在其印度之行时，决定创作一首反映时代发展状况的歌曲。

《革命》这首歌曲节奏缓慢，具有蓝调的音乐风格，表现了世界的变迁，但也反对暴力和政变这一类的极端行为。这首歌曲也标志着列侬开始积极参与政治的开始。《革命》如其他披头士乐队的歌曲一样，被当成列侬与保罗·麦卡特尼共同创作的歌曲而公之于众，实际上这首歌曲是由列侬独立完成的。此时，披头士乐队已存在着一种各奔前程的离心力。披头士乐队四个成员作为一个整体曾使他们风靡全球，他们用自己的行动启迪全世界无数年轻人组建乐队，使摇滚乐响彻四方。现在这四个人却要分道扬镳、各奔前程，这也意味着披头士乐队也要不复存在了。在《佩伯军士孤寂的心俱乐部乐队》专辑面世后不久，他们的经纪人和父亲般的朋友布莱恩·爱泼斯坦突然去世了，于是披头士乐队便自己接手管理商业方面的事务。乐队的成就使每一个成员都充满了自信。同时他们也知道，正如他们在发行的新乐曲中表现出来的那样令人印象深刻，只有不断发展甚至跨越摇滚乐的界限才能百战百捷，不断成功。四个人都心怀各种想法，并努力在披头士的摇滚世界里实现这些想法。他们创立了苹果标签，这一标签使任何一种艺术形式如音乐、时装和电影都成为可能。但作为披头士的成员，他们也感受到了巨大的压力，而这些压力不仅在乐队事务上，而且也在日常生活中使他们的团结一致渐渐消磨殆尽。乐队的灵魂人物列侬和麦卡特尼构建了核心架构，而这一架构却日益土崩瓦解。单纯的麦卡特尼力图使乐队团结一致，但他并没有察觉自己已成为一个温柔的暴君。列侬原本总是做最后的决定，而现在却忙于自己的事情，把乐队的一切事物都让麦卡特尼来做，自己对此不闻不问。乔治·哈里森很想作为作曲家更多地投入乐队的创作中，但列侬和麦卡特尼却把他看作一个小兄弟，并没用给予他同等的地位，也与他保持一定的距离。林戈·斯塔尔本质上是一个中间人，而现在在摇滚乐中却失去了自己的位子，他变得孤独无语。所有的这一切都在《白金唱片》中得以体现。乐队成员间的紧张关系变得显而易见。一个女人总是在列侬身边参加乐队成员的唱片录制工作，这实际上违反了乐队成员间达成的不带妻子或女友来录音棚的默契，但保罗·麦卡特尼、乔治·哈里森和林戈·斯塔尔对此保持了沉默。媒体和歌迷们对此做出了充满敌意的反应。列侬并非因情爱而改变形象的第一人，也非因性情的突然变化而疏远老朋友的第一人。但他是披头士的成员，每个人都以为了解他，他也属于大家。媒体和歌迷们提出了这样的问题：为什么他毫不顾及自己的形象？列侬似乎已不再在乎他与他的形象在人们心目中是否一致。不能让他为所欲为，似乎成了大家的共识。

小野洋子也在挑衅大众的神经，这位日本女性总是面无表情，沉默寡言，不苟言笑。对很多人而言，小野洋子真是一个可怕的人物，列侬一定是着了她的魔。而她来自亚洲，这更让人心中难以了然。世界开放而形成的各种族混居的社会结构今天在伦敦已理所当然，但在20世纪60年代末时，伦敦的居民还大多是英国本土民众，尚未形成今天这种居民结构，因此一个非欧洲人常常被看作是异类。

列侬此时吸毒剂量已达到了危险的水平。自1968年年中开始，他不仅吸食大麻和服食各种药片，而且还开始吸食海洛因。列侬也使小野洋子染上了毒瘾。但两人在后来的几年里竟然摆脱了毒瘾。小野洋子将这一原因归结为那个卖毒品给他们的毒贩欺骗了他们。这个毒贩将毒品中混入了大量婴儿爽身粉，从而降低了毒品的作用。此外列侬和小野洋子并未给自己注射毒品，因为他们都害怕打针。

1968年10月18日，因窝藏大麻警方逮捕了列侬和小野洋子。这也引起了媒体一阵巨大的喧哗，对列侬和小野洋子的攻击已成为一种条件反射。特别是小野洋子，对她的攻击和羞辱可谓没完没了。1968年11月29日，他们出版了自己录制的唱片《未完成的音乐第一号：两个处子》，唱片也包含了两人第一次在列侬家过夜时录制的歌曲。在唱片的封面上是两人一丝不挂的正面照片。小野洋子不得不面对这样的评论：这个女人多么丑恶。

在年底时，披头士乐队开始录制后来被称为《顺其自然》的唱片。大家都感到一种折磨。此时的乐队成员的年龄在25岁至28岁间，他们所经历的人情世故可能比很多人一生还要多。保罗·麦卡特尼为了把乐队黏合在一起而做了最后的努力，列侬吸食毒品后神志模糊、心不在焉地参加了录制，乔治·哈里森再也不愿接受别人在他面前指手画脚，林戈·斯塔尔则难过地保持着沉默。

1969年3月20日，在小野洋子的离婚判决生效几周后，列侬与她在直布罗陀成婚了。他们早已定好在何处何时举办婚礼的计划，打算乘一艘渡船前往法国或直达巴黎。但这一计划因行政当局的反对而泡汤了。这时披头士乐队的助手彼得·波朗想出了一个主意，两人可以绕道前往英国管理的直布罗陀举行婚礼。于是列侬和小野洋子在当地的民政局举行了十分钟的结婚仪式。两人都身着白色服装说了“是”。他们还手持结婚证书在那块著名的岩石前拍照。这时，一阵阵柔和的微风轻轻地吹拂着列侬的长发和浓密的胡须，也掠过小野洋子的一头秀发。他们在直布罗陀仅逗留了几十分钟，便立刻飞回了巴黎。列侬和小野洋子知道，全世界都目不转睛地盯着他们。

是列侬还是小野洋子想出了将这一蜜月作为一次和平运动来庆祝的主意，迄今为止难以断定。但无可争议的是，他们两人以一种让人印象深刻的一致性推动了和平运动的发展。正如一些和平运动的积极分子所希望的那样，列侬借助自己作为披头士乐队成员的知名度，使公众关注和平主义运动，从而有助于这一运动的发展。在那个《爱之夏季》里，一些理念已在酝酿之中，《一切皆有可能》和《动手吧》这两首歌曲就表现了这些理念。列侬也很快就要把这些理念转变成实践了。

1969年3月25日，列侬和小野洋子在阿姆斯特丹开启了“床上和平运动”：在希尔顿酒店的套间里，除了一张床，没有任何其他家具，这对新婚夫妇身穿白色的睡袍躺在床上整整七天，接受围坐在他们床前的记者、朋友

▲ 1969 年列侬和小野洋子发起“床上和平运动”

以及艺术家们的来访和访谈。

列侬说："我们都是基督，但我们又都是希特勒。"基督如果今天降临世界，他也会利用如收音机、电视、报纸和唱片这样的现代媒体。列侬大声疾呼："让我们利用这些媒体吧！"记者们当然十分愿意利用这些媒体，但他们并没有将列侬和小野洋子所表述的真实含义传达给大家，大多数记者其实对两人所体现的和平意愿毫无兴趣，而只是关心如何获得有卖相的新闻故事。这两个社会名流的私人之旅正好是他们所寻求的目标，这可比对世界和平的抽象呼吁有价值多了。于是有关列侬和小野洋子的报道便演变成嘲笑和讽刺的滚滚洪流，针对两人的调笑所获得的关注远远超过他们对和平的呼吁。但列侬和小野洋子对此心知肚明，他们愿意承受这一切，把这一切当作成为家喻户晓人物的代价。

列侬和小野洋子用玩笑来回答外界的反应。在 3 月 31 日这一天他们在维也纳的沙赫宾馆再次举办"床上和平运动"。这一次他们坐在一块巨大的床单下，用这块床单来象征一个口袋。两人把自己藏在床单下，以便在记者采访时无法见到他们，而是只能听到声音，从而达到隐藏人体、只传递话语信息的目的。一位名叫安德烈·海勒的青年记者当时也在场，他后来成为一名著名的歌手和行为艺术家。安德烈·海勒问他们两人为何要这样做，列侬从那块床单下回答道："我们相信，这才是真正的交流。""床上和平运动"也是对指责他们只想赚取名声说法的回应。但几乎无人理会他们的说法，公众对他们已有固定看法，而他们两人的幽默也难以撼动这一看法。

单独个人如何能拯救世界？其实单独的个人几乎无法达到这一点。就算有几个人一起努力也于事无补。但如果有很多人一起怀有善良的意愿，并行动起来，便可以推动事物的发展。毫无疑问，两个人无力拯救这个世界，列侬和小野洋子也知道这一点。也正因如此，他们才呼吁所有人加入他们的行列，为和平而行动。

列侬和小野洋子的行动实际上与那些胸前画上标语口号呼吁和平和宽容的理想主义者如出一辙。对他们的诉求人人都点头称是，但他们也如同风车前的堂吉诃德一样，是在与不可战胜的东西相对抗。他们所遭受到的嘲讽常常来自于那些胆怯软弱者之口。列侬和小野洋子这样的理想主义者其实早已习惯在公众前抛头露面，对他们想满足自己虚荣心的指责和怀疑，两人也早已习以为常了。另一方面，列侬和小野洋子也意识到，他们的知名度也对自己的内心诉求产生了负面影响。他们唯一能做的事情便是积极努力地完成更多的事情，使自己超越一个凡夫俗子的拘囿。这一点特别适合列侬。他反复强调他所做的一切绝非是为了提高知名度，他已经到达了名誉的顶峰。他也知道，和平运动也可能损害他的个人形象，但他并不在乎这些。“我们准备好作为一群小丑站立在世界前面。如果这样做有利于世界和平的话，我们愿意这样做。”他还说：“如果每个人面带微笑地想起我们，那对我而言真是再好不过的了。”

在这个疯狂的一周里，列侬又完成了一首歌曲的创作。他请保罗·麦卡特尼和他一起把这首歌曲录制下来。他想用这首歌曲来反击针对他和小野洋子的敌意。林戈·斯塔尔和乔治·哈里森此时不在伦敦，于是列侬和保罗·麦卡特尼便在1969年4月14日录制了《列侬和小野的歌谣》这首歌曲。这也是披头士乐队解散前在英国的最后一首冠军单曲。这几句歌词也给他们招来了不少的愤怒：“基督你可知道，一切都不容易，一切都很艰辛。不可避免，他们将把我钉在十字架上。”

《列侬和小野的歌谣》在5月底发行后，两人又在蒙特利尔的伊丽莎白女王酒店再次举行了“床上和平运动”。列侬和小野洋子接受了大量来自美国的电话采访，列侬也希望自己的行动能够对美国人的观念产生影响。当有人问到为何他不在美国举行“床上和平运动”时，他回答说：“因为我不想被射杀。”在蒙特利尔举行“床上和平运动”时，列侬创作了《给和平一个机会》的歌曲。一位记者曾问列侬和小野洋子，他们这样做的目的何在。列侬回答道：“我们能说的就是，给和平一个机会。”对这一问题的回答给列侬带来了创作这首歌曲的灵感。列侬和小野洋子让人把录影机搬到他们的房间里并于1969年6月1日与所有在场的人一起录制了《给和平一次机会》这首歌曲。大家唱着、跳着，欢呼鼓掌，以这种方式结束了这次和平运动的最后一天。

列侬和小野洋子成为后来那些积极投入正义事业的明星和著名人物的先驱。但在20世纪60年代末他们这样的行为还被看作异乎寻常。对列侬而言，和平运动对他大有裨益。通过和平运动，他摆脱了披头士乐队成员这一光环的拘束。小野洋子对此也起到了很大的作用。所以，她一再受到使披头士乐队四分五裂、各行其是的指责。其实在小野洋子进入列侬的生活之前，披头士就已经开始处于瓦解的前夕了。

列侬投身于和平运动，其目的在于实现那些所有人都认为重要但又可望而不可即的目标。作为一个披头士，他早已知道人们把他当作非同寻常的人物而会对他所唱的歌和所说的事进行一番思考，会仔细分析他的每一句话，并对他的表述产生巨大的反响。例如在1966年，在一次记者采访时，他说披头士的追随者比耶稣基督的追随者还要多，披头士比耶稣基督还出名。听到这一采访后，美国南部城市一些狂热的基督教徒将披头士的唱片付之一炬。列侬想，如果他的话竟然会有这样的效果，为何不为人类的善事发声呢?

小野洋子投身和平运动同样不是为了借此名扬天下。她与列侬的爱情关系已把她的知名度推到了无与伦比的高度。当然她也希望通过和平运动使外界将她看作一位艺术家，而非仅仅是列侬的妻子。对她而言，艺术作为与外界的交流的表达工具至关重要。对西方社会而言，20世纪60年代末已充满了社会变革的气息。在对生活的感知、社会经验和人际关系等方面，人与人之间的界限有了新的界定。约翰·肯尼迪在20世纪60年代初提出的“新边疆”的口号唤起了建立一个新的、公平社会的希望。更多的人热情洋溢地投入到了妇女解放和消除种族主义的运动之中。使用避孕药、嬉皮士运动、吸毒等新的社会现象都打破了原有的社会禁忌和旧有的各种社会界限。这一切都在音乐中得到了共鸣，而音乐也为这些新的社会现象提供了推动力。正是在这一历史背景下，披头士应运而生并发挥了巨大的魔力。这一时代的核心使命是爱，披头士乐队的核心使命也是爱，但这一使命并未完成。世界并未很快变成一个人们所期盼那样的美好世界，不可否认，在很多领域社会变得更加开放和自由了。

这一年的秋季，列侬和小野洋子给全世界的政治家和著名人士寄去了橡子：

> 在这个小包裹里是我们寄给您的两个具有生命的雕塑——两颗橡树种子。我们希望您能把这两颗橡树种子种在您的花园里，这样两颗橡树便会为世界和平而茁壮成长。
>
> 约翰·列侬和小野洋子敬上

几周之后，列侬和小野洋子自费在罗马、纽约、洛杉矶、柏林、多伦多等城市张贴了大幅白色广告，上面书写着巨大的一行字：“战争结束了！”下面一行较小的字写着：“如果你们愿意的话。”再下面用更小的一行字写道：“约翰·列侬和小野洋子祝大家圣诞快乐！”就算他们的和平运动告一段落，他们在接下来的几年里也从未放弃对和平的诉求。

1970年披头士乐队宣告解散了。到了那一年的年中，列侬录制了《想象》。不久他与小野洋子搬到纽约居住，并在当年秋季将《想象》作为单曲公之于世。很快这首歌曲便如《给和平一个机会》一样迅速成为世界上最为著名的歌曲，并被看作和平的赞歌。他在这些歌曲中表达了建立一个没有边界、没有宗教、没有私有财产，所有人都和平相处的世界愿望。有人说列侬在《想象》中所表达的意念太幼稚。很多人也指出，列侬并不一定非得实现他的诉求，政治是严酷的。列侬知道自己"仅仅"是个艺术家而已，他也知道自己的诉求和设想是乌托邦，但列侬也想通过他的艺术给人以启发和灵感。这一点上，小野洋子与列侬同出一辙。林戈·斯塔尔后来在一次就《想象》歌曲进行的采访中曾说："他仅仅说了：'你想象一下，你想象一下！'"

12 月单曲《战争结束了》发行了，一年后带有政治色彩的唱片《在纽约城的一些时光》也面世了。这张唱片中包含了很多带有抗议性的歌曲。尼克松在 1972 年成功连任总统使列侬深感震惊。在一次为选举活动而举办的聚会上，列侬与一位姑娘勾勾搭搭并与她就在隔壁的房间里做起爱来。他们闹出了很大的动静，以至于其他客人都耳闻目睹了这一切，小野洋子此时也在这些客人之中。

一年之后，列侬又重新专注于自己的音乐创作。他并没有将自己要传达的信息弃之不顾。他的单曲《心灵游戏》是列侬在没有小野洋子的帮助下独立完成的作品，而小野洋子也同样在制作自己的唱片专辑。《心灵游戏》用这样的歌词结尾："相爱，而不是战争，我知道你以前也听说过。"不久后列侬和小野洋子搬进了在纽约达科他大厦中的一套住宅。自从列侬在上次聚会闹出丑闻后，这对夫妻间便时常争吵不休。根据小野洋子的意愿，两人在秋季分手了。列侬在小野洋子为其推荐的年轻助手和情人庞凤仪的陪同下前往洛杉矶，之后在一年多的时间里两人生活在那里。他的这位女友不仅与他一起过着日常生活，还帮助他与从前的老朋友们重归于好，他见到了自己的儿子朱利安。林戈·斯塔尔和保罗·麦卡特尼都前来相聚。但列侬依然处在自己的阴影之中，吸毒、酗酒，常常醉醺醺地叫喊着小野洋子的名字，他总是在想如何能与小野洋子破镜重圆。

后来列侬又与庞凤仪回到了纽约，在那里他开始录制唱片《墙和桥》。列侬与艾尔顿·约翰一起录制了《无论怎么样你都得度过黑夜》这首歌曲，这也是列侬一生中唯一获得了美国单曲冠军的排名。他的这位二重奏伴奏者和他打了个赌：如果这首单曲获得成功，列侬就得和他一起登台演唱。于是在 1974 年 11 月 28 日这一天，列侬在麦迪逊广场花园举行的艾尔顿·约翰演唱会上登台，两人一起演唱了几首歌曲。小野洋子也在观众之中并在舞台后的更衣室里与列侬相会。他们又冰释前嫌、重归于好了。不久小野洋子怀孕，在 1975 年 10 月 9 日生下了他们的儿子肖恩。也在同一天，列侬获得了他梦寐以求的绿卡，这样他便可以长期居住在美国了。从此列侬便回归了宁静的私人生活，在接下来的几年里全心全意地抚养、教育自己的儿子肖恩。从那时起，列侬便从内心深处彻底摆脱了摇滚明星的形象。

在公众眼前消失几年之后，列侬在 1980 年又走进了录音棚录制唱片。在这期间列侬与小野洋子一起积累了大量素材，他们打算将此谱写成曲并一起发行两张唱片专辑。在这些歌曲中有《观轮子》这首歌。列侬用这首歌表达了他作为一个操持家务的男人是如何审视摇滚乐世界的。

列侬想继续生活下去，而不愿如詹妮斯·乔普林、杰米·亨德里克斯、玛丽莲·梦露那样成为一个英年早逝的歌星。12 月 8 日，列侬与小野洋子一同离开达科他大厦前往某处拍摄照片。当两人离开大厦时，一个年轻人走上前来要求签名，实际上他到纽约来就是为了射杀列侬。但列侬的友好态度使他暂时放弃了谋杀的打算。当列侬和小野洋子夜里快 11 点返回家中时，这个年轻人还在那里等着。他大声叫道“列侬先生”，并向列侬连开数枪。枪声之后，列侬倒地身亡。

当列侬被枪杀的消息通过电台和电视台传播开来后，数百人聚集在达科他大厦前，他们唱起了《想象》和《给和平一个机会》。小野洋子料理了列侬的后事和遗产。尽管遭到拒绝和敌视，她依然毫不动摇地继续从事艺术创作及和平运动。随着时间的推移，她作为艺术家逐渐得到了认可。2015 年时，她的网页上写着列侬的歌曲《想象》中开始的一句话："想象一下，所有的人都生活在和平之中。"后面写着她的宣言："你一个人做梦，那只是一个梦而已。你与别人有着共同的梦想，那将成为现实。"

第十五章

德克勒克与曼德拉：

人类如何克服暴力

用一个拥抱也可以让政敌无法动弹。

——纳尔逊·曼德拉（1918—2013）

当我与曼德拉第一次相遇时，我们并没有谈论什么特别重要的事情。我们都在试探打量对方。

——弗雷德里克·威廉·德克勒克（1936—　）

1989 年 7 月 5 日，曼德拉乘车来到了南非总统彼得·威廉·博塔办公室的地下车库里，这件事对外高度保密，无人知晓。没人会料到，这也是一次最后的预演彩排，几个月后，双方举行了具有决定性意义的会面。博塔的后继者与曼德拉举行了这次会谈，而这一会谈导致了南非社会的根本性转变，这对全人类而言也具有教科书的意义。

在南非冬日的一天，南非变革的序幕徐徐拉开了。在白色耀眼的高墙后面，是一个带有花园的建筑，这一建筑具有荷兰风格，十分气派。曼德拉乘坐电梯离开地下车库，去进行一次具有非同寻常意义的会晤。近 30 年时间里，曼德拉一直是这个国家的第一号囚犯，而直到现在他的身份依然如此。不过到了这一天情况发生了改变。因为曼德拉坚持要身着正装才会出席这次会晤，于是人们为他订制了新的西装。他的信条是：在与对手会面时，必须完全处于平起平坐的同等地位。

在身陷囹圄的几十年里，曼德拉终日都与白人打交道，他们是他的看守并拥有监管他的巨大权力。而现在人人都在努力，以便使他在这次会晤时成为一个具有同等地位的谈判者。曼德拉心怀戏谑的心情看着这一切：监狱长亲自给他系上领带，总统的私人秘书在前厅里跪下来，以便给他系上鞋带。当曼德拉走进南非总统的办公室时，总统彼得·威廉·博塔满脸堆笑地迎接了他。要知道，彼得·威廉·博塔可是一个让他的朋友和敌人都害怕的人，他脾气暴躁且冷漠无情，从而使他获得了“大鳄鱼”的称号。博塔准确地丈量了自己步伐，从而使主人和客人正好在房间中间站立在一起。这两个男人在一起喝茶，礼貌地交谈了半个小时。最后在交谈就要结束时，曼德拉友好但坚定地提出了立刻释放所有政治犯的要求。但博塔拒绝了这一要求，并说他不能这样做。最后两人面带微笑礼貌地道别了。

这次会晤，使博塔为结束暴力走出了第一步，但这仅仅是小小的一步。一个月之后博塔中风了，这使他的对手们——他几乎只有对手——嗅到了将这个被众人所仇恨的党主席和政府首脑赶下台的机会。博塔的继任者接下了那些棘手的问题。博塔会见曼德拉的目的也是试图解决这些问题而走出的第一步。

国际社会这几年来对南非施加的压力越来越大，很多禁运都直接损害了南非的经济。几十年来在南非社会生活的各个方面都充斥着恐惧和暴力的气氛，这也毒害了这个国家的政治生活，而这一切皆归因于种族隔离制度。南非的种族隔离源于布尔人的民族主义者，他们发展、贯彻了这一种族压迫制度，固化了民众中少数白人对多数黑人的优先统治权。

约占白人人口 60% 的布尔人是来自荷兰和德国的加尔文教移民的后裔。17 世纪中叶第一批移民来到开普敦，并逐渐发展起了自己的文化以及与荷兰语有密切联系的南非荷兰语。与英国籍的白人不同，布尔人把自己看作为一个不依附其他民族的独立民族。

1910 年，英国给予了南非一定程度上的独立。此时南非白人，首先是保守的布尔人掌握了政权。他们通过剥夺非裔和亚裔人的选举权而将其排斥在政治生活之外。此外，这些非白人的迁徙自由以及另外一些权利也受到限制。白人还逐渐强化了这一种族隔离体系，使非白人不但不能获得土地，还把他们从城市中驱赶了出去。与白人的性接触被严格禁止。自1950年起，当局还对公园和沙滩进行了划界，非白人不得越雷池一步。公共建筑里也划分了白人通道和非白人通道。

在这样的社会境况里，黑人开始联合起来反对越来越难以忍受的种族隔离制度，他们也得到了一些南非白人的支持，特别是得到了早在1912年就成立的南非非洲人国民大会的支持。从1955年起，这一组织的宪章里便有了这样一句话："非洲是所有在那里生活的白人和黑人的非洲。"1944年，身材高大、风华正茂的曼德拉加入了南非"非国大"，并逐渐赢得了声望。曼德拉出生于有很大影响力的腾布部落，原来的名字叫罗利赫拉赫拉，字面意思为"爬上一棵树枝"，而另一层意思则是"麻烦制造者"。在一所教会学校里，他获得了"纳尔逊"这一名字。

在加入南非"非国大"的同时，24岁的曼德拉还是反种族隔离青年运动的奠基者。曼德拉深受甘地的影响，在世纪之交时，甘地作为年轻的律师在印度构思了非暴力抵抗运动的蓝图。曼德拉开始时也积极投入到非暴力反种族隔离的抗议运动之中。但当1960年警察在沙佩维尔屠杀了60个黑人时，曼德拉与其他几个战友成立了"民族之矛"这一武装组织，这也是南非"非国大"的分支组织。这一组织开始对各种设施实施破坏活动，但不伤害人的生命。在这之前曼德拉就多次被逮捕，这一次他又再次身陷囹圄。1964年，法院判处他和他的战友们全部终身监禁。

曼德拉和战友们被押到一座距离开普敦11千米的名叫罗本的岛屿上，囚禁在那里的一座臭名昭著的监狱里。那里的监狱看守对他们嚷道："这座岛就是你们的葬身之地！”曼德拉在这个面积狭小、常年狂风呼啸的小岛上被关押了长达 17 年之久。白天干采石的工作，晚上睡在简陋牢房冰凉的地上。但他并没有屈服，反抗监狱的恣意妄为，维护自己的尊严，曼德拉在监狱里依然是反种族隔离运动的领导者。自 1982 年，他又在高度戒备的波尔斯穆尔监狱度过了八年时光。关于这所监狱，曼德拉这样评价道，这所监狱“有着一副现代化的面孔，但有着一颗粗野蒙昧的心”。曼德拉在这里可开辟菜园并种植植物。1985 年博塔提出释放曼德拉，但他必须放弃武装斗争作为条件。南非政府并非第一次提出这样的条件了，曼德拉再次拒绝了这一要求。他让女儿辛济在索韦托举行的南非非洲人国民大会的一次聚会上公开宣读了他对此的回答，“只要我、你们、人民都没有自由时”，那么他绝不同意释放自己，自由是不可分割的。

在这次花园会晤之前，南非政府便已经与南非“非国大”以及其他反对派领导人物，其中也包括曼德拉进行了意见交流。政府代表一再前往监狱与他会谈。他们交换意见，相互有了一定程度的了解，甚至还建立了一定程度上的互信。但只有“非国大”真正公开宣告放弃武力，南非政府才会同意举行正式谈判。对曼德拉而言，武力反抗是被压迫者最后的选择。他一再强调，只有南非政府释放了所有的政治犯，取消所有的种族隔离措施，取消对“非国大”的禁令，他才会宣告放弃武力这一“谈判的抵押品”。曼德拉和“非国大”都相信，南非政府准备让步，但依然想剥夺黑人的权利，继续统治下去。政府代表在与曼德拉的多次谈话中不断试探保留现有制度的可能性。但对曼德拉和南非“非国大”而言，在这一问题上没有中间道路可走。

1989 年后世界发生了巨大变化，而这一变迁也给南非政府带来了巨大压力。联合国以及西方国家也向南非政府不断施压，让其改变种族隔离政策。南非政府曾经通过分担占领纳米比亚的费用以及参加安哥拉战争等措施，使西方阵营一度容忍南非的种族隔离现实。到了 1989 年，东西方冲突结束了，同时黄金价格滑落，使南非这个生产黄金的国家陷入了经济困境。而此时的西方已不需要南非作为反共的桥头堡了。在数十年之久的冷战结束后，建立一个没有压迫的自由社会的理念赢得了上风，这必然也给坚持种族隔离政策的南非政府带来了巨大的道德压力。

在南非，无论是压迫者还是被压迫者，数代人以来都为精神上和肉体上的暴力而痛苦不堪，而那些维护种族隔离制度的种种措施也总是造成两败俱伤。很多年来南非政府就把黑人移居到偏远地区，即所谓的“黑人家园”地区。通过这一移民措施，不仅可以使白人和黑人分离开来，还可使不同的部落相互分离。在各自分封的“黑人家园”领地里，首领和国王被赋予了权力，但这些封地都得依赖南非政府。这样便产生了南非的卫星国。这一切都给消除种族隔离制度带来了巨大的困难。

在德克勒克宣誓就任南非共和国总统的那一天，曼德拉在监狱里写了一封信给他，希望可以与这位新当选的总统进行会晤。这一天是 1989 年 8 月 15 日，曼德拉被关押在监狱中正好 27 年了。只是最近几年来他的处境已大为改善。自 1988 年 12 月后，曼德拉的关押地改为维克多·维尔斯特监狱，他生活在树木环绕的一所房屋中，在这里他可以接待自己的家人，他还可以在监狱看守的陪同下悄悄地出去在附近郊游。曼德拉暗中问自己，是否南非政府在让他做好获释的准备。对德克勒克的事业发展轨迹，曼德拉只是稍有所闻。他在狱中注意到，德克勒克曾担任过若干部长职位，但曼德拉并未给他太多的关注。对他而言，德克勒克就是一个纯粹的政客而已，并没有什么特别之处。几个月后，德克勒克便脱颖而出，接任民族党主席一职并成为身患脑梗的博塔潜在的接班人，这使曼德拉开始认真研究他。

德克勒克出生于南非一个非常保守的豪门世家，他的父亲曾担任过内政部长，是南非种族隔离制度的始作俑者之一。德克勒克母亲家族的一个叔叔叫约翰·格哈杜斯·斯特赖敦，在20世纪50年代担任南非总理并进一步发展了种族隔离制度。现在德克勒克自己担任了总统一职，从其所作所为来看，曼德拉获得了德克勒克将实施新政策的消息。德克勒克并不是一个改革者，也不属于他所在的政党的改革派。正因他作为种族隔离政策的坚定支持者获得了党内保守势力的支持，在选举中赢得了胜利，而其他三位候选人皆因被看作是改革派而落选。

曼德拉现在开始观察，德克勒克作为总统会如何处理种族隔离这一问题。德克勒克的就职演说所发出的信息让他感到意外，也再度让他看到了希望。与这个人一起可以打破暴力的恶性循环吗？如何才能打破这一恶性循环呢？一个著名的警句说：如同爱情一样，战争可以很容易开始，却很难结束。在南非，种族间的仇恨世代相传，仇恨导致的牺牲、损失和犯罪使得任何结束种族隔离制度的行动都成为困难重重的事情。那些煽动报仇雪恨的人永远都有大量的追随者。曼德拉和德克勒克都默默地问自己，他们是否可以联手结束这一境况，并让敌对势力放下手中的武器坐下来和平谈判。

在信中曼德拉告诉德克勒克，他的就职演讲，特别是大力主张和解的观念给自己留下了深刻的印象。曼德拉还补充说，希望德克勒克能将这一切付诸行动。曼德拉建议谈判，前提条件是释放一切政治犯，允许所有个人和组织拥有政治活动的自由。必须撤销国家所实施的紧急状态，军队应撤离各种族隔离区。1989年10月10日，德克勒克真的释放了与曼德拉一起斗争的一些著名战友。他们中的一些人曾和曼德拉一起被拘押在罗本岛上，其中就有曼德拉的同伴瓦尔特·西苏卢，他和曼德拉一起被当局判了刑。

几周之后，曼德拉与德克勒克第一次会面了。1989年12月13日，曼德拉在军人的护送下前往泰因海斯镇。如他第一次与博塔会面时那样，这一次的会面也对外界严加保密。曼德拉曾与博塔在其办公室里一起饮茶，这次又在同样的地方与德克勒克相会了。曼德拉注意到，德克勒克十分认真，总是带着集中精力的目光倾听他说话。在回答问题时，他也总是要仔细思考一下才给予回复。德克勒克告知曼德拉，他相信自己与曼德拉目标一致。他建议南非非洲人国民大会与政府合作，一同消除种族隔离的社会现状，他也愿意与占人口大多数的黑人民众一起寻找一条新的发展道路。他还强调，在这一过程中，也必须考虑白人民众对黑人将来可能会占决定性的支配地位而感到的恐惧以及如何消除这种恐惧的问题。德克勒克的冷静和谦逊给曼德拉留下了深刻的印象，但他并没有立即发表意见，而是把以前向博塔提出的要求又重复了一遍，即南非“非国大”的合法化以及释放包括自己在内的所有政治犯。德克勒克回答道，他会仔细认真地思考一下，但现在还不能做任何承诺。曼德拉回到监狱后也思索了一番，认为这一天并未解决任何问题，但却充满了对未来的希望。这两位来自敌对阵营的男人都有这样的感觉，可以承受彼此信任的风险。

就其本质而言，德克勒克并不是一位典型的布尔人政治家。迄今为止，布尔人的政治家都十分专横独断，他的前任博塔就是一例。与之相反，德克勒克却如一位主持人一样。早在他的青年时期，他便以亲切而非专横的形象引起了广泛的关注。曼德拉曾说：“用一个拥抱也可以让政敌无法动弹。”这句话几乎成了德克勒克自己的格言。

1990 年 2 月 2 日，在和曼德拉会晤几周后，德克勒克在国会年度演说中出人意料地宣布，他将致力于消除种族隔离制度。这一演说在全世界引起了热烈的反响。作为第一步，他取消了对南非非洲人国民大会以及 30 余个组织的禁令，也部分取消了紧急状态。只是军队依然驻扎在种族隔离区，同时他还宣布释放曼德拉。德克勒克这一步让全世界都感到惊讶，也招来了白人右翼保守阵营的愤怒和嘘声。

2月9日，曼德拉又被送到了泰因海斯镇。德克勒克告诉他已获得了释放，可以立刻离开监狱了。但曼德拉的拒绝让他吃了一惊，曼德拉告诉他说自己还需要时间来做相应准备，以便安排一次引起公众广泛关注的出狱盛典。曼德拉知道，这对他未来所承担的角色有着决定性意义。对他而言，重获自由的出狱绝不能有一种大赦恩典的含义。但德克勒克答复道，出狱的决定已下达，不可更改了。这也是两人在后来的岁月中一再出现的一些对立时刻之一。这两人后来也常常为一些问题争斗不已，也常常怀疑对方想为自己一方的人捞取好处而玩阴谋诡计。但尽管存在着争斗和挫折，存在着失望和怀疑，但他们都没有屈从于重回暴力之路的压力，而是坚定不移地追求建立一个为所有南非人民而存在的国家这一目标，这也是两人的伟大功绩。

最后曼德拉还是按自己的意愿出狱了，只是在时间上做了一些让步。正如他所期望的那样，在大量媒体的关注下，他与妻子温妮手牵手走出了监狱大门。他们1958年结婚并有两个女儿。在曼德拉坐牢期间，温妮成了他重要的传声筒，她自己也成为反对种族隔离运动的著名领导人物。

在经历了多年的牢狱生活之后，曼德拉在出狱的那一天出现在大量的欢呼民众前。出现在大家眼前的那个人，已不再是人们所熟知的形象。在那些黑白照片上曼德拉上唇留着小胡子，一身西装，是一个年轻气盛、健壮如牛的重量级业余拳击手。此时的曼德拉已是一位71岁高龄的老人，但他依然身材高大、细长，面部光洁，一头白发，面带动人的微笑。他举止坚定，向欢呼的人群伸出拳头，致以南非非洲人国民大会的敬礼。但也有一些年轻的党员暗自问道，他们所面对的是不是一个已经过时的老人。

追随曼德拉的拥护者们暗中猜测，这位老人在狱中这些年是否发生了很多变化，是否被洗了脑？南非的白人也担心曼德拉是否真的主张和平以及种族和解，是否能真的能够带来一个和平稳定的未来。曼德拉自己也十分清楚，那一张张对他充满爱戴、充满期望的脸上，浮现着怀疑和担心。

的确，此时站在人群前面的这位老人已与当年的那位号召武装斗争并接受游击战训练的年轻律师判若两人。他依然是反种族隔离制度运动的领袖人物，但在多年的牢狱生活中，曼德拉练就了一种新的人格秉性，他学会了如何控制自己的狂怒暴躁情绪，如何在逆境之中依然保持平静，如何不失尊严地表达自己所关切的事情，贯彻自己的意愿。

在离开监狱、重获自由四小时之后，曼德拉在开普敦市面对大量激动的人群发表了演讲。他的演讲依然充满了战斗精神，强调武装斗争并未过时。“在各条战线上进行更为积极斗争的时代来临了！”曼德拉发出了这样的号召。这次演讲所发出的信号很有刺激性，曼德拉似乎在呼吁黑人发动更为激烈的抗议运动并为南非“非国大”赢得最终的胜利。但后来人们才发现，南非“非国大”的中央委员会为他撰写了这篇讲演稿。但曼德拉自己想表达的意思也掺杂其中。他通过强硬言辞来增强自己在与德克勒克谈判时的地位，同时也向南非“非国大”里那些对他有疑虑的人表明，长时间的牢狱监禁并没有使他变成白人的傀儡。

曼德拉一再提及德克勒克并称他是“一个正派的人”。第二天在德斯蒙德·图图大主教家中举行的记者招待会上，曼德拉就展现了他的另外一面，表达了他种族和解的意愿。图图是开普敦市第一个黑人大主教，因反对种族隔离制度的积极活动而获得了 1984 年的诺贝尔和平奖。曼德拉还提到，当他前往开普敦市时，这么多白人站在路边欢迎他，使他感触颇深。他说，白人和黑人应该携手共进，建设一个新南非。曼德拉的内心世界、他的友善和他对失误的痛苦领悟使在场的每一个人深受感动。

曼德拉和德克勒克一起走上了钢丝，艰难地左右平衡着，摇摇晃晃地走向终点。两人都力图在谈判中展示自己强硬的一面，同时又要抑制住自己阵营里那些激进派别的冲动或过激行为。曼德拉和德克勒克有着一个共同的目标，那就是消除种族隔离制度并使南非转变成为一个人人享有平等权利的民主国家，但要达到这一目标并非易事。他们所充当的不同角色以及所处的不同地位一开始就使得他们的关系复杂微妙，面临着各种考验。曼德拉必须说服其追随者克制报仇雪恨的渴望，也必须说服自己阵营里的激进分子放弃武装斗争。德克勒克则要安抚白人民众的不安心理，还要牵制自己阵营里那些顽固派的抵制阻挠。

此时，另外一个问题又浮出了水面：在南非地处东海岸的纳塔尔省，南非“非国大”的追随者与祖鲁族的组织英卡塔自由党之间的矛盾冲突日渐激化。除了民族差异，政治上的矛盾也构成了这些冲突的原因。南非“非国大”是一左翼政党，与非洲的共产党有着密切的关系，多年来一直得到古巴、利比亚和苏联的支持。而英卡塔自由党则是一个坚定的反共政党，在纳塔尔省祖鲁族占人口的大多数，“黑人家园”卡瓦祖鲁如一块地毯覆盖了整个纳塔尔。但这块“黑人家园”依然依赖南非，其政府首脑是英卡塔自由党领袖曼戈苏图·布特莱齐。

英卡塔自由党与“非国大”之间的冲突在接下来的几年里造成了7000人丧生。双方都指责对方，要对方为这一血腥暴力的升级和扩大承担责任。曼德拉则指责南非白人安全机构与英卡塔自由党勾结制造暴力事件。他强烈敦促德克勒克采取行动并指责他明明知道这些勾结行为却不加制止，甚至他自己也卷入了这些勾结活动中。曼德拉后来也指出，如果情况不是这样的话，至少他没有履行好自己的职责。德克勒克此时也发觉，曼德拉在公众面前所塑造的和平形象与事实不符，南非“非国大”也同样在对其对手施加暴力。因此德克勒克也指责曼德拉口是心非、背信弃义。

后来德克勒克也的确了解到，大量白人警察以及其他安全部门人员暗中挑起煽动了这些暴力事件。另外一方面，他也相信，南非“非国大”也刻意掩饰了自身所具有的强烈的暴力倾向。南非“非国大”内部的激进派别总是试图赢得主导权，并主张建立一个没有自由市场、重要工业企业国有化的社会。

到了1990年初，“民族之矛”才停止了活动。乔·斯洛沃是一位白人，也是与南非“非国大”结盟的南非共产党组织的领袖。在他的斡旋下，南非“非国大”同意停止武装斗争，从而帮助曼德拉在最危险的时刻渡过难关，重新走上正轨。谈判之门重新开启，谈判之路也艰难地向前缓缓而行。谈判双方都未能信守承诺，或者一再推延达成的协议。曼德拉与德克勒克在猜忌和信任之间不断来回摆动，他们都认为对手在暗中玩花样。

与此同时，南非国内刑事案件飙升，谋杀率一度成为全球之首。很多白人都在自己的居住区域里修筑掩体工事。尽管存在着不利因素，但双方仍然坚持坐下来谈判，以达到消除种族隔离制度的目的。谈判也的确取得了成果：政治犯得到了释放，那些为自由而奋斗的斗士们获得了自由，可以回家了。

后来德克勒克组建了戈德斯通委员会，以便找出南非“非国大”和英卡塔自由党之间暴力冲突的原因并寻求解决之道。1991年7月，该委员会开始工作，并试图在两大敌对派别之间进行调停，但这一努力最终归于失败。这一委员会是根据大法官戈德斯通的名字命名的，也正是在他的主导下，委员会公开了白人警察和安全部门人员卷入两派冲突的事实。他们中的一部分人策划、煽动并大力支持了两派间的种种暴力冲突，同时委员会也揭示了“非国大”在这些暴力冲突中应承担的责任。事实表明，南非“非国大”和英卡塔自由党两大派别中那些专门从事谋杀的集团犯下了令人发指的罪行。最后这一委员会还记录下来这样的事实，白人中的极端分子和黑人中的极端分子都试图破坏消除种族隔离制度以及暴力活动的谈判，并通过恐怖活动来毒化南非的政治气氛。

1991年年底，民主南非公约委员会开始工作了。这个委员会由来自所有政治组织、政治联盟以及各民族的代表组成。大家共聚一堂商讨如何建立一个新南非。但极端右翼的白人政党“保守党”和极端左翼的黑人反对党“泛非代表大会”抵制参加这一委员会。1992年，德克勒克在一系列的小范围选举中败给了右翼的“保守党”，于是德克勒克决定在白人种族中举行公投来决定是否要废除种族隔离制度。其结果是多达69%的白人公民同意废除种族隔离制度。于是德克勒克宣告“一个新的南非诞生了”。

但极端势力的暴力活动依然威胁着这个国家的和平进程。1992年5月后，民主南非公约委员会第二次会议就一直处于拜奥帕通大屠杀的阴影之中。在拜奥帕通小镇里，英卡塔自由党的追随者屠杀了54位南非非洲人国民大会的成员，还有很多人受伤。1993年，南非“非国大”中的共产党政治家克里斯·哈尼被暗杀后，曼德拉再次公开呼吁各方停止暴力，一起努力建立一个统一的南非。事后证明，一个以前的保守党议员幕后策划了这次暗杀行动。

在经历了重重难关后，南非1994年终于迎来了第一次大选。所有成年公民都能参加选举。这次选举，不分种族、社会地位，实施“一人一票”的原则。曼德拉和非洲人国民大会获得了几乎三分之二的选票。在取得了这一巨大胜利之后，曼德拉建立了一个民族统一政府，他当选为南非总统，德克勒克当选为副总统，布特莱齐和英卡塔自由党也加入了政府，布特莱齐被任命为内政部长。从此之后，暴力活动大为减少。1995年，南非制定了新的宪法，这一年南非还举办了英式橄榄球世界杯赛，国家队的球衣上印着曼德拉的头像。英式橄榄球一直被看作一项白人的运动，而曼德拉的头像因而有着巨大的象征意义。

▲ 1993 年曼德勒（中）与德克勒克（右）领取诺贝尔和平奖时的合影

南非继续在克服暴力之路上前行：1996年，在德斯蒙德·图图的领导下，成立了南非和解与真相委员会。这一委员会将种族隔离时期各方的犯罪事实公之于众。只要供述了事实真相，每个人都会获得豁免。当很多人对这些犯下罪行的人实行豁免一事难以接受时，委员会便做了大量的说服工作。受害人，特别是那些遭受过白人警察机构严酷迫害的黑人，在倾听这些供述时深感痛苦难耐，但这些让人难以承受的痛苦也是和解的重要动力。这一切使人了解到了对手的处境，同时也与和平、和解以及放弃报复的诉求联系在一起。甘地在早年为反对南非种族隔离制度而发展起来的非暴力反抗运动的理念以及对压迫者的良心和理性发出的呼吁也在这一进程中发挥了作用。

1999年夏天，81岁的曼德拉结束了自己的政治生涯，退出了政治舞台。在2010年南非世界杯足球赛的闭幕式上，他最后一次短暂出现在公众面前。他曾为这一体育盛事能在南非举办而做了大量工作，最终使世界杯第一次得以在非洲举办。2013年12月5日，这位95岁高龄的老人在约翰内斯堡与世长辞了。数千民众排起了长队，在曼德拉的棺木前缓缓走过，向他致哀。德克勒克比曼德拉早两年退出了政治舞台。他曾说："我们之间也有过关系十分紧张的时刻。"德克勒克认为，与曼德拉共事并为南非带来民主是一巨大的荣誉："他是一个少见的伟人，他致力于和解并从不为此而感到痛苦。"他还补充道："塔塔（父亲），你的离去使我们怅然若失。"

德克勒克与曼德拉一起推进了和平运动并为之努力奋斗，他们也一起获得了1993年的诺贝尔和平奖。但外界对此的关注总是集中于曼德拉而忘了德克勒克。2015年时，开普敦市的市议员们决定将一条大街改名为德克勒克大道。这一决定引起了争议，在很多人看来，用这种方式向一个曾站在压迫者一边的政治家表达敬意，只能使人感到愤怒。但也有许多人认为，德克勒克是一位有着巨大勇气的政治家，尽管他也不知道选择这条道路会通向何方。

德克勒克勇敢地克服了旧有的习俗和理念，并用自己的言行鼓励其他人也这样做，因此他是一个值得尊敬的人。

德克勒克自己也相信：“我使南非避免了一次灾难。”当然，关于他的争论他自己也负有一定的责任。他曾认为种族隔离制度是一种不同种族“分离开来发展”的制度，从本质上讲这是一个好的制度，相比其他非洲国家而言，这一制度给予了黑人更多的发展可能性，因而种族隔离制度并非一无是处。但后来他改变了这一观点，对自己原来的观点持批判、否定的态度：“我绝不会为给南非大多数民众带来痛苦和恶行的种族隔离和‘分离开来发展’的制度做任何辩解。”

曼德拉和德克勒克并不寻求追究责任，也不寻求报复。尽管面对来自各自阵营的巨大压力，他们仍然毫不动摇地坚持种族和解政策。曼德拉和德克勒克向这个世界表明了如何正确地克服暴力。然而这条道路依然漫长，布满荆棘。如何克服暴力的问题，虽然曼德拉和德克勒克成功地给出了一个答案，但这仍然是人类所面临的一个巨大问题。我们希望这不是一个永恒的问题。

图书在版编目（CIP）数据

改变世界的邂逅：时光列车上的柏拉图与梦露 /（德）赫尔格·黑塞著；华少庠译 . —北京：北京联合出版公司，2019.7

ISBN 978-7-5596-3321-7

Ⅰ. ①改… Ⅱ. ①赫… ②华… Ⅲ. ①历史人物－传记－世界 Ⅳ. ① K811

中国版本图书馆 CIP 数据核字（2019）第 135609 号

改变世界的邂逅

——时光列车上的柏拉图与梦露

作　　者：（德国）赫尔格 · 黑塞

译　　者：华少庠

责任编辑：李　征

特约编辑：张兰坡

封面设计：Metis 灵动视线

版式设计：张立波

北京联合出版公司出版

（北京市西城区德外大街 83 号楼 9 层　　100088）

三河市延风印装有限公司　　新华书店经销

222 千字　710 毫米 ×1000 毫米　1/16　17.5 印张

2019 年 7 月第 1 版　2019 年 7 月第 1 次印刷

ISBN 978-7-5596-3321-7

定价：36.80 元

改变世界的邂逅——时光列车上的柏拉图与梦露

著作权合同登记号　图字：01-2019-3915 号